Esta coleção tem como objetivo proporcionar textos que sejam acessíveis e de indiscutível seriedade e rigor, que retratem episódios e momentos marcantes da História, seus protagonistas, a construção das nações e as suas dinâmicas.

DO FASCISMO AO POPULISMO NA HISTÓRIA

Título original:
From Fascism to Populism in History

Tradução: Jaime Araújo

Revisão: Sofia Moura e Suzana Ramos

Capa: FBA, sobre capa original da University of California Press

Depósito Legal n.º 460880/19

Biblioteca Nacional de Portugal – Catalogação na Publicação

FINCHELSTEIN, Federico

Do fascismo ao populismo na história. - (História narrativa)
ISBN 978-972-44-1734-9

CDU 94(100)"194/201"

Paginação:
Aresta Criativa – Artes Gráficas

Impressão e acabamento:
ACD Print, S.A.

para
EDIÇÕES 70
setembro de 2019

EDIÇÕES 70, uma chancela de Edições Almedina, S.A.
LEAP CENTER – Espaço Amoreiras
Rua D. João V, n.º 24, 1.03 – 1250-091 Lisboa – Portugal
e-mail: editoras@grupoalmedina.net

www.edicoes70.pt

DO FASCISMO AO POPULISMO NA HISTÓRIA

FEDERICO FINCHELSTEIN

70

A Gabi, Luli y Laura.

ÍNDICE

PREFÁCIO À EDIÇÃO PORTUGUESA

Estamos a viver uma nova era de populismo. O populismo é hoje mais xenófobo, intolerante e autoritário do que todos os anteriores populismos na história. É também mais bem-sucedido, sobretudo na Europa e nos Estados Unidos. Mas até que ponto isso é verdadeiramente novo? É verdade que temos hoje mais populistas extremistas no poder em muitos países do cada vez mais iliberal hemisfério norte, mas isso só acontece depois de muitas décadas de regimes populistas no Sul.

Embora seja verdade que novos governos populistas surgiram depois da chegada espetacular de Donald Trump ao poder em 2016, o trumpismo continua a ser um capítulo recente e invulgar de uma longa história. De que modo e por que razão podemos explicar historicamente o que é ou não é novo no tempo presente constitui o tema principal deste livro. Atualmente, estamos a assistir não só a uma nova série de populismos mas também a uma expansão enorme de estudos do populismo. Há uma explosão de novos livros sobre o assunto. Este fenómeno deve muito ao facto de o populismo se ter tornado um tópico «na moda», levando subitamente muitos estudiosos das ciências sociais a prestar-lhe atenção. Muitos destes novos especialistas aderem à ideia populista de que o que está a acontecer no mundo é um evento político completamente novo. Tanto o objeto de estudo como os seus novos intérpretes transmitem a impressão de que não existem histórias anteriores. Ao mesmo tempo, afirmam que os seus casos são únicos e que os desafios que enfrentam são completamente novos. O resultado peculiar desta amálgama de perspetivas únicas de novos intervenientes e especialistas é uma série de livros sem história. Livros que falam do populismo como se de nada importante tivesse sido escrito anteriormente sobre o assunto.[1] Este não é um desses livros. O meu livro representa um diálogo com décadas de pesquisas sobre o fascismo e o populismo. As ideias e os intérpretes do fascismo e do populismo são abordados, criticados e explicados nas suas páginas. Há muitos estudiosos e eu sou apenas um membro desse grupo de «veteranos» de estudos populistas e fascistas que têm lidado com esses assuntos muito antes da atual «semana da moda» de obras sobre o populismo e o fascismo. No meu caso, passei os últimos vinte anos a estudar o fascismo e o populismo. Não foi porque o tópico se tornou mais interessante mundialmente ou uma preocupação para o Norte do mundo que me tornei um investigador do fascismo e do populismo. Por outras palavras, não foi por causa do trumpismo que decidi escrever este livro.

Tenho estudado esses fenómenos do ponto de vista do hemisfério sul, sobretudo no que diz respeito às correlações históricas entre o fascismo e o populismo. No entanto, não é só no Sul que a democracia tem sido frequentemente ameaçada na história. A democracia já morreu e renasceu muitas vezes, e não só na América Latina, na África ou na Ásia. Como uma história mundial, a democracia passou por momentos de mudanças radicais, mas também de profundas continuidades com o passado. Esses processos de mudança e continuidade têm de ser mutuamente abordados quando refletimos sobre os vários caminhos contextuais do fascismo para o populismo numa escala verdadeiramente internacional.

Essas ligações transatlânticas e mundiais do autoritarismo não são um fenómeno de estudo recente. No entanto, quando saí da Argentina (onde nasci e fui criado) e fui para os Estados Unidos para fazer o meu doutoramento no início da primeira década deste século, havia uma ideia generalizada na academia americana segundo a qual essas coisas só podiam acontecer na América Latina, ou talvez na Europa do Sul (a Itália era geralmente a habitual culpada), mas não na Europa do Norte ou nos

EUA. Essa visão, mesmo na altura, era provavelmente já uma má leitura de um contexto mundial que sofria mudanças radicais. O novo populismo de direita que parece tão predominante no presente não surgiu do nada e tem uma longa história. Para muitos observadores, sobretudo na Europa e na América do Norte, a natureza extremista e escandalosa do trumpismo é algo que nunca viveram antes, mas, para os estudiosos do Sul, existem poucas coisas novas no trumpismo.

A minha própria trajetória levou-me a estudar as ligações transatlânticas entre os fascismos argentino e italiano. No final do meu livro *Transatlantic Fascism* (2010) já falava no peronismo como uma forma de pós-fascismo. Depois, no meu livro *The Ideological Origins of the Dirty War* (2014), havia um capítulo que abordava a questão do populismo e da ditadura na Argentina peronista.[2] Nos dois livros, analisei o que aconteceu ao fascismo depois de ter sido derrotado internacionalmente em 1945 e o modo e a razão por que um novo entendimento da política chegou ao poder no Sul. O facto de antigos fascistas terem criado um novo regime político é bastante significativo na história da política moderna. Da mesma forma que precisamos de estudar os atos de Hitler e Mussolini para saber e perceber que o fascismo não foi só uma questão de estética e de discurso mas também uma forma de governar uma nação, precisamos de estudar o populismo. Nos finais do século XIX e princípios do século XX, os populistas constituíram uma forma de oposição na América Latina, na Europa, nos Estados Unidos e noutros lugares. Mas foi só depois de 1945 que chegaram ao poder. E isso aconteceu primeiro no hemisfério sul, mais precisamente na América Latina. O estudo de regimes de poder é importante. Ao concentrarmo-nos nesses primeiros regimes populistas latino-americanos, podemos compreender melhor qual o significado desse tipo de política, não só quando está na oposição mas também quando governa.

O populismo é muito mais do que uma crítica popular das elites. É também uma ideia e uma prática de como a democracia devia funcionar. No poder, implementa a ideia de que o povo e a nação precisam de ser governados por um líder poderoso que fala e age em seu nome.

Os observadores que ignoram a história latino-americana apresentam o populismo como tendo surgido primeiro, por exemplo, na Europa nos anos 80 do século XX ou na América com o trumpismo. Mas essa é uma visão míope. Temos de estudar o populismo globalmente e sem visões egocêntricas nacionais ou regionais. É por isso problemático ignorar o populismo latino-americano no poder e outras histórias do Sul, que geralmente antecedem acontecimentos e experiências europeias ou norte-americanas. Os que afirmam mas nunca explicam por que razão a América Latina não tem de ser incluída na história mundial do populismo invocam argumentos sem conhecimento pleno dos factos e sem vontade de os abordar. Além disso, essa atitude resulta muitas vezes da simples falta de curiosidade sobre o que aconteceu fora do seu mundo. Ao ignorarem a história fora da Europa e dos Estados Unidos, além de confiarem numa imagem dessas regiões como distintivamente modernas e democráticas comparativamente aos contextos supostamente atrasados da América Latina (ou África ou Ásia), esses observadores privilegiam o estereótipo em detrimento da pesquisa histórica global. Isso resulta do preconceito consciente ou irrefletido. O argumento sobre a diferença entre o Norte e o Sul é aceite como axiomático, sem uma avaliação histórica séria de semelhanças e diferenças. Os latino-americanistas, asianistas ou africanistas são geralmente instruídos em historiografias europeias e americanas, mas o contrário nem sempre acontece. Os europeístas e americanistas também podiam compreender melhor os seus centros se estudassem as suas margens. Como o descrevo neste livro, esse argumento nunca é justificado como tal e o Sul é simplesmente ignorado em muitos estudos recentes do populismo. Na realidade, porém, o trumpismo, o salvinismo, o orbanismo, o bolsonarismo e outros casos populistas recentes mostram como essas histórias estão ligadas.

Nas páginas seguintes deste prefácio para a edição portuguesa do meu livro, analisarei brevemente o populismo à luz do que aconteceu em menos de dois anos depois da publicação da primeira edição em 2017.

I

Apenas alguns anos depois da ascensão do trumpismo ao poder, estaremos a viver uma nova época política que o próprio líder americano designou imodestamente «a era de Trump»? Devíamos explicar todas as recentes histórias políticas como genealogias ou efeitos do momento trumpiano? Depois do triunfo do trumpismo, novos extremismos populistas, ou até neofascistas, chegaram ao poder um pouco por todo o mundo em países como o Brasil, a Áustria e a Itália. E é verdade que populistas extremistas como Jair Bolsonaro, no Brasil, ou Matteo Salvini, na Itália, são muitas vezes descritos respetivamente como o «Trump dos trópicos» ou o «Trump italiano». Mas existem sérias limitações a uma visão da história recente centrada em Trump. Em última análise, a sua influência e originalidade são bastante limitadas. O exemplo do trumpismo é geralmente mais importante do que outros, mas isso não significa que o trumpismo seja a fonte de novos acontecimentos europeus ou latino-americanos. Embora muitos americanos alertassem para o perigo que o trumpismo representa para a democracia constitucional internamente, ele também tem um impacto perigoso no estrangeiro. Mas não da forma como muitos analistas pensam.

O trumpismo não é responsável pela propagação do iliberalismo à Europa, à América Latina e a outros países na Ásia e África. Não é certamente responsável, por exemplo, pela viragem à direita do populismo na Itália. Os fenómenos italianos antecederam o trumpismo. Na verdade, o surgimento de Silvio Berlusconi há algumas décadas representou uma pré-história do trumpismo. Nos últimos anos, a democracia tem sido constantemente atacada por líderes populistas e a política italiana esteve na vanguarda dessa tendência. O mesmo se passou noutros países. Marine Le Pen em França, Viktor Orbán na Hungria e, fora da Europa, por exemplo, Rodrigo Duterte nas Filipinas — todos muito anteriores à ascensão de Trump ao poder.

Quando muito, o trumpismo representa uma confirmação importante das abordagens iliberais à política defendidas por esses líderes. Em vez de servir como modelo para os populistas de direita, a influência de Trump tem sido mais forte entre aqueles políticos conservadores que aparentemente se distanciam dele mas, no entanto, reconhecem a atração do seu estilo e da sua política. Eles adotam subtilmente e de modo perigoso os apelos de Trump ao racismo e à violência estatal para consolidar apoios ao mesmo tempo que atenuam os aspetos mais rudes do trumpismo para permitir que a sua abordagem iliberal passe despercebida.

Alguns analistas europeus e americanos repetem constantemente a ideia de que o trumpismo é um modelo para os populistas em todo o mundo, inspirando o surgimento de partidos de direita em França, na Itália, na Alemanha e noutros lugares. Esta é uma opinião que eles tendem a defender ainda mais depois das muitas visitas europeias de Stephen K. Bannon, o antigo estrategista de Trump, à Itália, evidentemente, mas também a França, onde ele apareceu perante a Frente Nacional de Le Pen e promoveu o desenvolvimento de um «movimento populista global». Sobretudo num país como a Itália, que foi o berço do fascismo e onde o populismo de direita tem prosperado há anos, Bannon é tratado não só como o criador de Trump, mas também como um exportador do trumpismo.

Mas embora o trumpismo partilhe uma genealogia com outros movimentos populistas, não é uma situação de exportação-importação estereotipada. O surgimento desses movimentos na Europa, Estados Unidos e América Latina reflete uma crise da democracia comum. Existe uma sensação generalizada de uma crise de representação política, em que as pessoas não veem as suas preocupações abordadas pelos governos. A crescente desigualdade económica e social também importa, fomentando políticas mais nacionalistas e radicais.

Os populistas apresentam-se como a solução para esses problemas da democracia. Mas, em geral, as suas propostas apenas acentuam as atuais dimensões não representativas da governação e da desigualdade económica, enfraquecendo ao mesmo tempo as instituições democráticas e realçando a intolerância como uma forma de lidar com os que são ou parecem diferentes ou pensam de maneira diferente. Mesmo quando os populistas representam grandes grupos eleitorais, os que criticam os seus líderes são deslegitimados. Em suma, estes são apresentados como traidores ou terroristas e acusados de serem inimigos antinacionais do povo, não merecendo por isso ver as suas opiniões refletidas nas políticas do governo.

Dessa forma, os novos populistas estão a dar continuidade a uma longa tradição — mas acrescentando um elemento moderno que o sucesso do trumpismo incentivou. O populismo chegou pela primeira vez ao poder em países como a Argentina e o Brasil como uma forma de superar o fascismo, oferecendo ao mesmo tempo um modelo alternativo ao liberalismo e ao socialismo. Por outras palavras, os populistas latino-americanos no poder criaram uma nova forma de democracia autoritária. Essa democracia era antiliberal (contra os modelos de democracia constitucional existentes), mas não ditatorial e racista como tinha sido o fascismo. E é isso que é novo — ou melhor, que é velho — nos populismos de direita atuais, incluindo o trumpismo, o bolsonarismo e o salvinismo. Eles não desejam reproduzir o regime fascista totalitário, mas querem regressar precisamente àquilo a que o populismo clássico se opôs: a violência fascista e o racismo.

O ódio ao inimigo político é sobretudo racial para Trump, uma característica que ele partilha com os movimentos de direita na Europa. Em geral, o novo populismo de direita na América, na Itália e noutros países como a França, a Áustria, a Polónia, a Alemanha e a Hungria entende «o povo» como uma entidade étnica e religiosamente homogénea. Mas ao fazê-lo representa um regresso às histórias interligadas do populismo de direita e do fascismo, usando Trump como prova da atração da sua política.

No entanto, o trumpismo tem tido um impacto global muito mais forte sobre líderes conservadores ou até social-democratas na Europa e na América Latina que desejam aproveitar a atração das opiniões trumpistas sobre «a lei e a ordem» e a restrição à imigração ao mesmo tempo que tentam evitar acusações de populismo e racismo. É verdade que há mais de meio século que políticos de direita em todo o mundo adotam essas opiniões, mas, ao demonstrar a atração desse velho modelo no país mais poderoso do mundo, o trumpismo legitimou essas opiniões e ajudou a integrá-las no domínio político tradicional.

Muitos dos políticos que estão a aprender uma lição política com o trumpismo não têm quaisquer intenções de adotar ativamente o estilo de Trump ou apresentar-se como populistas. Líderes conservadores como Mauricio Macri na Argentina, Mark Rutte na Holanda, Sebastian Kurz na Áustria ou Sebastián Piñera no Chile são exemplos notáveis desse fenómeno. Na realidade, eles são populistas «em dieta», o que significa que de forma perigosa os meios de comunicação e muitos eleitores ignoram a influência que o trumpismo está a exercer sobre eles. Eles não estão interessados em aceitar Bannon ou o Ku Klux Klan, mas esperam conquistar apoios excluindo os imigrantes e elogiando a violência excessiva das forças da lei. Ao mesmo tempo que se distanciam de Trump publicamente, trabalham para aproveitar discretamente o que entendem como a sua atração. Como Trump, esses líderes «antipolíticos» gostam de atacar a política do costume e afirmar que fazem o trabalho da política sem se envolverem no processo político.

Esses importadores do trumpismo estão a fundir a antipolítica e um governo tecnocrata de gestores, acrescentando uma grande dose de paranoia e xenofobia contra imigrantes. Na Alemanha, numa tentativa de atrair os eleitores xenófobos e de extrema-direita da AfD, o «populismo *light*» levou um ministro do Interior conservador a declarar que o «Islão não pertence à Alemanha». Estes «moderados» geralmente denominam-se antipopulistas — uma maneira de se distanciarem da extrema-direita —, mas, apesar disso, propõem as suas próprias medidas de xenofobia e discriminação. Evitam concentrar-se em problemas estruturais de desigualdade e subemprego, realçando esporadicamente o ódio ao imigrante e a outros que têm um aspeto diferente ou falam de outro modo. Estão dispostos a enaltecer a repressão policial para obter ganhos políticos.

Esse é o verdadeiro produto de exportação de Donald Trump. Populistas de direita como Salvini, Le Pen ou o quase fascista Bolsonaro existem há décadas. Mas estes estão a generalizar o atual legado racista e repressivo de Trump e a legitimar-se uns aos outros à escala mundial.

II

O mundo está a passar por uma transformação histórica: o populismo volta a encontrar-se com o fascismo. Essa deriva para a extrema-direita tem várias causas nacionais, mas as suas implicações são mundiais. O caso italiano é exemplar nesse aspeto. No país onde nasceu o fascismo, o populismo não rejeita o seu antecessor, pretendendo criar frentes políticas que também incluam os objetivos e as ideias dos fascistas. Ou, dito de outra forma, os fascistas e os populistas partilham objetivos: fomentar a xenofobia sem descurar a violência política. O novo populismo vulgariza a violência. Coloca-a novamente na moda. Os assassinos fascistas e os políticos populistas mantêm objetivos comuns.

Nos Estados Unidos, não nos surpreende que pessoas cuja ideologia se identifica com a de Trump possam dedicar-se à violência política, desde assediar imigrantes nas ruas ou restaurantes a enviar bombas a muitas das pessoas demonizadas pelo presidente americano como oponentes «perversos» e «inimigos do povo». Isso acontece mesmo que o governo pareça não ter qualquer relação direta, e, nesse sentido, os EUA estão ainda longe do fascismo. Mas Trump tem alguma responsabilidade moral e ética ao fomentar um clima de violência. Em 2018, numa advertência ao movimento antifascista, Trump disse: «[O Antifa] é melhor esperar que o outro lado não se mobilize... Porque se virem, o outro lado são os militares. É a polícia. São montes de pessoas muito fortes, montes de pessoas muito duras. Mais duras do que eles. E mais espertas do que eles». Segundo Trump, esses grupos que enfrentam o antifascismo «estão a aguardar e a observar e a ficar cada vez mais zangados». Para Trump, a sua mobilização significaria que «o Antifa vai meter-se em grandes sarilhos. Mas até agora eles não fizeram isso e isso é bom».[3] Ao apresentar a violência contra os antifascistas como uma expressão de intervenientes legítimos que ele admira mas não controla necessariamente, o líder americano funciona como um instigador ideológico desse comportamento violento de membros da sua «base». Essa possível passagem da teoria à prática por alguns dos seus seguidores representa um indício preocupante da limitação e abastardamento da democracia que o novo populismo, especialmente, representa a partir das suas lideranças.

Como explica Bernard Harcourt: «O presidente Trump faz uso constante da linguagem e lógica da "nova direita", uma mistura tóxica de supremacia branca do período anterior à Guerra Civil, fascismo do século XX, movimentos de extrema-direita europeus dos anos 70 e a autodesignada "direita alternativa" dos dias de hoje.» Essa imbricação entre o populismo de extrema-direita e o fascismo não é um exclusivo dos Estados Unidos.

O novo presidente do Brasil, Jair Bolsonaro, fez campanha mais como fascista do que como populista, e o tempo dirá se o seu governo vai abandonar o populismo. No Brasil, o racismo tornou-se novamente um recurso fundamental do populismo. Trump é para Bolsonaro e outros líderes populistas pós-fascistas em todo o mundo um ícone de sucesso, uma projeção dos seus desejos políticos mais profundos. Em 2017, Bolsonaro identificou-se com o autorretrato de Trump como vítima, dizendo: «Trump enfrentou os mesmos ataques que eu estou a enfrentar — que ele era homófobo, fascista, racista, nazi —, mas o povo acreditou no seu programa, e eu estava a torcer por ele.» Bolsonaro adotou claramente a violência e a política de exclusão que definem esta geração de política populista pós-fascista. Afirmou muitas vezes durante a campanha que os criminosos deviam ser fuzilados sumariamente em vez de serem julgados. Durante a sua vida política, este antigo militar defendeu abertamente a ditadura e fez vários comentários racistas e misóginos. Por exemplo, acusou os afro-brasileiros de serem gordos e preguiçosos e defendeu o castigo físico das crianças para as impedir de se tornarem homossexuais. Bolsonaro parece especialmente obcecado com a diferença sexual. Em 2002, afirmou: «Eu não vou lutar ou discriminar, mas se vir dois homens se beijando na rua, vou bater neles.» Como Trump, Bolsonaro defendeu a agressão sexual contra as mulheres, dizendo a uma representante do Congresso que não a violaria porque ela «não o merecia». Também como Trump, Bolsonaro defendeu várias vezes o uso da tortura, justificando a sanguinária ditadura brasileira dos anos 60 e 70 e chegando mesmo a dizer que o maior erro da ditadura tinha sido torturar apenas em vez de matar.

Bolsonaro declara ser um homem do povo que quer restaurar a lei e a ordem no Brasil. A nova política mundial de ódio populista esteve no centro da sua candidatura presidencial.

O exemplo instigador do trumpismo não pode ser ignorado quando avaliamos a nova direita populista latino-americana. Como os trumpistas, Bolsonaro apresenta a crença religiosa como intrínseca à política. Ele tem recebido fortes apoios dos poderosos setores evangélicos do Brasil. Prometeu também cortes nos impostos, medidas de austeridade favoráveis aos investidores e a desregulamentação como soluções económicas. Esta mistura de neoliberalismo económico e autoritarismo não é nova, mas Bolsonaro é até agora o seu defensor mais extremista na região.

A economia neoliberal coexistira anteriormente com ditaduras como a de Augusto Pinochet no Chile e a da junta militar da Guerra Suja na Argentina na década de 70 do século XX. Mais tarde, nos anos 90, uma mistura de neoliberalismo e populismo foi proposta por líderes de direita como o presidente peronista Carlos Menem na Argentina e Fernando Collor de Mello no Brasil. Estes populistas não eram pós-fascistas como são Trump e Bolsonaro. Na verdade, de muitas formas, Bolsonaro e Trump poderão estar mais próximos de líderes ditatoriais como Pinochet e os generais argentinos do que dos seus antecessores populistas. Como Trump e os seus homólogos europeus, Bolsonaro parece querer reduzir a distância histórica entre o fascismo e o populismo.[4] Os populistas italianos também não podem ser absolvidos desse incitamento da direita fascista. Mas como nos Estados Unidos, na Itália o governo populista afirma não ter qualquer «relação direta» com a violência. É importante recordar o que aconteceu alguns dias antes das eleições italianas de 2018 que levaram os populistas italianos ao poder. Foi então que o populismo, o neofascismo e a violência se associaram claramente quando Luca Traini, um criminoso envolto numa bandeira italiana, começou a matar pessoas a tiro nas ruas de Macerata. Ele escolheu as suas vítimas (imigrantes africanos) pela cor da pele e quando foi capturado fez a saudação fascista com o braço levantado e diante de um monumento aos mortos que o próprio Mussolini tinha honrado numa manhã de outono em 1936. Traini, que fora candidato do partido populista e xenófobo Liga Norte, tornou-se mais um exemplo de um novo contexto em que alianças e combinações políticas entre fascistas e populistas ocorrem constantemente. Os fascistas podem seguir líderes populistas e esses líderes, por sua vez, podem permitir, tolerar ou minimizar a violência fascista. Na Itália moderna e democrática, um país cuja Constituição é explicitamente antifascista, o fascismo tem vindo a ser reabilitado por políticos populistas que encaram os fascistas e os racistas como aliados potenciais ou reais.[5] Os fascistas e os populistas têm temas e pontos de discussão comuns. Nesses contextos, temos assistido ao surgimento de terroristas internos como o norueguês Anders Breivik, o assassino em série que em 2011 matou 77 pessoas que ele considerava serem defensoras do Islão, do feminismo e do multiculturalismo, ou Robert Bowers, o atirador antissemita, que perpetrou o ataque antissemítico mais mortífero em solo americano em Pittsburg, nos finais de 2018. Como Breivik, Bowers apresentou o seu ato de terrorismo como «uma defesa» do seu povo. Partilhando as suas preocupações com uma «caravana migrante», denunciada anteriormente por Trump, Bowers escreveu «Não posso ficar de braços cruzados e ver o meu povo ser massacrado. Que se lixe a vossa ótica. Eu vou entrar», e depois assassinou 11 pessoas a sangue-frio. Um exemplo americano igualmente significativo das ligações entre o terrorismo fascista o e populismo é o de Cesar Sayok, o «bombista MAGA» (Make America Great Again), que, em 2018 enviou por correio «bombas tubo» aos inimigos políticos do presidente Trump na oposição política e na imprensa. Não admira que pessoas cuja ideologia se identifica com as obsessões e conspirações trumpistas possam praticar algo tão grave como assassínios e atentados bombistas mesmo quando o próprio trumpismo não está associado, na prática, a esses atos. Mas no caso dos Estados Unidos, esses ataques só podiam ter acontecido no contexto do trumpismo no poder. No contexto das eleições intercalares de 2018, Trump enviou tropas americanas para a fronteira e avisou que os soldados dos EUA disparariam sobre imigrantes supostamente violentos. Trump também promoveu um anúncio que associava de modo duvidoso os democratas a «homicídios cometidos por um homem duas vezes deportado para o México». O anúncio também associava «o comportamento assassino do homem à suposta ameaça representada por todos os imigrantes». A CNN chamou racista a esse anúncio. Como foi descrito no *Washington Post* por Ishaan Tharoor, o anúncio era sintomático de um padrão mais vasto: «Esta viragem notória para o nacionalismo branco talvez seja o tema dominante do mandato de Trump.»[6]

Neste contexto, é bastante surpreendente que alguns observadores de esquerda descurassem esse problema ao mesmo tempo que afirmavam a sua fé na natureza efémera do trumpismo. De um modo mais geral, durante os primeiros anos do populismo americano no poder, várias vozes progressistas e esquerdistas na América debateram-se com a questão de saber até onde o trumpismo poderia ir e até que ponto este dependia da figura do próprio Trump. Segundo muitos padrões tradicionais — legislação aprovada, sondagens de apoio popular, aprovação dos média —, a presidência de Trump sofria de uma crise permanente. Mas esses críticos confundiram crise (e escândalos) com precariedade. O trumpismo não é uma forma de populismo benigna mas extremista. O populismo prospera em situações de crise, instabilidade e bipolarização. Efetivamente, no início de 2019, Trump continuava a liderar um movimento fortíssimo (potencialmente capaz de o reeleger, tendo em conta as peculiaridades do Colégio Eleitoral da América e a notável tolerância de uma larga faixa dos eleitores que votaram em Trump devido ao seu racismo, sexismo e apelos à repressão). A própria natureza do cargo presidencial mudou com a subida do populismo ao poder. O presidente usou a Casa Branca, literalmente, como um púlpito para a intimidação. Ao usar o seu cargo como uma oportunidade para promover a marca Trump e enriquecer a sua família e organização, o presidente apresentava também graves conflitos de interesse.[7] Além disso, ao mesmo tempo que Trump usava e abusava do poder executivo, através de decretos presidenciais e invocações de segurança nacional, a sua presidência revelava-se extremamente influente. E, no entanto, a imagem que surgiu destas perceções foi a de uma presidência fraca. Existe um precedente para esta minimização dos efeitos da vulgarização trumpista da violência e da discriminação na historiografia do fascismo alemão. Também alguns historiadores alemães tinham afirmado durante muitos anos que Hitler era um ditador «fraco». Escusado será dizer que isso só podia ser aceite sem o conhecimento da extensão do sofrimento das vítimas do nazismo. Tal como se manifesta atualmente, essa expectativa está muito longe das experiências das principais vítimas desta presidência autoritária: os imigrantes e as minorias. Para estes alvos do trumpismo, o caudilho e os seus instigadores conservadores não são de todo fracos. Como explicar essas avaliações contraditórias que não são motivadas por uma necessidade de justificar ou tolerar políticas populistas? É sempre uma questão de perspetiva. Por outras palavras, é uma questão de posição subjetiva do intérprete.

O centro e as margens apresentam realidades diferentes que são geralmente vividas de formas antagónicas. As limitações de direitos básicos não são encaradas do mesmo modo no Norte rico e nos desertos do Sul. Além disso, alguns observadores da esquerda liberal afirmam que, na realidade, a liberdade aumentou na América trumpista. Como entender essa «liberdade» com o encarceramento de crianças imigrantes que se tornou um símbolo do trumpismo? As coisas parecem diferentes e são vividas de forma diferente em zonas diferentes do mesmo país. Longe das salas de conferências, e na fronteira, as histórias mundiais de racismo, perseguição e encarceramento encontram-se particularmente interligadas. O mesmo se poderá dizer das histórias interligadas do fascismo e do populismo que este livro analisa exaustivamente.[8]

Um pouco por todo o mundo, os líderes populistas da extrema-direita inspiram-se na cartilha fascista sem serem eles próprios fascistas mas populistas instigadores de atos fascistas. Em países como a França, a Áustria, a Holanda e a Alemanha existem geralmente pontos comuns entre eles. As atitudes racistas em relação aos imigrantes estão no centro dessas afinidades eletivas entre fascistas e populistas. No entanto, como sugere Nadia Urbinati, a questão da imigração representa uma grande diferença entre o velho fascismo e o novo populismo, porque essa questão ultrapassa todas as fronteiras partidárias. Para um centro-esquerda moderado interessado em explorar os modos populistas da direita, torna-se difícil ser humanitário quando o humanitarismo implica mais tolerância para com novos imigrantes. É por isso que é difícil compreender, sobretudo na Europa mas também nos Estados Unidos, os apelos a um novo populismo de esquerda. É verdade que as exigências de um novo populismo são muitas vezes fruto de uma confusão terminológica sobre a diferença entre movimentos e políticos populares e populistas. Como o liberalismo, o socialismo não pode ser simplesmente equiparado ao populismo. Mas defender exigências populares e uma participação mais alargada contra as elites tecnocratas ou adotar uma posição mais igualitária não faz dos políticos ou movimentos populistas. Nos Estados Unidos, onde abunda essa confusão, Bernie Sanders ou Alexandria Ocasio-Cortez são muitas vezes erradamente apresentados como populistas. Na realidade, eles fazem exigências igualitárias específicas para determinados eleitorados e não pretendem espelhar o povo à sua própria imagem. Na prática, opõem-se ao autoritarismo e ao antipluralismo e não promovem a ideia de que as pessoas que não concordam com eles são inimigas do povo. Eles atuam como representantes mais tradicionais e não afirmam representar exclusivamente a vontade popular. Para os populistas, pelo contrário, a delegação substitui a representação e a voz do povo confunde-se com a do seu líder.

O modelo de populismo de esquerda que teóricos como Ernesto Laclau e Chantal Mouffe têm vindo a apresentar não é a resposta esquerdista mais significativa ao populismo de direita nos Estados

Unidos, no Brasil e em muitos outros lugares. Por outro lado, em países como a Argentina, a França e a Espanha, a obra de Laclau e Mouffe tem sido adotada por intervenientes políticos. Em geral, a maioria dos apelos a um populismo de esquerda insiste na necessidade de um líder como Hugo Chávez na Venezuela (1999-2013), que se tornaria também o símbolo vivo de uma vontade popular homogeneizada e o artífice das lutas contra os inimigos do povo. Esse líder, insistem, contornaria as vias institucionais e criaria efetivamente uma forma mais direta de democracia. Mas no contexto atual, esse novo populismo de esquerda terá um líder infalível que, ao personificar e «ventriloquizar» a voz do povo, também promove o nacionalismo e a atual intolerância étnica da diversidade? Esses anseios populistas para a esquerda querem esquecer não só os precedentes autoritários latino-americanos desse populismo, mas também o ressentimento xenófobo mais recente dos eleitores tradicionais da esquerda, sobretudo na Europa, mas também nos Estados Unidos. Esquecem-se de que, em nome do abandono das ideias e dos programas políticos e ao adotar o mito político, a esquerda acaba por se esquecer do seu passado antifascista.[9]

III

Uma das coisas que contesto neste livro é a definição anistórica — que na verdade é uma definição platónica — e o modo como ela não leva em conta os longos padrões históricos por trás do fenómeno atual. Em vez de uma definição, proponho uma interpretação histórica do que tem constituído o populismo na história.

Na longa história do populismo, o seu último capítulo — definido em termos do trumpismo mas também do bolsonarismo, da Liga Norte, do lepenismo, da AfD na Alemanha e de outros — é mais racista e antidemocrático do que os anteriores.

Como explico no livro, quando alcançou pela primeira vez o poder em 1945 nos seus diferentes casos latino-americanos, o populismo foi um reajustamento do fascismo para tempos democráticos. Por outras palavras, desde muito cedo foi fundamental para o populismo dar continuidade a algumas tendências autoritárias, mas também a sua rejeição da violência política fascista e do racismo. Com o passar do tempo, o populismo adotou formas diferentes em todo o mundo. Desde formas mais esquerdistas, que incluíram o kirchnerismo e o chavismo, a formas neoliberais em países como a Itália com Berlusconi, a Argentina com Carlos Menem e o Brasil com Fernando Collor de Mello. Em muitas dessas formas, a ideia populista do povo era muito diferente da ideia fascista do povo. O mesmo não se poderá dizer de Trump, Salvini, Orbán, Bolsonaro e outros novos caudilhos populistas dos tempos atuais.

Para os fascistas, o povo era definido não só como um *demos* mas também como um *ethnos*. Existe uma enorme diferença entre essa noção fascista do povo e o primeiro populismo no poder. Por mais autoritários que fossem os primeiros populistas — no sentido de que quem não estivesse com eles não era considerado um membro do povo mas um membro do antipovo ou um inimigo do povo —, a sua definição do povo baseava-se na ideia do *demos*. Se quisesses apoiar o regime, passavas subitamente do antipovo para o povo. Ao contrário do que acontecia no fascismo, no populismo a ideia é que esse antipovo é retoricamente demonizado como a antítese do povo, mas geralmente não é atacado fisicamente e os seus direitos políticos não são completamente eliminados. Por outras palavras, no populismo os inimigos do povo podem existir e perder eleições, mas não têm qualquer legitimidade. Eles são apenas tolerados, mas não totalmente perseguidos ou banidos.

Quando passamos para os capítulos mais recentes da história do populismo — sendo o mais importante o trumpismo porque chegou ao poder no país mais poderoso do mundo —, o que vemos é que essa ideia do povo como um *demos* é efetivamente associada a uma ideia originariamente fascista do povo como *ethnos*. O racismo torna-se novamente de grande importância para essa tradição autoritária. O ciclo não é completo, pois não vemos um regresso ao fascismo. No entanto, um dos paradoxos do presente é que percebemos, muitas décadas depois da primeira reformulação populista do fascismo, que os populistas estão a regressar a uma ideia do povo que se baseia não só no *demos* mas também no *ethnos* e é cada vez mais racista ou, no caso do trumpismo, completamente racista. Se existe hoje uma tendência para confundir o populismo com o fascismo, isso deve-se em parte ao facto de o populismo atual parecer muito mais fascista do que o populismo original do pós-guerra. Com o novo populismo, dos Estados Unidos à Itália e outros lugares, o povo é definido em termos étnicos e o antipovo geralmente em termos antirreligiosos ou racistas. Mas esses inimigos do populismo não são totalmente perseguidos ou eliminados, como acontecia com os inimigos do fascismo. Por outras palavras, o populismo parece o fascismo, mas não o é na prática.

Depois do fim da Segunda Guerra Mundial, o populismo já implicara desde o seu início um afastamento do fascismo. Como o pós-fascismo, o populismo conduziu à refundação da democracia em termos autoritários, mas não racistas ou totalitários. O populismo, cujas origens são fascistas, tentou reformular o autoritarismo do passado pela via plebiscitária, separando-se na prática do fascismo. De forma mais direta, muitas vezes separou os fascistas da sua política. Segundo um comentário famoso do general Perón, os fascistas não serviam para obter vitórias eleitorais amplas e bem-sucedidas. Ele não queria formar coligações com eles. E certamente não os via como parte da sua base de apoio.

Essa lógica do populismo clássico já não é típica dos novos tempos em que o trumpismo nos Estados Unidos gerou uma coligação de republicanos de centro-direita com populistas, racistas e também neofascistas. Esse é um facto novo na história do populismo no poder. Na sua história, os populistas sempre governaram em nome da maioria, excluindo (ou até demonizando) as minorias eleitorais. Mas no caso de Trump, é a minoria que demoniza e exclui a vontade da maioria. O trumpismo explora essas falhas sistémicas e adultera ainda mais uma democracia que se torna cada vez mais formal e por isso menos substancial. Atualmente, a democracia americana oferece um exemplo negativo para o resto do mundo.

Países europeus como a Itália ou a Hungria também representam essa nova experiência do populismo no poder. A América Latina assistiu também a uma extensão dessas novas experiências populistas com a vitória de Bolsonaro no Brasil em 2018. Esse «novo populismo» no poder está hoje mais perto do que nunca do fascismo, e esse facto devia representar um alerta para todos nós e sobretudo para os que se mantêm em silêncio.

Nova Iorque, 6 de janeiro de 2019

PRÓLOGO

«Sabe-se que a identidade pessoal reside na memória, e sabe-se que a anulação dessa faculdade resulta na idiotice.»

Jorge Luis Borges, *História da Eternidade* (1936)

Alguns meses antes de Donald Trump se tornar presidente dos Estados Unidos, dei por mim em Dresden rodeado de uma mistura de manifestantes populistas xenófobos e neonazis alemães. Tinha viajado para a cidade com a minha família para fazer uma conferência sobre o fascismo e o populismo na universidade local. Por acaso, chegámos a uma segunda-feira, o dia em que os Europeus Patriotas contra a Islamização do Ocidente (PEGIDA) realizam a sua manifestação semanal. Vimo-nos cercados por bandeiras racistas e rostos zangados. Literalmente, um dos exemplos mais extremos do populismo atual encontrava-se então entre nós e o hotel. Nesse momento, a minha filha mais velha, que tinha oito anos na altura, perguntou: «Estes são os nazis que mataram a Anne Frank?» Tínhamos visitado o Museu Anne Frank em Amesterdão no ano anterior e ela ficara bastante impressionada com a história. Não, respondi, estes neonazis não são os seus assassinos, mas não se importam que ela tivesse sido assassinada. A identificação de neofascistas e populistas de extrema-direita com movimentos do passado reformulou o legado ditatorial do fascismo para os novos tempos democráticos, sendo fundamental para compreender as ligações entre o passado e o presente. Com palavras tranquilizadoras, e em espanhol, garanti às minhas filhas, Gabriela e Lucia, que nada nos iria acontecer porque numa democracia existem limites para o que militantes violentos podem fazer. Tinha a certeza de que aqueles xenófobos não se atreveriam a passar abertamente da sua demonização retórica populista para a agressão física fascista. Mas como mostra a história do populismo, eles podiam no entanto diminuir a tolerância e, por fim, a democracia. As minhas filhas nasceram em Nova Iorque, onde as condições também seriam razoáveis. Teria razão? Tendo vivido no tempo de uma ditadura militar na Argentina quando tinha a idade delas, lembrava-me de que teria sido demasiado perigoso fazer perguntas semelhantes aos meus pais em público. E eu e a minha família certamente não teríamos podido passear e falar livremente no meio de manifestações pró-fascistas militares. Quando era rapaz, interessara-me pela história do Holocausto e da perseguição de Hitler aos Judeus, mas a ligação entre os que estavam então no poder e o fascismo não era um assunto que uma criança de uma família judaica de classe média pudesse abordar livremente na Argentina.[1] Demasiadas pessoas tinham «desaparecido». No entanto, como muitos outros cidadãos, faço essas perguntas agora, num momento em que os populistas parecem ocupar o palco mundial.

O primeiro regime populista moderno nasceu na Argentina, não nos Estados Unidos, se bem que ultimamente seja a maior potência a exibir o seu poderio populista ao resto do mundo. Isso é algo que no passado recente muitos americanos, incluindo a maioria dos cientistas sociais, achavam impossível. Tendo vivido nos Estados Unidos desde 2001, ouvi muitas vezes dizer que o populismo e o fascismo nunca poderiam vingar a norte do Rio Grande. Mas sobretudo agora que o populismo se instalou nos Estados Unidos, as histórias mundiais do fascismo e do populismo oferecem lições importantes que devíamos reter ao entrarmos numa nova era de populismo na América e no mundo.

Se devolvermos o populismo à sua história mundial, podemos perceber melhor o aparentemente inesperado. Este livro examina as ligações históricas entre o fascismo e os que se encontram no poder no contexto de democracias populistas.

Como outros historiadores que dedicaram as suas vidas académicas ao estudo do fascismo e do populismo, sempre achei que estudar o passado poderia esclarecer o presente e, durante as últimas duas décadas, o meu trabalho tem-se baseado na história para compreender as relações problemáticas entre o fascismo, o populismo, a violência e a política. Agora a questão do fascismo e do poder pertence claramente ao presente.

A crise, a xenofobia e o populismo caracterizam o nosso novo século. Mas essas características não são novas nem renasceram simplesmente no nosso presente. Compreender o aparente renascimento do populismo é, no fundo, compreender a história da sua adoção e reformulação ao longo do tempo. Essa história começa com o fascismo e continua com o populismo no poder. Se este século não abandonou a história de violência, fascismo e genocídio que foi tão crucial para o século XX, a ditadura, e sobretudo as ditaduras fascistas, perdeu no entanto legitimidade como uma forma de governação. Apesar das metáforas empoladas de Munique e Weimar, não estamos a assistir ao regresso do fascismo como este existiu antes. O passado nunca é o presente. No entanto, as atuais manifestações de neofascismo e populismo têm importantes antecedentes históricos, e a passagem do fascismo para o populismo ao longo do tempo determinou o nosso presente. Este livro tenta demonstrar não só que os usos públicos e políticos contextuais do fascismo e do populismo são essenciais para os compreender, mas também que estudar o modo como essas histórias têm sido concebidas e interpretadas aumentará a nossa consciência e compreensão das ameaças políticas atuais à democracia e à igualdade. Os contextos e os conceitos são fundamentais.

Este livro contraria a ideia de que experiências passadas e presentes do fascismo e do populismo podem ser reduzidas a determinadas condições nacionais ou regionais. Contesta também visões americanas e eurocêntricas dominantes. Sobretudo à luz da viragem histórica representada pela vitória populista de Trump, as narrativas do excecionalismo democrático americano foram finalmente abandonadas. Esta nova era de populismo americano mostra claramente que os Estados Unidos são como o resto do mundo. Argumentos semelhantes aplicam-se à cultura democrática francesa ou alemã. Hoje já não temos qualquer desculpa para permitir que o narcisismo geopolítico impeça a interpretação histórica, sobretudo quando analisamos ideologias que atravessam fronteiras e oceanos e até se influenciam umas às outras.

Neste livro apresento uma análise histórica do populismo e do fascismo mas ofereço também uma perspetiva a partir do Sul. Por outras palavras, pergunto o que acontece ao centro quando o julgamos a partir das margens.[2] Nem o populismo nem o fascismo são exclusivamente europeus, norte-americanos ou latino-americanos. O populismo é tão americano como argentino. Pelas mesmas razões, o fascismo vingou também na Alemanha e na Índia. Nos Estados Unidos e na Europa, demasiados académicos explicam o passado e o presente do fascismo e do populismo realçando estritamente as vertentes americana ou europeia do que na verdade é um fenómeno mundial e transnacional. Descentrar a história do fascismo e do populismo não significa adotar uma explicação alternativa única para as suas origens. Todas as histórias são importantes.

O que é o *fascismo* e o que é *populismo*? Estas perguntas foram feitas pela primeira vez por alguns fascistas, antifascistas, populistas e antipopulistas para validar, criticar ou se distanciarem das características geralmente associadas aos termos. Os seus apoiantes, como alguns dos seus críticos mais ferrenhos, continuam a repeti-las.[3] Desde então, intervenientes e intérpretes concordam que os dois termos têm sido contrapostos ao liberalismo; que ambos implicam uma condenação moral do *statu quo* da democracia liberal; e que ambos representam uma reação popular apresentada por líderes fortes em nome do povo e contra as elites e a política do costume. Mas além dessas afinidades, dos tipos ideais e das limitações de interpretações genéricas, de que modo o fascismo e o populismo têm sido associados histórica e teoreticamente, e como devíamos abordar as suas diferenças consideráveis? Este livro fornece respostas históricas a essas perguntas. Embora o fascismo e o populismo estejam no centro do debate político e sejam muitas vezes confundidos, na realidade representam trajetórias políticas e históricas alternativas. Ao mesmo tempo, o fascismo e o populismo estão ligados genealogicamente. Pertencem à mesma história.

O populismo moderno nasceu do fascismo. Da mesma forma que a política de massas fascista fez avançar os movimentos populares além das formas agrárias pré-modernas e democráticas de populismo, como os Narodniki russos ou o People's Party americano, e foi também radicalmente diferente de formações protopopulistas como o yrigoyenismo na Argentina ou o battlismo no Uruguai, os primeiros regimes populistas modernos na América Latina do pós-guerra afastaram-se do fascismo, mas mantiveram importantes características antidemocráticas que não eram tão evidentes em movimentos pré-populistas e protopopulistas anteriores à Segunda Guerra Mundial.

Uma nova modernidade populista surgiu com a derrota do fascismo. Depois da guerra, o populismo reformulou os legados do «anti-Iluminismo» para a era da Guerra Fria e pela primeira vez na história tornou-se completo; ou seja, alcançou o poder.[4] Em 1945, o populismo já passara a representar uma continuação do fascismo, mas também uma rejeição de alguns dos seus aspetos ditatoriais mais distintivos. O fascismo propôs uma ordem totalitária violenta que conduziu a formas extremas de violência política e genocídio. Em contrapartida, e em consequência da derrota do fascismo, o populismo procurou reformar e adaptar o legado fascista a uma ordem democrática. Depois da guerra, o populismo foi uma consequência do impacto civilizacional do fascismo. A ascensão e queda dos fascismos afetaram não só admiradores como o general Juan Perón na Argentina, mas também outros líderes autoritários como Getúlio Vargas no Brasil, ou muitos membros da direita populista americana que não tinham vivido nem concordado inicialmente com o fascismo. Para alcançar o poder, o populismo do pós-guerra renunciou aos seus fundamentos pró-ditatoriais do período de entre as guerras mas não abandonou completamente o fascismo. Ocupou o lugar do fascismo transformando-se numa nova «terceira via» entre o liberalismo e o comunismo. No entanto, ao contrário dos apoiantes do fascismo, os seus proponentes queriam que o populismo fosse uma escolha democrática. Essa intenção populista de criar uma nova tradição política que pudesse governar a nação mas fosse diferente do fascismo, e a realização consequente dessa intenção, explicam a complexa natureza histórica do populismo do pós-guerra como um conjunto variado de experiências autoritárias em democracia. É verdade que o populismo moderno integrou elementos de outras tradições, mas as origens e efeitos fascistas do populismo depois da derrota de Hitler e Mussolini definiram o seu conflito constitutivo pós-fascista entre a democracia e a ditadura.

Na história, o populismo pode ser uma força reacionária que conduz a sociedade a um modo mais autoritário, mas nas suas variantes progressistas, pode também iniciar, ou reforçar, a democratização numa situação de desigualdade, diminuindo ao mesmo tempo os direitos ou a legitimidade das minorias políticas à sua direita e à sua esquerda. Sobretudo no âmbito da esquerda, e particularmente no contexto das afirmações da esquerda populista de representar a esquerda como um todo, não devíamos confundir a ampla participação cívica e reivindicações sociais e políticas igualitárias e populares com uma situação populista. Os analistas geralmente confundem anihistoricamente a social-democracia, a política progressista e o populismo. Um dos objetivos deste livro é ser claro a situar o populismo historicamente, centrando-se de igual modo na necessidade ético-política de fazer a distinção entre o populismo e outras formas democráticas e emancipatórias que muitas vezes são consideradas populistas. Se o populismo usa a xenofobia para fazer a sociedade voltar para trás, como costuma fazer nas suas versões de direita, nas suas formações esquerdistas o populismo desvia a atenção da sociedade para as condições sociais e económicas desiguais. Mais recentemente, isso tem implicado a contestação dos dogmas das medidas de austeridade neoliberais e da suposta neutralidade de soluções tecnocratas mercantilistas.

Em todos os casos, o populismo fala em nome de um povo único, mas também da democracia. No entanto, a democracia é definida em termos restritos como a manifestação dos desejos dos líderes populistas. O populismo não pode ser definido de forma simplista pela sua afirmação de representar exclusivamente o povo inteiro contra as elites. Além de quererem agir em nome de todo o povo, os populistas também acreditam que o seu líder é o povo e devia ser um substituto dos cidadãos na tomada de todas as decisões. As histórias mundiais do populismo mostram que este geralmente tem um princípio constitutivo quando o líder se transforma no povo. Mas embora o líder em teoria personifique o povo, na prática ele ou ela representa apenas os seus seguidores (e eleitores), que os populistas entendem como a expressão de todo um povo. O líder substitui o povo, tornando-se a voz deste. Por outras palavras, a voz do povo só pode ser expressa através da boca do líder. É na pessoa do líder que a nação e o povo podem finalmente reconhecer-se e participar na política. Na verdade, sem o conceito do líder carismático e messiânico, o populismo é um modelo histórico incompleto. Compreender o populismo sem o seu conceito autoritário de liderança e o seu objetivo de alcançar o poder através de meios eleitorais é por isso problemático. Essas reivindicações absolutas do povo e da liderança determinam não só a ideia populista de como os populistas na oposição e em campanha eleitoral deviam contestar seriamente o estado de uma democracia mas também o modo como essa democracia devia ser governada quando os populistas assumem o poder. Em última análise, e na prática, o populismo substitui a representação pela transferência de autoridade para o líder. Da esquerda à direita, isso constitui a ideologia do populismo, que é a necessidade de uma forma de democracia mais direta e autoritária. Por outras palavras, quando um populista conquista a vontade de uma maioria eleitoral circunstancial, essa vontade é associada aos desejos do líder, que age em nome do «verdadeiro» povo.

Como explica Andrew Arato, um eminente académico de teoria política e social, no populismo, a parte torna-se o todo. Ou seja, é inventado um povo unido fictício para ser liderado e personificado por dirigentes autoritários. «O povo», na verdade, é um conceito que engloba muitos povos diversos vivendo numa nação. A sua conversão num único povo unido e personificado num líder é uma recorrência histórica fundamental no populismo. Esse processo histórico, através do qual o povo criado a partir de um segmento dos cidadãos primeiro se transforma numa unidade, depois é apropriado por um movimento e por fim encarnado na liderança autoritária de um sujeito fabricado (o povo unido e indiferenciado), que, na verdade não existe, tem manifestos efeitos antidemocráticos. Mas para os populistas, é o inimigo que se opõe à democracia, não eles.[5] Desde a esquerda populista argentina aos populistas da extrema-direita francesa e alemã, os populistas têm alegado que estão a defender o povo da tirania e da ditadura. Para os populistas, a ditadura é vista não tanto como uma forma de governo do passado mas como uma metáfora do inimigo no presente. Isso permite-lhes equiparar a democracia ao populismo e associar engenhosamente o seu oposto (a tirania ou a ditadura) ao inimigo político, quer seja o antiperonismo na Argentina, o imperialismo na Venezuela ou a União Europeia na França e na Alemanha. É verdade que todos esses intervenientes têm, ou têm tido, dimensões autoritárias, mas não fazem parte da caricaturização populista do inimigo político. Os populistas não se preocupam muito com as subtilezas da observação empírica, mas dirigem antes a sua atenção para a reformulação, ou mesmo a reinvenção, da realidade de acordo com os seus vários imperativos ideológicos. Viver dentro da bolha populista permite aos líderes, regimes e seus seguidores apresentar tudo o que não gostam como mentiras dos média e conspirações internas e externas contra o povo, o líder e a nação. Neste aspeto, o populismo relaciona-se diretamente com a recusa clássica do fascismo em determinar a verdade empiricamente.[6]

A diferença entre o populismo e o liberalismo, mas também entre o populismo e o socialismo, é que o liberalismo e o socialismo têm de enfrentar empiricamente as suas falhas, algo que fazem de forma típica, mas nem sempre. Os populistas pensam de maneira diferente. Todos os que se opõem a eles são transformados numa entidade tirânica. Nesse contexto, a democracia e a ditadura são apenas designações para o eu e o outro. Tornam-se imagens da visão populista e deixam de ser categorias de análise política. Essa transformação de conceitos em imagens é uma dimensão fundamental da abordagem do populismo a uma característica fascista semelhante, há muito salientada por Walter Benjamin — nomeadamente, a estetização da política. Essa valorização da política como espetáculo acompanha o populismo sempre que este passa de um movimento de oposição para um regime.

Embora existam diferenças importantes, e até essenciais, entre os vários populismos de esquerda e de direita, o populismo geralmente apresenta um forte contraste quando deixa a oposição para assumir o papel muito diferente de regime. Na oposição, o populismo surge como um movimento de protesto e deixa claro os limites das elites governantes na representação de importantes setores da sociedade, mas também afirma representar a sociedade como um todo. Como regime, o populismo não prevê quaisquer limites às suas reivindicações de soberania popular, confundindo os votos das maiorias eleitorais que apoiam o regime com os desejos estruturais e transcendentais do povo e da nação. Como oposição, o populismo contribui geralmente para a compreensão e expressão não só das frustrações mas também dos antigos preconceitos de vastos segmentos da população. Como regime, o populismo reivindica a representação plena de todo um povo e geralmente converte isso na ideia da delegação total do poder ao líder. Nesse contexto, o líder afirma saber o que o povo realmente quer melhor do que o próprio povo.

Ao contrário dos fascistas, os populistas entram mais vezes no jogo democrático e acabam por ceder o poder depois de perderem uma eleição. Isso acontece porque o populismo, embora semelhante ao fascismo, ao fundir-se com a nação e o povo, associa essas pretensões totalizadoras de representação nacional popular a decisões eleitorais. Por outras palavras, o populismo projeta uma visão plebiscitária da política e rejeita a forma fascista de ditadura.

O populismo é uma forma autoritária de democracia. Definido historicamente, prospera em contextos de crises políticas reais ou imaginadas, onde se apresenta como a antipolítica. Afirma fazer o trabalho da política ao mesmo tempo que se mantém livre dos processos políticos. A democracia nesse sentido aumenta simultaneamente a participação política de maiorias reais ou imaginadas e exclui ou reduz os direitos de minorias políticas, sexuais, étnicas e religiosas. Como referi acima, o populismo entende o povo como uma unidade, nomeadamente, como uma entidade única constituída por líder, seguidores e nação. Esta trindade de soberania popular tem origens no fascismo, mas é confirmada através do voto. O populismo afirma-se contra o liberalismo mas a favor da política eleitoral. Assim, podemos compreender melhor o populismo se o entendermos como uma reformulação histórica original do fascismo que alcançou o poder pela primeira vez depois de 1945. Na sua visão homogeneizante do povo, os opositores políticos são o antipovo. Os opositores tornam-se inimigos: némesis que, consciente ou inconscientemente, representam as elites oligárquicas e vários adversários ilegítimos. O populismo defende um líder nacionalista esclarecido que fala e decide pelo povo. Minimiza a importância da separação dos poderes, da independência e legitimidade de uma imprensa livre e do Estado de direito. No populismo, a democracia é posta em causa mas não é destruída.

No momento em que termino este livro, um novo populismo parece dominar o mundo. Mais uma vez, o sucesso eleitoral de um líder narcisista acompanha a ofensa e a subvalorização do Outro. A intolerância e a discriminação abriram caminho a uma definição do povo que se baseia simultaneamente na inclusão e na exclusão. Como no passado, este novo populismo põe internamente à prova a democracia, mas a história ensina-nos que instituições democráticas e uma sociedade civil forte podem contestar energicamente os populistas no poder. Em suma, podemos aprender com exemplos históricos de resistência.

Quando surgiu o populismo moderno, o escritor argentino Jorge Luis Borges afirmou que, depois de ser expulso de Berlim, o fascismo tinha emigrado para Buenos Aires. Os regimes da Alemanha e da Argentina promoviam a repressão, a servidão e a crueldade, mas era ainda «mais abominável que promovessem a idiotice». Apesar de fundir problematicamente o fascismo (a ditadura) com o populismo (uma forma autoritária de democracia eleitoral), Borges mostrou habilmente por que motivo e de que modo ambos adotavam a estupidez e a ausência de pensamento histórico. O fascismo e o populismo ignoravam experiências vividas e afirmavam mitologias grosseiras. Embora no seu elitismo ele não fosse capaz de perceber por que razão o novo populismo era uma escolha inclusiva para pessoas que se sentiam não representadas, Borges ainda assim registou claramente a monotonia «triste» e definidora dos dois sistemas. A diversidade foi substituída por imperativos e símbolos. Na sua primeira análise dos populistas na história, Borges salientou o modo como os seus líderes transformavam a política em mentiras. A realidade transformava-se em melodrama. Eles transformavam tudo em ficções «em que não se podia acreditar mas em que as pessoas acreditavam». Como Borges, temos de nos lembrar que o fascismo e o populismo devem ser enfrentados com verdades empíricas ou, nas suas palavras, temos de distinguir entre «a lenda e a realidade». Em tempos como o nosso, o passado lembra-nos de que o fascismo e o populismo também estão sujeitos às forças da história.[7]

Nova Iorque, 2 de maio de 2017

INTRODUÇÃO

Compreender o Fascismo e o Populismo em Termos de Passado

Representando a investigação do historiador dos modos e motivos por que o fascismo se transformou em populismo na história, este livro descreve as genealogias ditatoriais do populismo moderno. Realça também as diferenças significativas entre o populismo como uma forma de democracia e o fascismo como uma forma de ditadura. Reconsidera as experiências concetuais e históricas do fascismo e do populismo avaliando as suas afinidades ideológicas eletivas e diferenças importantes políticas na história e na teoria. Uma abordagem histórica não implica subordinar experiências vividas a modelos ou tipos ideais, mas antes realçar o modo como os intervenientes se viam em contextos nacionais e transnacionais. Implica salientar diferentes contingências e múltiplas fontes. A história combina provas com a interpretação. Os tipos ideais ignoram a cronologia e a centralidade dos processos históricos. O conhecimento histórico torna compreensível o modo como o passado é vivido e descrito através de narrativas de continuidades e mudanças ao longo do tempo.

Contra uma ideia do populismo como um fenómeno exclusivamente europeu ou norte-americano, proponho uma leitura global dos seus itinerários históricos. Contestando definições teóricas genéricas que reduzem o populismo a uma única frase, realço a necessidade de devolver o populismo à história. Formas distintas e até opostas de populismo de esquerda e de direita atravessam o mundo, e concordo com historiadores como Eric Hobsbawm que dizem que as formas de populismo de esquerda e de direita não podem ser fundidas só porque são geralmente antagónicas.[8] Enquanto os populistas de esquerda apresentam os que se opõem às suas ideias políticas como inimigos do povo, os populistas de direita associam essa intolerância populista de opiniões políticas alternativas a uma ideia do povo formada com base na etnia e no país de origem. Em suma, os populistas de direita são xenófobos.

Ao realçar o estilo populista e não o seu conteúdo, a maioria dos historiadores tem rejeitado as dimensões mais genéricas e trans-históricas das muitas teorias do populismo que minimizam diferenças históricas e ideológicas. Ao contestar as definições do populismo como exclusivamente de esquerda ou de direita, saliento o modo como o populismo tem apresentado historicamente várias possibilidades, desde Hugo Chávez a Donald Trump, mantendo distinções sociais e políticas essenciais entre a esquerda e a direita, mas sem perder os seus atributos iliberais fundamentais nas suas diversas manifestações históricas. E contra a ideia comum do populismo como uma nova experiência política sem uma grande história — nomeadamente, uma nova formação que nasceu da queda do comunismo na viragem do século — apresento uma análise histórica do populismo baseada igualmente em três outros momentos globais do século passado: as duas guerras mundiais e a Guerra Fria.[9]

Da direita europeia aos Estados Unidos, o populismo, a xenofobia, o racismo, os líderes narcisistas, o nacionalismo e a antipolítica ocupam o centro da política. Devíamos preparar-nos para uma tempestade ideológica semelhante àquela que o fascismo precipitou quando surgiu pela primeira vez há pouco menos de cem anos? Alguns intervenientes e analistas da política mundial acreditam que sim, e a recente vaga de política populista racista nos Estados Unidos, na Áustria, na França, na Alemanha e em muitos outros lugares do mundo parece confirmá-la. Mas poucos concordam em relação ao significado do fascismo e do populismo, e os estudiosos geralmente têm mostrado relutância em entrar no debate público sobre os usos dos termos. Mas ao ausentarem-se do debate público, deixaram os usos dos termos fascismo e populismo praticamente desprovidos de interpretação histórica. Ao mesmo tempo que o fascismo e o populismo parecem estar em todo o lado, muitos intervenientes e intérpretes atuais não conhecem as suas verdadeiras histórias.

Os usos do fascismo e do populismo

O fascismo, como o populismo, é muitas vezes usado para denotar o mal absoluto, a má governação, a liderança autoritária e o racismo. Esses usos dos termos anulam os seus significados históricos. A crença problemática de que a história apenas se repete propagou-se do Norte ao Sul, de Moscovo a Washington, e de Ancara a Caracas. Depois da anexação russa da Crimeia em 2014, e da concomitante crise ucraniana, os oficiais russos referiram-se ao governo na Ucrânia como o produto de um golpe de estado fascista. Hillary Clinton, a secretária de Estado americana na altura, descreveu os atos do presidente russo Vladimir Putin relativamente à Ucrânia como algo parecido com «o que Hitler fez nos anos 30». Longe do mar Negro, o presidente venezuelano, Nicolás Maduro, nesse mesmo ano, usou a ameaça do fascismo para justificar a prisão de um líder da oposição. As mesmas afirmações problemáticas foram e são proferidas pelos que se opõem às experiências latino-americanas com o populismo. Epítetos semelhantes são geralmente empregues no Médio Oriente e em África. Em 2017, o presidente turco Recep Tayyip Erdoğan descreveu a Europa como «fascista e cruel». Caracterizações quase idênticas de governos e oposições como fascistas atravessam o Sul e o Norte desde a Argentina aos Estados Unidos, onde Donald Trump enfrentou essa mesma acusação durante a sua bem-sucedida campanha eleitoral de 2015–2016 e onde ele próprio como presidente eleito acusou os serviços secretos de empreenderem práticas nazis contra ele. A pergunta de Trump era sintomática: «Estamos a viver na Alemanha nazi?»[10]

Como o termo *fascismo*, o termo *populismo* tem sido igual e exageradamente usado como uma amálgama de extremismos de esquerda e de direita. Tem sido inflacionado ou confundido com tudo o que se opõe à democracia liberal. Por exemplo, políticos como o presidente mexicano Enrique Peña Nieto ou o antigo primeiro-ministro britânico

Tony Blair (nomeadamente depois do «Brexit» britânico de 2016) afirmaram que o populismo se opunha ao *status quo* neoliberal que eles representavam de forma tão entusiástica. Na verdade, essa tendência para descrever o populismo como uma abordagem negativa e não problematizada à democracia revela uma identificação simplista e geralmente interesseira da democracia com o neoliberalismo. Essas opiniões reproduzem as visões totalitárias do «nós contra eles» do populismo, além de privarem a democracia de qualquer potencial emancipatório. Nesse contexto, quando confrontados com os seus inimigos neoliberais, setores da sociedade (da esquerda à direita) que se consideram esquecidos pelas elites tecnocratas acham o populismo ainda mais atraente. O populismo e o neoliberalismo podem ser acusados de diminuir igualmente a diversidade e a igualdade democráticas, mas nenhum constitui uma forma de fascismo.

O populismo e o neoliberalismo não permitem grande poder de decisão política aos cidadãos. Apesar disso, fazem parte do espectro democrático e, sobretudo depois de 1989, têm estado causalmente ligados e sucedem-se muitas vezes um ao outro. À escala mundial, o populismo não é uma patologia da democracia, mas um modelo político que prospera em democracias particularmente desiguais; isto é, em lugares onde a disparidade de rendimentos aumentou e a legitimidade da representação democrática diminuiu. Como uma reação, o populismo é capaz de enfraquecer ainda mais a democracia sem a destruir, e se ou quando elimina a democracia, deixa de ser populismo e torna-se outra coisa: ditadura.

Historicamente, as reações populistas a esses contextos (de direita ou esquerda) são distintas e enquadram-se em diversas situações nacionais e culturas políticas, mas geralmente seguem na direção do autoritarismo. Isso ocorre sobretudo porque o populismo, como o fascismo antes dele, entende a sua posição como a única e verdadeira forma de legitimidade política. A verdade única do populismo é que o líder e a nação constituem um todo. Para o populismo, a vontade singular da maioria não pode aceitar outros pontos de vista. Nesse aspeto, o populismo assemelha-se ao fascismo como uma reação a explanações liberais e socialistas do político. E também como o fascismo, o populismo não reconhece um espaço político legítimo para uma oposição que acusa de agir contra os desejos do povo e de ser tirânica, conspirativa e antidemocrática. Mas essa recusa em reconhecer a legitimidade da oposição normalmente não excede a lógica da demonização discursiva. Os opositores são transformados em inimigos públicos mas apenas retoricamente. Quando o populismo passa dessa inimizade retórica para práticas de identificação e perseguição dos inimigos, podemos estar a falar da sua transformação em fascismo ou noutra forma de repressão ditatorial. Isso já aconteceu no passado (por exemplo, no caso do Triplo A peronista no início da Guerra Suja da Argentina nos anos 70 do século XX) e poderá certamente voltar a acontecer. Essa transformação do populismo em fascismo é sempre uma possibilidade, mas muito invulgar e, quando acontece, o populismo, ao tornar-se completamente antidemocrático, deixa de o ser. Enquanto o fascismo enaltece a ditadura, o populismo nunca o faz. O fascismo idealiza e pratica formas cruas de violência política que o populismo rejeita em teoria e, quase sempre, na prática. Falar do populismo e do fascismo como se fossem a mesma coisa é por isso problemático, uma vez que os dois são bastante diferentes. O populismo é uma forma de democracia autoritária, enquanto o fascismo é uma ditadura ultraviolenta. Os termos estão ligados genealogicamente, mas não concetual ou contextualmente. Devidamente historicizado, o populismo não é o fascismo.

Porque são então os termos populismo e fascismo usados sem referência às suas histórias? Estamos mesmo a assistir ao regresso do fascismo, o «ismo» que marcou com ferro e sangue a primeira metade do século XX? Normalmente, o fascismo não é abordado como uma experiência histórica específica com resultados muito traumáticos, sendo antes considerado um insulto. Assim, partidos e líderes populistas que geralmente representam ideias autoritárias da democracia, mas que no fundo não se opõem à mesma, são erradamente equiparados a formações ditatoriais fascistas. Depois de 1945, e pela primeira vez na sua história, o populismo transformou-se finalmente de uma ideologia e um estilo de movimento de protesto num regime de poder. Isso representou um ponto de viragem nos seus itinerários concetuais e práticos, e a relevância histórica desse momento decisivo deve ser salientada. Da mesma forma, o fascismo tornou-se verdadeiramente influente apenas quando passou de uma ideologia e movimento para um regime. Nesse sentido, como o primeiro líder populista no poder, Perón teve um papel semelhante àquele que foi representado pelos líderes fascistas Mussolini e Hitler. Quando o populismo se tornou um regime, consolidou-se finalmente como uma forma política nova e eficaz de governar a nação. Ao fazê-lo, o populismo reformulou o fascismo e, nessa medida, como no famoso caso do peronismo argentino, tornou-se um «ismo» completamente diferenciado: que se baseava e baseia na democracia eleitoral ao mesmo tempo que exibe uma tendência para rejeitar a diversidade democrática.

O regresso do fascismo

O *fascismo* como termo tem a curiosa capacidade de absorver qualquer novo evento de um modo que ofusca o seu significado e a sua história. Não estamos longe do momento em que o presidente americano George W. Bush apresentou a Al-Qaeda como uma entidade islamofascista. O fascismo faz parte do nosso vocabulário político, mas terá mesmo regressado do seu túmulo de 1945? Regressou como populismo? Existem diferenças significativas entre o fascismo tal como é invocado discursivamente e as suas continuidades mais ramificadas no presente. Como regime, o fascismo nunca voltou depois do fim da Segunda Guerra Mundial, e, com efeito, a ausência de regimes fascistas definiu a segunda metade do século passado. O liberalismo e o comunismo uniram-se para derrotar o outro ismo da política contemporânea. Depois de derrotarem o fascismo, lutaram e concorreram frequentemente um com o outro, provocando a Guerra Fria. O populismo moderno como o conhecemos hoje surgiu nesse novo contexto. Muitos historiadores concordam que a Guerra Fria foi de facto muito «quente» no hemisfério sul (desde o Vietname e a Indonésia ao genocídio guatemalteco e à Guerra Suja da Argentina), mas nunca atingiu mundialmente os níveis recorde de violência fascista que conduziram ao Holocausto e à Segunda Guerra Mundial. Em todo o caso, depois de 1945, a maioria dos intervenientes acreditava que o fascismo tinha sido erradicado para sempre. A partir de então, poucos políticos antidemocráticos, desde Juan Perón a Marine Le Pen e Donald Trump, se associaram a termos como *fascismo*, mas isso não significa que se tivessem desassociado completamente do fascismo em teoria e na prática. *Populismo* é o termo fundamental para compreender as ressonâncias fascistas de estratégias e eventos políticos que reformularam os legados do fascismo para novos tempos democráticos.

Disfarçado nas suas formas pós-fascistas de democracia antiliberal, o fascismo deu continuidade ao seu legado através de várias combinações de populismo e neofascismo. A verdade é que, apesar da preponderância do populismo, muitos grupos neofascistas continuaram e continuam a existir. Atualmente, o número de movimentos neofascistas que, ao contrário dos populistas, pretendem invocar abertamente e reproduzir o legado fascista, está a aumentar na Europa. Países como a Grécia, com o seu movimento de extrema-direita Aurora Dourada, ou a Noruega, onde um assassino em série fascista, instigado por leituras neofascistas transnacionais, chacinou setenta e sete pessoas em 2011, têm proporcionado a essas sociedades pequenas doses de violência política e morte fascistas que exemplificam o que o neofascismo representa. Às vezes, os neofascistas são companheiros de viagem dos populistas. Estes são diferentes dos neofascistas no seu desejo de reformar a democracia de modo autoritário sem a destruir completamente mas, como os neofascistas, os populistas europeus de direita identificam «o povo» com uma comunidade nacional etnicamente concebida. Na Alemanha, a Alternativa para a Alemanha (AfD) e sobretudo o movimento Europeus Patriotas contra a Islamização do Ocidente (PEGIDA) juntam o autoritarismo populista de direita e os legados neonazis do fascismo alemão. Estes populistas reduzem a democracia ao predomínio de um grupo étnico maioritário e afirmam que esse tipo de democracia está a ser atacado por pessoas alheias à sociedade. Do mesmo modo, movimentos populistas em França e na Holanda baseiam-se parcialmente numa reclamação xenófoba do passado fascista, ao mesmo tempo que o rejeitam.[11] Na Ucrânia, os protestos de rua de 2014 incluíram multidões de extremistas de direita, mas isso não significa que o fascismo esteja a governar a Ucrânia ou que a França ou a Alemanha estejam em risco de assistir a um ressurgimento fascista. O mesmo padrão aplica-se ao populismo europeu de direita e extrema-direita como um todo e ao populismo norte-americano.

O trumpismo na história

Durante a campanha presidencial americana de 2015–16, Donald Trump e importantes setores da direita americana apresentaram formas populistas de racismo, sobretudo contra imigrantes mexicanos, e a discriminação contra minorias religiosas como elementos fundamentais dos seus programas. Essas formas de populismo foram também apoiadas por grupos neofascistas como o Ku Klux Klan e outros, mas isso não significa que o trumpismo fosse uma forma de fascismo. Como na Europa, os neofascistas apoiaram o que na verdade era uma constelação de populismos de direita que definiu a campanha trumpista.[12] Em consequência da prevalência de momentos xenófobos na campanha, incluindo alguns casos de violência contra críticos e manifestantes, nasceu uma nova legitimidade para essas opiniões. A fação de extrema-direita do trumpismo no *Breitbart*, o website da «direita alternativa» e supremacista branca, alegou no seu famoso «A Manifesto for the 60 Percent: The Center-Right Populist-Nationalist Coalition» que a política do populismo se situava entre a salvação nacional e uma nova guerra civil. Só uma «liderança forte e previdente» podia salvar a América de uma guerra interna. As decisões eleitorais faziam parte dessa fórmula populista, mas estavam ligadas à ideia de que Trump representava o que o povo queria mesmo antes de este votar. Como afirmaram os populistas americanos: «Isso é o populismo, em suma, tomar o partido do povo contra as elites do poder que claramente não defendem os nossos interesses.» Eles alegavam que o «populismo» conseguira «um ressurgimento na América e mesmo em zonas cada vez mais significativas da Europa porque coloca o nosso povo em primeiro lugar, PRIMEIRO. É por isso que está a vencer. É por isso que as elites o odeiam tanto e, no fundo, por que odeiam Donald Trump». O antigo diretor-geral do *Breitbart*, Steve Bannon, que foi também um dos conselheiros mais próximos de Trump e diretor da sua campanha, realçou especialmente a natureza populista do surgimento de Trump na história americana. Os seus apoiantes supremacistas brancos da «direita alternativa» afirmavam que Trump fazia parte da tradição do populismo americano, que eles distinguiam do fascismo.[13]

Do ponto de vista histórico, Trump parecia claramente um fascista, reduzindo a distância entre o que ele representava — nomeadamente, uma candidatura populista extremista — e o que o fascismo representou. Mas continuava inserido nas formas autoritárias do populismo do pós-guerra e não na política fascista «clássica». Como muitos outros líderes populistas, desde Juan Perón na Argentina a Silvio Berlusconi na Itália, Trump afirmava repetidamente que agia em nome do povo, ao mesmo tempo que forçava os limites da democracia. Apesar de se apresentar como o candidato «da lei e da ordem», ele pôs em dúvida o respeito pelo Estado de direito e pela separação dos poderes. Trump foi especialmente antidemocrático nas suas tentativas de reduzir a autonomia do sistema de justiça. Ele usou a raça como uma arma política para atacar o sistema judiciário quando acusou um juiz americano de agir contra ele por causa de esse juiz ter ascendência mexicana. Durante a campanha, Paul Ryan, o presidente do Congresso e o segundo político republicano mais poderoso na altura, qualificou os comentários de Trump sobre o juiz como «a definição clássica» do racismo. Por sua vez, Trump recorreu à cartilha populista, declarando que a sua candidatura era a expressão implícita do que «o povo» queria: «O povo está farto do politicamente correto quando são ditas coisas que são perfeitamente aceitáveis.»[14] Trump considerava-se a voz irreprimida dos desejos do povo. A sua adversária Hillary Clinton, por sua vez, era vista «como concorrendo contra todo o povo americano e todos os eleitores americanos». Trump achava que representava o povo do país inteiro e que Clinton era antagónica ao povo americano e à nação. As ideias conspiratórias e de ressonância fascista abundavam na mensagem autoritária de Trump. Ele disse que Clinton se havia encontrado «em segredo com bancos internacionais para conspirar a destruição da soberania dos EUA». Depois de vencer as eleições primárias do seu próprio partido, Trump entendeu que recebera um «mandato do povo», o que justificava o seu estilo populista e antagonista, mas manteve-se longe dos modos ditatoriais do fascismo.[15]

As ideias apresentadas na campanha de Trump tinham óbvias conotações fascistas e racistas. Como alegou Robert Paxton, o ilustre historiador do fascismo, embora existam diferenças significativas entre o contexto do período entre as duas guerras mundiais que deu origem ao fascismo e o momento atual, ouviram-se «ressonâncias do fascismo» nos temas de Trump em 2015 e 2016, sobretudo na preocupação do candidato com a regeneração nacional e o receio do declínio, mas também no seu «estilo e técnica». Apesar disso, ele concluía que Trump não era fascista. Paxton lembrou as propostas xenófobas de Trump, que associavam claramente o candidato a Hitler e Mussolini e identificavam Trump como um potencial protofascista. Ele representava «uma espécie de quase-fascismo populista», que ainda não tinha evoluído para o fascismo.[16] Se Paxton como historiador usou o populismo como uma fase pré-fascista para analisar historicamente as ressonâncias fascistas do trumpismo, outros intérpretes do fascismo e do populismo recusaram-se a ver Trump pela ótica do fascismo. Stanley Payne, um famoso historiador conservador do fascismo, frisou que Trump não era fascista mas reacionário. A violência e as tendências revolucionárias nacionalistas não apareciam no discurso de Trump, que fazia parte de um «movimento populista de direita». Da mesma forma, segundo Roger Griffin, um eminente historiador de estudos fascistas, «Podes ser um filho da mãe completamente xenófobo, racista e chauvinista e mesmo assim não ser fascista». Griffin não viu em Trump o fascismo que ele identifica com a sua própria teoria do fascismo: «Tem de haver um anseio por uma nova ordem, uma nova nação, não apenas por uma velha nação reformada.» Para Griffin, Trump ainda não era fascista: «Enquanto Trump não defender a abolição das instituições democráticas da América e a sua substituição por uma nova ordem pós-liberal, ele não é propriamente um fascista.»[17]

Esses estudiosos não abordavam as ligações históricas entre o fascismo e o populismo.[18] Concentrados sobretudo no Ocidente, não consideravam significativamente as dimensões transnacionais desses fenómenos. Por outras palavras, a sua abordagem euro-norte-americana ao fascismo e ao populismo não situava Trump seriamente num contexto mundial além dos Estados Unidos e da Europa. Na melhor das hipóteses, os exemplos mundiais serviam de meros aditamentos ao que era e é para eles basicamente uma história do Atlântico Norte. O que pareciam ressonâncias do passado faziam parte da explicação histórica do presente. Contrariamente a essas visões, eu alegaria que o fascismo e o populismo, embora ligados na história, pertencem a contextos diferentes e tornaram-se experiências históricas mundiais muito diferentes. O fascismo e o populismo constituem capítulos diferentes da mesma história transnacional de resistência iliberal à moderna democracia constitucional. O trumpismo faz parte dessa história. Desde o fascismo ao populismo, muitas coisas mudaram no mundo, incluindo o facto de os regimes fascistas terem sido abandonados na viragem histórica representada pelas vitórias dos Aliados em 1945 e pela subsequente Guerra Fria entre eles. Os regimes fascistas faziam parte do passado, mas os regimes populistas prosperaram depois da derrota do fascismo. Embora existam importantes ligações entre o fascismo e o populismo, uma experiência histórica não pode ser subordinada a outra. Hitler e Mussolini foram de facto diferentes de Perón e Trump, mas existem historicamente ligações significativas entre o peronismo, ou o populismo americano, e o fascismo.

Em geral, a maioria desses movimentos e personalidades populistas distanciou-se do fascismo clássico, mas apesar disso são muitas vezes rotulados de fascistas. A maioria dos historiadores, incluindo eu próprio, opõe-se a essas generalizações. Esses usos públicos dos termos fascismo e populismo têm de ser confrontados, e não apenas negados ou ridicularizados. Atualmente, analistas e políticos usam o fascismo para descrever indiscriminadamente não só o populismo mas também regimes autoritários, o terrorismo internacional, atitudes repressivas do Estado ou até protestos de rua da oposição. Essa imprecisão é historicamente problemática, pois esses usos imprudentes do fascismo demonizam o populismo mas não explicam as suas causas históricas. A fusão do fascismo e do populismo conduz muitas vezes à declaração do *statu quo* como a única alternativa a opções populistas.

Na América Latina, por exemplo, esses usos anistóricos do populismo e do fascismo confundem geralmente líderes populistas (no governo ou na oposição) que recorrem de forma agressiva à política de massas com líderes ditatoriais que usam meios criminosos para as reprimir. Anulam distinções essenciais entre o populismo de esquerda e de direita quando na verdade o populismo pode ser distintamente de esquerda ou de direita ou uma mistura de ambos. Confundem também regimes eleitos democraticamente ou cidadãos democraticamente empenhados com ditaduras militares que destroem a democracia. Em termos concetuais, o emprego dos adjetivos fascista e populista é um problema sério. Considerando o modo como os termos *fascismo* e *populismo* têm sido usados e abusivamente utilizados, chegou o momento de situar ambos nos seus contextos históricos. Só então poderemos avaliar os movimentos e as situações atuais na América Latina, na Europa, na África, nos Estados Unidos e noutros lugares. O presente não pode ser entendido separadamente das suas muitas genealogias, e o fascismo e o racismo encontram-se claramente entre elas. O fascismo não é só um fantasma indistinto do passado, mas também uma ideologia histórica em tempos derrotada com evidentes repercussões populistas e neofascistas nos dias de hoje.

Em geral, este livro oferece uma leitura contextual das fontes primárias, da historiografia e da teoria política particularmente atenta aos modos e motivos por que o fascismo geralmente se transformava em populismo. Fornece uma análise histórica dos percursos das ideologias, movimentos e regimes fascistas para o populismo. Afastando-se dos usos públicos dos termos, analisa os modos e os motivos por que o fascismo e o populismo surgiram na história.

O fascismo e o populismo na história

Depois de Mussolini e os fascistas italianos terem adotado o nome fascismo para a sua revolução antidemocrática, e sobretudo depois de o fascismo chegar ao poder em 1922, a palavra fascismo tornou-se um marco mundial de uma nova tradição antidemocrática e anti-iluminista. Indo além dos contextos nacionais e teorias eurocêntricas restritas, proponho uma visão histórica do fascismo como um universo político variável, um nacionalismo radical influenciado, e, até certo ponto, constituído por padrões transnacionais.[19]

Na história, o fascismo foi uma ideologia política que reuniu o totalitarismo, o terrorismo estatal, o imperialismo, o racismo e, no caso da Alemanha, o maior genocídio do último século: o Holocausto. O fascismo, nas suas múltiplas formas, não hesitava em matar os seus próprios cidadãos, além dos seus súbditos coloniais, na busca de domínio ideológico e político. Milhões de civis morreram em todo o mundo durante o apogeu das ideologias fascistas na Europa e noutros lugares.

Em termos históricos, o fascismo pode ser definido como uma ideologia mundial com movimentos e regimes nacionais. O fascismo foi um fenómeno transnacional dentro e fora da Europa. Como formação contrarrevolucionária moderna, era ultranacionalista, antiliberal e antimarxista. O fascismo, em suma, não foi um simples movimento reacionário. O seu principal objetivo era destruir a democracia a partir de dentro para criar uma ditadura moderna do topo para a base. Foi produto de uma crise económica do capitalismo e de uma concomitante crise de representação democrática. Os fascistas transnacionais propunham um Estado totalitário em que a pluralidade e a sociedade civil seriam silenciadas, e onde haveria cada vez menos distinções entre o público e o privado e entre o Estado e os seus cidadãos. Nos regimes fascistas, a imprensa independente era proibida e o Estado de direito completamente destruído. O fascismo defendia uma forma divina, messiânica e carismática de liderança que entendia o líder como organicamente associado ao povo e à nação. Considerava a soberania popular totalmente delegada ao ditador, que agia em nome da comunidade do povo e sabia melhor do que o povo o que este realmente queria. Os fascistas substituíram a história e os conceitos de verdade de base empírica pelo mito político. Eles tinham uma ideia extremista do inimigo, considerando-o uma ameaça existencial para a nação e para o seu povo e que tinha de ser primeiro perseguido e depois deportado ou eliminado. Visavam criar uma ordem mundial nova e histórica através de um *continuum* crescente de extrema violência política e de guerra.[20]

Na minha própria obra, proponho analisar o fascismo como uma ideologia transnacional com variantes nacionais importantes. Como ideologia mundial, o fascismo reformulava-se constantemente em diferentes contextos nacionais e sofria constantes transformações nacionais.

O fascismo foi fundado na Itália em 1919, mas a política que representava surgiu simultaneamente em todo o mundo. Do Japão ao Brasil e à Alemanha, e da Argentina à Índia e à França, a revolução antidemocrática, violenta e racista de direita que o fascismo representava foi adotada noutros países com nomes diferentes: nazismo na Alemanha, *nacionalismo* na Argentina, *integralismo* no Brasil, etc. O fascismo era transnacional mesmo antes de Mussolini usar a palavra *fascismo*. Mas quando o fascismo se tornou um regime na Itália em 1922, o termo recebeu atenção mundial e adquiriu significados diferentes em contextos locais. Isso não significa que as influências italianas (ou as francesas ou mais tarde as alemãs) não tivessem sido importantes para os fascistas transnacionais. Mas foram poucos os que as seguiram. Os fascistas transnacionais adaptaram a ideologia fascista às suas diferentes tradições nacionais e políticas. Como alegou o fascista brasileiro Miguel Reale, «o fascismo é a doutrina universal do século», e, como tal, transcendia a versão italiana de Mussolini na medida em que desde o início «A criatura era maior do que o seu criador». Reale concluía que o fascismo no Brasil era superior ao da Europa. Da mesma forma, os fascistas argentinos afirmavam que o deles era melhor precisamente porque não era limitado por problemas europeus.[21]

Em todo o mundo, os fascistas entendiam a violência política como a fonte do poder político. Contra a ideia liberal e comunista do poder como fruto do monopólio do Estado sobre a violência, os fascistas equiparavam o poder ao exercício da violência política e não à sua supressão. Acreditavam que o desencadeamento da violência criava e aumentava o seu poder. Imaginavam a violência como a fonte de uma nova sociedade autoritária na qual o nacionalismo, o racismo e o capitalismo (de planeamento central) podiam ser integrados. Os fascistas encaravam as restrições do Estado à violência como contrárias ao poder político. Também acreditavam que uma imprensa livre e uma esfera pública aberta contrariavam os seus interesses. Nos regimes fascistas, a sociedade civil não tinha qualquer lugar. A dissidência não era permitida. O fascismo associava a pacificação de espaços nacionais e internacionais à fraqueza política. Ao mesmo tempo, entendia a sua própria violência como «sagrada». Os mitos nacionalistas inspiravam e legitimavam a violência como um aspeto fundamental da religião política fascista. Segundo a ideologia fascista, esses mitos antecediam e transcendiam o tempo histórico. Fundamental para essa ideia era o líder messiânico como um guerreiro que conduziria o povo em lutas sagradas contra inimigos internos e externos. A força bruta era considerada fundamental para combater os que aparentemente se opunham à trindade fascista de povo, nação e líder. À escala mundial, essa brutalização fascista da política criou e legitimou as condições para formas extremas de repressão política, guerra e genocídio. O fascismo teorizou um inimigo existencial que iria posteriormente identificar e reprimir. Recapitulando, o fascismo propunha a ditadura, uma ideia mítica do líder, uma abordagem nacional-socialista do capitalismo e uma ideia radical do inimigo como a base da política moderna.

Essas características históricas do fascismo, sobretudo a insistência no líder mítico do povo e no seu governo autoritário, a terceira via entre o liberalismo e o socialismo, bem como a ideia de um inimigo que tem de ser combatido com a guerra total têm óbvias continuidades com as formas de pré-populismo de direita que antecederam o fascismo. Como formas anteriores de racismo, xenofobia e imperialismo, esse lado pré-populista do fascismo não pode ser ignorado. Por sua vez, as ideias fascistas da comunidade do povo, do líder e da nação têm sido elementos fundamentais do populismo moderno desde a Segunda Guerra Mundial, mas o populismo geralmente reformulava ou às vezes até rejeitava esses elementos, sobretudo os relacionados com a violência política extrema do fascismo e a sua destruição totalitária da democracia.

O fascismo exibia cores diferentes com significados diferentes. Como comentou Reto Hofmann, o historiador do fascismo japonês, o fascismo «vestia um arco-íris de camisas» — cinzentas na Síria, verdes no Egito, azuis na China, cor de laranja na África do Sul, douradas no México — e essa variedade ilustrava bem as diferentes adaptações nacionais do que era claramente uma ideologia mundial.[22] A essa ligação entre a ideologia e a moda, poder-se-ia acrescentar o castanho clássico da Alemanha e, evidentemente, o negro da Itália, o azul de Portugal e da Irlanda e o verde do Brasil. Como uma rejeição global de valores democráticos universais, o fascismo exibia uma palete ideológica claramente situada na extrema-direita do espectro político. O populismo, em contrapartida, não tinha camisa. Tal como se manifestou no peronismo argentino, o primeiro regime populista na história e, consequentemente, um dos casos mais importantes de populismo moderno do pós-guerra, a ausência de camisas dos seguidores (os *descamisados*) significava a rejeição explícita do fascismo e estabelecia o populismo como pós-fascismo.[23] O exemplo histórico da ausência de coloração no populismo também funciona como uma metáfora para os cruzamentos ideológicos do populismo e explica por que razão o populismo, ao contrário do fascismo, não foi uma frente unida contra o liberalismo. Associando, mais uma vez, o nacionalismo extremista a preocupações sociais e a uma intolerância do povo, o populismo moderno não se circunscrevia à direita política. Isso aumentou o alcance do populismo, mas impediu um consenso transnacional e ideológico sobre os seus significados anti-iluministas, como já acontecera para o fascismo mundial. Em diferentes experiências históricas do pós-guerra, em que até a rejeição de formas liberais de democracia assumia uma forma democrática, o populismo contestou não só o liberalismo mas também o fascismo. A existência de um regime fascista anterior não foi um pré-requisito indispensável para o surgimento do populismo no pós-guerra. Surgiram movimentos e regimes populistas sem interlúdios fascistas nacionais em países como o Brasil, os Estados Unidos, o Peru ou a Venezuela, mas um princípio fundamental desses novos populismos era que o fascismo deixara de ser uma opção para líderes autoritários mundiais. No mesmo sentido, nos Estados Unidos, o populismo pós-1945 do senador Joseph McCarthy foi muito diferente do fascismo do período de entre as guerras defendido por um simpatizante como o padre Charles Coughlin. E o autoritarismo de Getúlio Vargas no Brasil modificou-se quando a sua ditadura chegou ao fim em 1945. Já tinha passado por uma transformação populista quando Vargas foi eleito presidente em 1951. Mais importante do que o impacto mundial do peronismo depois de 1945, ou do varguismo mais tarde, foi o modo como cada um exemplificou como a democracia e o autoritarismo podiam coexistir. Para esses e outros autoritarismos mundiais, o populismo ofereceu um exemplo bem-sucedido de uma nova via eleitoral para o poder. Depois do fascismo e das suas constelações de golpes de estado fascizantes, as ditaduras anticomunistas deixaram de ser opções políticas viáveis na maior parte do mundo. Nesse novo contexto, e sobretudo na América Latina, os populistas envolveram-se no mundo da democracia constitucional, abalando-lhe os alicerces mas sem a destruir. À medida que o populismo se debatia com os passados fascistas e liberais, adotava elementos de ambos e misturava-os com outras tradições populares da esquerda e da direita.

A ascensão ao poder desse novo populismo moderno depois da Segunda Guerra Mundial foi uma consequência imprevista do fascismo. Numa nova era de liberalismo, esse novo populismo substituiu o fascismo como o maior desafio (além do comunismo) à democracia liberal. Como o fascismo, o populismo era e é difícil de definir. Ainda mais do que o fascismo, o populismo do pós-guerra formou coligações que transcendiam as fronteiras tradicionais do espectro político, incorporando setores que até então se haviam oposto uns aos outros. Essa história explica por que razão categorias e esquemas convencionais não explicam os seus diferentes aspetos. Seria de direita? Seria de esquerda?

Reiterando o título do importante livro do historiador Zeev Sternhell sobre o fascismo, *Neither Right nor Left*, julgo que concetualmente o populismo não é nem de direita nem de esquerda.[24] Mas diria também que historicamente, como uma visão intolerante da democracia em que a dissidência é permitida mas apresentada como não possuindo qualquer legitimidade, o populismo tem sido as duas coisas. Na maioria das vezes, as diferenças entre os populismos têm sido imensas no modo como promovem e combinam formas de participação e exclusão. Com efeito, uma característica distintiva do populismo moderno é a fluidez das suas transições da direita para a esquerda e vice-versa.

O populismo é um pêndulo ideológico, mas algumas características fundamentais permanecem apesar disso constantes: uma visão extremamente sacralizadora da política; uma teologia política que aceita apenas os que seguem uma liderança esclarecida como verdadeiros membros do povo; uma perceção do líder como essencialmente contrário às elites dominantes; uma ideia dos antagonistas políticos como inimigos do povo, potencialmente (ou já) traidores da nação mas que apesar disso não são reprimidos com violência; uma visão carismática do líder como uma personificação da voz e desejos do povo e da nação como um todo; um forte ramo executivo juntamente com a desvalorização discursiva e, muitas vezes, prática, dos ramos de governo legislativo e judicial; tentativas contínuas de intimidar o jornalismo independente; um nacionalismo extremista e a valorização da cultura popular, ou mesmo da cultura da celebridade, por oposição a outras formas de expressão que não representam «o pensamento nacional»; e, por fim, a promoção de uma forma autoritária de democracia eleitoral antiliberal que apesar disso rejeita, pelo menos na prática, governos ditatoriais.[25]

Apesar da recorrência de alusões académicas à volatilidade do populismo como conceito e experiência, o populismo não constitui um mistério para os historiadores que leem as fontes. Com efeito, eu diria que o problema não é a falta de clareza da definição do termo, mas antes que as nossas teorias do populismo carecem de história. Escusado será dizer que o contrário também é verdadeiro. Os historiadores ignoram muitas vezes as contribuições das abordagens teóricas ao populismo. O resultado é a falta de acordo entre a história e a teoria.

Uma nova visão do populismo precisa de abordar o contexto democrático do pós-guerra para o surgimento dos primeiros regimes populistas modernos da história — nomeadamente, que o populismo foi reconstituído inicialmente em 1945 como uma resposta pós-fascista ao liberalismo e à esquerda. No entanto, não houve um corte radical com o passado, e o populismo não foi gerado fora de um *continuum* histórico. Entre o fim do século XIX e o período entre as guerras, surgiram pré-formas e protoformas de populismo em lugares tão distantes como os Estados Unidos, Rússia, México, Argentina, Brasil e França. Esses movimentos e líderes falavam em nome do povo como uma entidade única. Da esquerda e à direita, opunham-se às oligarquias e elites mas geralmente não contestavam a democracia liberal *tout court*.

A contestação da democracia surgiu depois da Primeira Guerra Mundial, quando o fascismo fundiu tendências pré-populistas de esquerda e direita com uma ideologia antiliberal e anticomunista radical que levou até alguns ilustres historiadores a falar em ditaduras fascistas--populistas. Depois de 1945, num contexto profundamente alterado, o populismo moderno regressou às suas bases pré-fascistas, mas sem esquecer as lições que aprendera com o fascismo. Para os historiadores, essa historicidade é evidente mas, fora do ramo, o populismo é muitas vezes considerado um fenómeno trans-histórico. Por outras palavras, é visto como ocorrendo sem um contexto histórico. Como pós-fascismo, o populismo surgiu como uma forma de democracia autoritária para o mundo da Guerra Fria: capaz de adaptar a versão totalitária da política à hegemonia da representação democrática do pós-guerra. Essa transformação ocorreu primeiro na América Latina, depois da queda mundial do fascismo, e muito mais tarde generalizou-se na Europa depois da queda do socialismo real.

O populismo começou com o reconhecimento de que o fascismo fazia então parte do passado e não do presente. Para o general Perón, o líder do primeiro regime populista moderno na história, o fascismo era «um fenómeno irrepetível, um estilo clássico para definir uma época precisa e determinada». Por mais que lamentasse o desaparecimento de

Mussolini e do seu fascismo, Perón não queria imitar o passado vencido. Queria livrar o peronismo da acusação de fascismo, e o resultado foi uma versão pós-fascista, autoritária e antiliberal da democracia.[26] Muitos anos depois, os neofascistas italianos chegaram a uma conclusão semelhante. Assim, Gianfranco Fini, o líder italiano do neofascista Movimento Sociale Italiano, ao tentar transformá-lo numa formação populista, afirmou em 1993 que o fascismo estava irreversivelmente confinado ao passado: «Como todos os italianos, nós não somos neofascistas mas pós-fascistas.»[27]

Momentos de reconhecimento semelhantes ocorreram pela primeira vez na América Latina nos anos 40 e 50 do século XX e, muito mais tarde, noutros contextos europeus, onde, por exemplo, o lepenismo iniciou a sua transição ambivalente do neofascismo para o populismo nos anos 80. Enquanto os populistas bolivianos e equatorianos rejeitaram as suas ligações ao fascismo no período inicial da Guerra Fria, os neofascistas austríacos fizeram-no na prática quando integraram uma coligação governamental em 2000. Essa situação gerou indignação e repúdio na Europa, mas os pós-fascistas italianos tinham-se adiantado aos austríacos quando formaram a sua primeira coligação no poder com Silvio Berlusconi em 1994. Nas subsequentes coligações de Berlusconi, o líder pós-fascista Fini foi vice-primeiro-ministro, ministro dos Negócios Estrangeiros e depois presidente da Câmara de Deputados italiana. Numa reviravolta espetacular, Fini disse em 2003 que a participação de Mussolini no Holocausto significava que o «fascismo fazia parte do mal absoluto».[28]

Embora o populismo geralmente diminuísse os direitos políticos, às vezes aumentava os direitos sociais ao mesmo tempo que limitava as combinações emancipatórias mais radicais de ambos. Essa dimensão histórica pós-fascista específica do populismo está muitas vezes ausente das várias reconfigurações teóricas, incluindo as abordagens que apoiam ou rejeitam o fenómeno populista.

Como um conceito e caso contemporâneo, o populismo tem uma história moderna específica. Por outras palavras, não é um conceito fora da história. A visão não-histórica do populismo redu-lo a uma metáfora trans-histórica para outras coisas, quer sejam os problemas constitutivos da democracia representativa, os espaços vazios ou preenchidos do político, da tecnocracia ou da política como tal. Contrariamente a essas visões, proponho encarar o populismo como o resultado de um processo histórico moderno; por outras palavras, como parte de uma história contínua em que as limitações e problemas intrínsecos da democracia formal se cruzam com a história da democracia do período entre as guerras e do pós-guerra contestada interna e externamente. Este livro realça o lugar do fascismo e do seu legado na fundação do populismo moderno.

Ao explorar as estreitas ligações históricas e teóricas entre as experiências fascistas e populistas, esta obra analisa a centralidade de práticas, estilos e conceitos mundiais e das memórias da violência política do pós-guerra para a reflexão sobre essas ligações. O fascismo e o populismo são formas de nacionalismo, mas também apresentam ligações e afinidades supranacionais.

Como parte de uma nova tendência transnacional no estudo do fascismo e do populismo, este livro aprofunda a compreensão de ambos por via das suas repercussões transatlânticas e mundiais no período do pós-guerra, sobretudo a rejeição populista da violência fascista. A violência, a sua conceção e, sobretudo, as suas práticas, estabelecem a distinção entre o fascismo e o populismo. A violência, e o seu legado de repressão e extermínio, definem as diferentes experiências mundiais do fascismo e do populismo como ideologias, movimentos e regimes. Além das suas subsequentes reformulações no nosso novo século.

A análise dos legados da violência fascista permite-nos perceber melhor as implicações históricas mundiais do fascismo depois de 1945. O meu desejo é ultrapassar a oposição entre abordagens antiteóricas ao fascismo e ao populismo e as abordagens centradas exclusivamente nos aspetos teóricos dos fenómenos fascistas e populistas. A prioridade dada à violência fascista numa escala comparativa e transnacional transpõe a dicotomia entre a história e a teoria. A minha principal ideia é que a ênfase dada pelo fascismo à violência política, repressão e genocídio foi sempre um aspeto fundamental do seu lugar nas memórias de fascistas e antifascistas, e de populistas e antipopulistas, depois de 1945. Essa memória traumática da violência gerou também movimentos neofascistas e formas pós-fascistas de populismo. Assim, a perspetiva deste livro integra as áreas da história concetual e da teoria política, sobretudo no que diz respeito à história europeia e latino-americana mas também a casos de fascismo e populismo em África, na Ásia e noutros lugares. As histórias interligadas do fascismo, do populismo e da violência política em todo o mundo oferecem exemplos particularmente significativos para a análise das interações entre a ideologia, a antidemocracia e a política.

Mapear o fascismo e o populismo

Em geral, neste livro o destaque incide sobre as dimensões transnacionais e nacionais da experiência histórica no centro e nas periferias, mas analisar comparativamente a ideologia e a política de práticas antidemocráticas modernas em vários contextos e além dos lugares-comuns históricos e teóricos também é importante. O fascismo e o populismo são duas formações históricas contextualmente ligadas, e o facto de não serem geralmente analisadas em conjunto pelos historiadores e teóricos é surpreendente. Esta introdução, como o livro como um todo, analisa e restabelece a ligação entre as histórias e as teorias do fascismo e do populismo. O Capítulo 1 fornece uma explicação concetual e histórica do fascismo e realça o papel fundamental que a violência e o genocídio desempenharam na ideologia e prática fascistas, sobretudo nas suas vertentes mundiais. Estabelece um diálogo entre diferentes interpretações históricas que geralmente evitam interpelar-se. Nesse contexto, eu insisto na necessidade de analisar a história do fascismo como uma forma de violência política que contrasta profundamente com o populismo, para contextualizar as distinções fundamentais entre os dois. O capítulo também aborda o modo como os historiadores têm interpretado o fascismo, desde os primeiros estudos centrados nas variantes nacionais às teorias genéricas do fascismo que minimizam as distinções nacionais. Eu critico essas historiografias, sobretudo as suas recusas em estudar o fascismo fora da Europa. Contra uma visão eurocêntrica do fascismo, realço as contribuições da nova abordagem transnacional à sua história. Em geral, o capítulo propõe uma leitura do fascismo como um tema crítico da história mundial (da Europa à América Latina, à Ásia e outros lugares), ao mesmo tempo que aborda a realização máxima e final do fascismo, o Holocausto.

A maioria dos historiadores do Holocausto rejeita a ideia do fascismo como uma explicação causal para as suas origens. Ao mesmo tempo, muitos historiadores do fascismo apresentam o Holocausto como um evento excecional que não é fundamental para a historiografia fascista. O Capítulo 1 sublinha como o Holocausto, quando analisado num contexto mundial e não apenas nacional, constituiu um sério desafio a uma história transnacional da ideologia e da política. Por fim, esse capítulo aborda as dimensões «populistas» do fascismo na história e na teoria. Os capítulos que se seguem analisam o modo como essas dimensões afetaram a nova experiência do populismo no poder no pós-guerra, precisamente porque essa experiência assinala uma ambivalente rejeição democrática dos legados do fascismo, do genocídio e da ditadura.

O Capítulo 2 aborda o surgimento e desenvolvimento do populismo moderno. As versões do fenómeno populista centradas na Europa e nos Estados Unidos são predominantes. Contra essas tendências etnocêntricas na história e na teoria, e o desafio que elas constituem para as teorias do populismo como uma espécie de forma pura de democracia, eu proponho uma leitura mais global e crítica do populismo, adotando uma posição crítica em relação a interpretações contemporâneas que usam a história apenas para ilustrar a teoria. Ofereço uma definição geral do populismo na história, e mostro que os historiadores e os teóricos podem ter muito a ganhar ao considerar o populismo em relação ao fascismo. Em resumo, o capítulo apresenta uma explicação histórica do que foi o populismo, desde os primeiros populismos na Rússia e nos Estados Unidos aos protopopulismos do México, Argentina e Brasil. Enquanto os primeiros foram populismos incompletos, no sentido de serem apenas movimentos de oposição e não regimes, os segundos estiveram no poder mas não empreenderam plenamente a fusão populista de antiliberalismo e democracia eleitoral. O capítulo também explora as aventuras do populismo, desde os populistas «clássicos» no poder no pós-guerra às formas de populismo popular-nacionalistas neofascistas, neoliberais e de esquerda, sobretudo na América Latina e na Europa, mas também nos Estados Unidos, na África e na Ásia.

O populismo afirmou-se em oposição clara à versão fascista do governo ditatorial que antecedeu a Guerra Fria, a descolonização e as diferentes transições para a democracia em todo o mundo. Por outras palavras, o populismo tem sido uma forma de democracia antiliberal que reproduziu, mas também reformulou e, às vezes, até rejeitou, as antinomias políticas do fascismo. O populismo definiu-se e define-se pela sua rejeição contextual no pós-guerra da ditadura fascista e da violência extrema, ao mesmo tempo que continua a refletir algumas das premissas ideológicas do fascismo.

A ditadura é uma das bases históricas do populismo moderno. Mas o populismo não é a ditadura. Com efeito, no contexto do início da Guerra Fria, o populismo moderno representou uma rejeição democrática da ditadura. Nesse contexto, o Capítulo 3 argumenta que a «ditadura de massas» é fundamental para a genealogia do populismo. Mais especificamente, a experiência ditatorial fascista foi uma das razões por trás do surgimento dos primeiros movimentos e regimes populistas, mas também ajudou a defini-los por oposição às suas origens ditatoriais. Mais tarde e noutros contextos, sobretudo nas suas variantes de esquerda do Sul da Europa, África e América Latina, o populismo assumiu formas de nacionalismo que rejeitavam explicitamente o fascismo, o imperialismo, o colonialismo, o racismo e o governo ditatorial. Essa rejeição foi historicamente mais ambígua nos casos do populismo de direita ou extrema-direita, que às vezes adotavam formas neoliberais.

Em diálogo mas também contrariamente a uma literatura que estabelece uma distinção binária entre o fascismo e o populismo, eu realço a necessidade de compreender a natureza democrática ambivalente da experiência populista autoritária, incluindo os temas mais recentes do novo panorama mediático, do «populismo machista» e do «populismo islâmico».

Nascido do malogro ditatorial do fascismo, o populismo do pós-guerra transformou-se historicamente numa forma autoritária de democracia. No entanto, nada impede que no futuro ele volte a cair nos seus fundamentos fascistas do passado. Os poucos mas significativos exemplos históricos da reincidência do populismo na violência fascista variam entre o peronismo neofascista dos anos 70 do século XX a Aurora Dourada na Grécia e outros movimentos europeus de extrema-direita. Mesmo que não abandone processos eleitorais democráticos, o populismo como movimento transforma-se em neofascismo quando substituiu a ideia homogeneizante do povo por outra que afirma a sua identificação étnica com a comunidade nacional, passando ao mesmo tempo de uma retórica mais ou menos genérica de um inimigo não identificado (as elites, traidores, marginais, etc.) para a definição de um inimigo racial ou religioso identificável que é enfrentado com a violência política. Da mesma forma, como regime o populismo torna-se uma ditadura (fascista, neofascista ou não fascista) quando anula a sua ligação às suas características democráticas distintivas. Por outras palavras, quando as eleições são finalmente abolidas ou deixam de ser livres, quando a intimidação da imprensa independente conduz à sua supressão, quando a dissidência é não só considerada ilegítima pelos que estão no poder mas também proibida e punida, quando a subversão da separação dos poderes se transforma na sua unificação sob o líder e, por fim, quando a lógica populista da bipolarização se traduz na perseguição política efetiva, o populismo perde os seus elementos históricos e, de muitas formas, deixa de ser populista. Nesses casos, a tendência populista para corromper a democracia constitucional conduz à sua eliminação. Quando o populismo regressa completamente às suas raízes clássicas, ditatoriais e antirracionais, deixa de ser populismo — uma resolução da ambivalência populista entre a ditadura e a democracia que é sempre possível mas que historicamente não tem sido a mais comum. Em geral, o populismo como reação democrática antiliberal à política moderna abrange esses dois polos opostos. Esse conflito histórico fundamental no populismo surgiu no início da Guerra Fria e foi reforçado depois da queda da Cortina de Ferro e do surgimento dos novos nacionalismos do século XXI. Em 1919, em 1945, e nos primeiros anos do nosso novo século, os contextos eram muito diferentes. Enquanto em 1919 o fascismo nasceu da crise do liberalismo no período entre as duas guerras mundiais, e foi depois reforçado pela profunda crise económica dos anos 30, o populismo moderno surgiu em 1945 da crise e derrota do fascismo. E fê-lo no contexto da recuperação económica das potências mundiais. A nova vaga de populismo xenófobo contemporâneo ocorre num contexto mais parecido com os anos 20 e 30 do século XX, o período que assistiu à ascensão do fascismo. Neste novo século, no contexto da Grande Recessão, a democracia enfrenta desafios semelhantes aos que encontrou durante a Grande Depressão.[29] Estamos a assistir a uma nova recessão mundial e a uma nova crise de representação em que a democracia volta a ser posta em causa por forças populistas.

A história não se repete, mas as genealogias são importantes para compreender o presente. O novo populismo de direita é muito diferente daquele que recebeu o testemunho dos fascistas depois da Segunda Guerra Mundial. Na verdade, está diretamente relacionado com a afirmação do neoliberalismo na Europa e no resto do mundo depois de 1989. À medida que o neoliberalismo se foi consolidando depois de 1989, a Europa, Ocidental e de Leste, foi assistindo ao crescimento de nacionalismos revigorados, que muitas vezes invocavam o passado autoritário do período entre as guerras como um precedente para a vitória liberal sobre o comunismo. O nacionalismo desenvolveu-se em conjunto com o neoliberalismo. Para contrariar as afirmações de que os novos populismos de direita e extrema-direita são produtos unidimensionais de 1989, e que por isso não têm quaisquer ligações significativas ao passado, é importante associar esses populismos às suas origens autoritárias dentro e fora da Europa. O populismo e o neoliberalismo fazem parte do mesmo processo que, segundo a eminente teórica política do populismo, Nadia Urbinati, é uma desfiguração da democracia.[30] Este novo populismo americano e europeu é de certo modo menos defensivo no seu nacionalismo e racismo. Está muito próximo do passado do período entre as duas guerras mundiais, oferecendo velhas soluções antidemocráticas para novos problemas.

Mundialmente, o populismo é particularmente atraente para setores que se consideram excluídos do sistema político e não representados por instituições democráticas existentes. Os líderes populistas equiparam os seus desejos às necessidades do povo e de toda a nação. Defendem uma sociedade homogénea que nunca existiu. Os populistas insistem em propostas nacionalistas com a intenção de excluir o Outro e integrar os seus seguidores, continuando a desconfiar profundamente da diferença.

Como no passado, o populismo contemporâneo oferece respostas autoritárias à crise de representação democrática. O populismo muda constantemente, mas os seus princípios fundamentais são os mesmos. Desde a sua chegada ao poder no pós-guerra, o populismo tem afirmado uma terceira via democrática entre o liberalismo e o socialismo. Nesse contexto, o fascismo tornou-se o populismo na história.

1

O que é o Fascismo na História?

A palavra *fascismo* deriva da palavra italiana *fascio* e refere-se a um grupo político (como o grupo político liderado por Giuseppe Garibaldi durante o período da unificação italiana). O fascismo também se refere visual e historicamente a um símbolo de autoridade imperial romana. O seu berço como movimento político moderno foi o Norte da Itália, o ano do seu nascimento foi 1919 e o seu fundador Benito Mussolini. Logo, o *fascismo* como termo mas também como movimento político teve origem na península italiana. As suas origens ideológicas, porém, antecedem o seu nome. Uma vez que as suas realidades antidemocráticas foram mundiais e existiram com diferentes nomes nacionais, os seus efeitos foram não só nacionais mas também transnacionais. Saber que o fascismo nasceu como uma contestação ideológica mundial à ordem liberal anterior à Primeira Guerra Mundial antes do seu advento explícito como movimento é fundamental para qualquer interpretação que dele se faça. A ideologia do nacionalismo radical que o tornou possível fazia parte de uma reação intelectual mais alargada ao Iluminismo,[31] uma tradição não só europeia mas também «não-europeia». Ideologicamente, o fascismo foi concebido como uma reação às revoluções progressistas do longo século XIX (desde a Revolução Francesa de 1789 e as revoluções norte-americana e latino-americanas de 1776 e da segunda década do século XIX, respetivamente, à Comuna de Paris de 1871 e à Guerra de Independência de Cuba, que começou em 1895). O fascismo foi um ataque contrarrevolucionário à igualdade política e económica, à tolerância e à liberdade.

Com origens na ideologia do anti-Iluminismo, o fascismo não foi só uma reação à política liberal e uma rejeição da democracia. O fascismo não rejeitava a economia de mercado, por exemplo, e geralmente propunha uma organização corporativista para promover a acumulação de capital. Igualmente importante foi o facto de o fascismo ser uma filosofia de ação política que atribuía valor absoluto à violência no domínio político. Essa atribuição foi reforçada por um produto extremo do Iluminismo: o comunismo soviético. O triunfo do bolchevismo em 1917 foi combatido e imitado em todo o mundo. Ao apresentar-se como o oposto do comunismo, o fascismo tirou partido dessa rejeição generalizada e do receio da revolução social mas também incorporou algumas das dimensões do comunismo.

Um novo período de guerra total, e não a experiência soviética, foi o que acabou por fornecer o contexto do fascismo. Na realidade, a ideologia fascista nasceu nas trincheiras da Primeira Guerra Mundial. Como alega o historiador italiano Angelo Ventrone, a guerra forneceu um «reservatório» para a ideologia fascista.[32] Esse ideal da guerra, e o conceito afim da militarização da política, ultrapassaram as fronteiras europeias e chegaram a países como a Índia, o Iraque e o Peru. Adolf Hitler e Benito Mussolini afirmaram abertamente que a guerra constituiu as suas experiências pessoais mais significativas e, depois da Primeira Guerra Mundial, esses dois antigos soldados descobriram que a violência e a guerra eram elementos políticos de primeira ordem. Quando essa ideologia da violência se fundiu com o nacionalismo de extrema-direita, o imperialismo e as tendências esquerdistas antiparlamentares não-marxistas do sindicalismo revolucionário, surgiu o fascismo como o conhecemos hoje.

O momento do surgimento fascista não foi exclusivamente italiano ou europeu. Na Argentina, antigos intelectuais socialistas, como o poeta Leopoldo Lugones, perceberam rapidamente as implicações políticas dessa fusão. O fascismo diversificava-se em diferentes contextos nacionais. Como comentou o general Eoin O'Duffy, líder dos Camisas Azuis irlandeses, a história do fascismo italiano tinha uma «semelhança notável» com a situação irlandesa, mas «Isso não quer dizer que a Irlanda só possa ser resgatada pelo Fascismo. Mas seríamos idiotas se ignorássemos o facto de que por trás do fascismo na Itália, e responsável pelo seu sucesso fenomenal, existe o mesmo espírito que está hoje a transformar o movimento dos Camisas Azuis no maior movimento político que a Irlanda já conheceu».[33] Os fascistas argentinos admiravam os Camisas Azuis irlandeses, mas viam-nos como pertencentes à sua família, não como modelos a seguir. Compartilhar do mesmo espírito não significava a imitação; como sustentava o fascista português João Ameal, o fascismo italiano tal como existia na Itália não podia ser reproduzido fora do país. O fascismo português não podia ser uma «cópia estéril». O fascismo tinha raízes em cada nação mas relacionava-se de forma revolucionária e transnacional: «Não se trata de uma reprodução. Trata-se de equivalência. Os Italianos fizeram a sua revolução da ordem. Nós estamos a começar a nossa.»[34]

Como Lugones e Ameal, o fascista brasileiro Miguel Reale entendia o fascismo como a manifestação de uma ideologia transnacional universal da extrema-direita: «Depois da Grande Guerra, no Brasil como na China, na Índia como em França, não há qualquer espaço para um nacionalismo sem o socialismo. Por outras palavras, não há espaço para o nacionalismo sem os elementos de uma profunda revolução social.» Como os seus homólogos transnacionais, os fascistas brasileiros julgavam representar «uma renovação poderosa» das práticas da «vida coletiva e individual». Reale afirmava que «a revolução» já não era feita em nome de uma classe: «A revolução é o direito sagrado da nação, da totalidade das suas forças produtivas.» Da mesma forma, os fascistas espanhóis achavam que existiam movimentos fascistas em países tão distantes uns dos outros como a China, o Chile, o Japão, a Argentina ou a Alemanha porque o fascismo era uma aglomeração de movimentos «nacionalistas» de direita. Esse conjunto fascista iria «salvar» cada país ao constituir «a verdadeira e nova internacional da civilização contra a barbárie». O fascismo representava um novo princípio para o mundo, «uma civilização da unidade, universalidade e autoridade».[35]

No final da Primeira Guerra Mundial, o jovem Adolf Hitler, um herói de guerra marginalizado, começou a dar voz política às suas tendências violentas mais básicas. E fê-lo nas novas trincheiras da moderna política de massas.[36] Hitler primeiro adotou e depois reformulou a ideologia de um pequeno partido alemão de extrema-direita que viria a chamar de nacional-socialismo. Ele reconheceu desde cedo a influência do pensamento e práticas de Mussolini. Os dois líderes partilhavam uma crença mais alargada de que o mundo como o conheciam estava em crise. Hitler sentiu-se sobretudo iluminado pela via que Mussolini tomou para chegar ao poder. Nunca é demais salientar a dimensão histórica do facto de o fascismo se ter tornado um regime. Como lembra o eminente historiador do nazismo Richard Evans, «Hitler olhou com admiração para Mussolini como exemplo a seguir».[37] Hitler e Mussolini partilhavam fortes opiniões anticomunistas e antiliberais muito disseminadas entre os contrarrevolucionários mundiais na altura. Esse modernismo antidemocrático combinava a política moderna com a inovação tecnológica, ideias estéticas e um discurso de guerra.

A modernidade do fascismo tem preocupado grandes pensadores ao longo do último século. Enquanto Sigmund Freud entendia o fascismo como o regresso dos oprimidos — ou seja, a reformulação mítica da morte e da violência como uma fonte de poder político — Theodor Adorno e Max Horkheimer, no seu livro *Dialética do Esclarecimento*, apresentavam o fascismo como a pior consequência da modernidade.[38] Embora concorde em geral com os seus argumentos, estes confinam-se no entanto a acontecimentos europeus. Compreender as dimensões mundiais e transnacionais do fascismo exige o conhecimento da sua história, primeiro como esta é formulada a nível nacional e depois como essa manifestação do fascismo se relaciona com trocas intelectuais através do oceano Atlântico e do mundo.

Como o marxismo e o liberalismo, o fascismo era um fenómeno mundial que assumia muitas variantes nacionais e interpretações políticas. Também como os primeiros, o fascismo nunca teve um aparelho ideológico fechado. As suas ideias mudavam com o passar do tempo e só agora, olhando para trás, é possível compreender os seus principais padrões ideológicos. A maioria dos fascistas entendia o fascismo como uma nova ideologia política em construção. Opunha-se radicalmente à política democrática tradicional, que encarava desdenhosamente como «eleitoralismo» ocidental.[39] O seu criador, Benito Mussolini, alegava que apenas as ideologias decadentes e antiquadas tinham um conjunto de conhecimentos fechado. Para Mussolini, as ideias eram úteis quando tinham um valor prático, isto é, quando confirmavam as suas intuições confusas sobre a regeneração social e o renascimento das nações, o papel crucial de homens como ele na orientação do povo, a política como uma arte e, em geral, o seu notório anti-humanitarismo. Em suma, para o criador do fascismo, as ideias eram úteis quando legitimavam objetivos políticos de curto prazo.[40]

Mussolini era um estrategista que achava que as necessidades políticas deviam determinar as formações teóricas. Muitos historiadores concluíram que essa crença fazia de Mussolini uma espécie de antiteórico e que a teoria fascista não era importante para o movimento. Para esses historiadores, a teoria fascista não é significativa.[41] É verdade que em determinados momentos da sua carreira Mussolini revelou tendências antiteóricas, mas todas as necessidades políticas que determinaram a visão estratégica do fascismo de Mussolini se inspiraram num conjunto de pensamentos e objetivos não articulados. As suas ideias sobre o poder, a violência, o inimigo interno e o império, e a sua própria expectativa de ser o líder viril e messiânico do seu povo, determinaram a sua prática política ao longo dos anos. Essas ideias eram suficientemente abstratas para inspirar as suas prioridades políticas e suficientemente práticas para serem consideradas por políticos fascistas transnacionais, que geralmente queriam evitar complicações concetuais. Antonio Gramsci, um astuto observador e teórico antifascista italiano, preferiu realçar o «concretismo» de Mussolini como uma característica distintiva do líder fascista, e, talvez, da ideologia fascista em geral.[42] O concretismo de Mussolini estava relacionado com a ideia da supremacia da política sobre «fórmulas dogmáticas rígidas». Com alguma esperança vã, o próprio Mussolini afirmou que os debates «teológicos» ou «metafísicos» eram estranhos ao seu movimento. O fascismo não era um dogma mas uma «mentalidade especial». Em termos tipicamente anti-intelectuais, Mussolini fundia normalmente o seu concretismo — ou seja, uma preferência fascista pela «ação imediata» violenta — com uma visão simplista da realidade. Inicialmente, Mussolini contrapôs o seu realismo «herético» às «profecias» do liberalismo, socialismo e comunismo. Por outras palavras, Mussolini defendia o carácter «reacionário», «aristocrático» mas «antitradicional» do fascismo justapondo-o à «orgia da revolução das palavras».[43]

O fascismo era essencialmente moderno. No entanto, era um tipo de modernismo «reacionário».[44] Opondo-se à emancipação para criar uma nova modernidade totalitária, o fascismo considerava-se um produto do presente e uma dimensão «primitiva» do futuro. As causas passadas, formações teóricas passadas e até experiências passadas não eram tão importantes para Mussolini como a «ação» política do presente. No entanto, para ele as estratégias do presente só podiam ser atos manifestos de um todo significativo, um conjunto de formações importantes que constituía a base a partir da qual podiam nascer estratégias políticas.

A busca de uma simbiose entre essa base comum da qual emanavam as práticas fascistas e as várias justificações teóricas para essas estratégias constituía o elemento mais dinâmico da ideologia fascista, revelando também as suas limitações mais evidentes à canonização plena. Em última análise, a criação de um *corpus* canónico fascista era uma tarefa interminável para os fascistas. Eles tentaram combinar várias estratégias de curto prazo com um preconceito básico e antigo do mundo. A síntese fascista baseava-se nessa transição impossível da política da vida quotidiana para o dogma. Os intérpretes fascistas em todo o mundo tinham de resolver um conflito muito tenso entre a prática fascista (estratégia) e o ideal fascista (teoria). Essas ideias sobre o divino, raça, povo, império e um passado lendário eram constantemente adaptadas às particularidades das realidades muito diferentes da Ásia Oriental e do Sudeste, Europa, Médio Oriente e América Latina. Na Índia e no Médio Oriente, as ideias fascistas serviram o objetivo de reformular uma variante autoritária do pós-colonialismo, enquanto no Japão elas foram usadas para repensar a modernidade do império. Na América Latina republicana e pós-colonial, o fascismo apresentou-se geralmente como possuindo continuidades com o império espanhol pré-republicano, mas também como o principal meio de propor uma forma autoritária de anti-imperialismo. Em todos esses lugares, como noutros países com o fascismo, a estética foi um aspeto fundamental da sua política.

Mas a teoria fascista não tinha apenas que ver com a estética. A este respeito, embora seja importante considerar as ideias antifascistas do fascismo, a minha atenção não se baseia inteiramente na noção estética do fascismo de Walter Benjamin. Para Benjamin, «O resultado lógico do Fascismo é a introdução da estética na vida política».[45] Como sustenta o historiador Robert Paxton, Benjamin percebeu claramente que a guerra era a experiência estética mais extrema do fascismo. O líder fascista queria elevar o povo a «um domínio mais alto da política que ele vivenciaria sensualmente». Esta substituição do «debate racional» pela intimidade de experiências sensoriais comuns alterou substancialmente a política contemporânea.[46] É verdade que a estética fascista teve certamente um papel crucial no modo como o fascismo se apresentou ao mundo, mas o fascismo como ideologia política não podia ser comportado exclusivamente pela estética. O fascismo tinha de equilibrar o seu ideal fixo do mundo perfeito com uma formulação mais profunda das suas ideias políticas que pudesse explicar e justificar uma estratégia em mudança constante. Em última análise, a prática fascista não estava relacionada com a política mundana e quotidiana, ou com a estética, mas antes centrada num conjunto de rituais e espetáculos políticos que procuravam objetivar a teoria fascista e baseá-la em experiências vividas. Essas práticas apresentavam o fascismo como algo que podia ser visto e que implicava a participação ativa e o contacto com os outros, transformando ideias em realidade.[47]

A teoria fascista nunca se tornou um sistema de crenças articulado. Foi sempre um conjunto variável de tropos e ideias. Nesse sentido, Mussolini considerava o fascismo excecional «numa floresta de "ismos"». Ele não gostava de sistemas de crenças porque os considerava por definição disfuncionais. Ao mesmo tempo que julgava a economia ou a arte elementos irrelevantes para uma pessoa da sua estatura, o Duce entendia a ideologia ou a teoria fascista como subordinada à prática e por isso capaz de adaptação mundana. Mas por trás ou acima da adaptação havia algo mais grandioso: a definição do fascismo como um momento histórico decisivo, uma revolução mítica e sagrada da nação, do líder e do povo. Na verdade, e apesar do seu desprezo pela teoria, Mussolini acreditava na existência de uma alta teoria — a narrativa dominante que representava intuições imediatas sobre o mundo —, nomeadamente, a crença na supremacia do significado básico do fascismo sobre o mundo exterior. O significado intencional, autoafirmativo e violento era assim o principal atributo da ideologia fascista.

Acima de tudo, o fascismo propunha uma forma radical de subjetividade política. O significado interior do fascismo representava a matriz fascista, a sua dimensão fundadora e sagrada. Essa ideia de uma intuição inconsciente e pré-racional exprimia a suposta pureza do ideal fascista, o «sentimento fascista» que mantinha unidos os universos fascistas de pessoas e ideias específicas.[48] Efetivamente, já em 1919 Mussolini representara os diferentes grupos que constituíam o fascismo como detentores da mesma «alma única». O fascismo, afirmara, pode ser «distintivo na forma, mas é fundido e confundido na substância».[49] Para usar uma metáfora saussuriana, o fascismo devia ser entendido como um código específico, uma linguagem de interpretação e ação política com um conjunto variável de significantes associados a um significado menos maleável. Mussolini chamou a este aspeto mais rígido do fascismo o «fondo commune», ou «denominador comum». Era o núcleo significativo, a essência contida nas máximas variáveis ou conjunto de significantes fascistas menos coerentes. O denominador comum era o cursor principal, um ponto de orientação. Era, em suma, o núcleo fascista que continha os princípios mais básicos do fascismo; o que era relativamente constante na ideologia fascista por contraposição às formas variáveis de expressão fascista. O «fondo commune», a ideia essencial do mundo do fascismo, era mais importante do que as suas práticas contextuais ou demonstrações estratégicas. Estas eram as manifestações exteriorizadas do fascismo em determinados contextos, ou as manifestações estratégicas de uma «substância do fascismo» mais estável. Como disse Mussolini num momento invulgar de transparência total: «Cada um de nós tem o seu próprio temperamento, a sua própria suscetibilidade, a sua própria psicologia individual, mas existe um denominador comum através do qual o todo é igualizado.»[50]

Para o Duce, esse todo igualizado, a matriz fascista, era o nível mais básico, ou nuclear, das ideias fascistas sobre a política e o mundo. Era um conjunto de tropos dominantes, valores pervertidos e sentimentos sobre a violência; a guerra; a trindade de líder, povo e nação; o mito; o sagrado; e o abjeto. Para alguns intérpretes atuais, poderá ser difícil compreender a grande carga de irracionalidade e força instintiva que o fascismo encarnava; o que Antonio Gramsci apresentara anteriormente como a adoção fascista do «misterioso» associado a uma «psicologia de guerra».[51] Embora os fascistas no passado entendessem geralmente essa psicologia em termos místicos ou até esotéricos como imbuída de um significado oculto sem significante ou representação possível, os seus principais componentes talvez possam ser definidos por historiadores no presente.

A matriz fascista era constituída por binários tradicionais como «nós contra eles» ou «a civilização contra a barbárie» e o povo contra os seus inimigos, entre outros. Mas a importação fascista dessa ideia do outro como um inimigo existencial e absoluto constituiu uma dimensão fundamental para a sua ideologia. O fascismo, portanto, também tinha dimensões vitimizadoras fundamentais, ou seja, estímulos negativos que representavam aquilo que contestava por contraposição com o que defendia. A minha definição histórica do fascismo como uma ideologia mítica mundial com movimentos nacionais distintos realça as ligações entre esses binários e os elementos modernos, contrarrevolucionários, ultranacionalistas, antiliberais e antissocialistas do fascismo que ganharam forma na tempestade perfeita dos anos entre as duas guerras mundiais: as crises duplas do capitalismo e do liberalismo. Nesse contexto, o principal objetivo do fascismo era destruir a democracia a partir de dentro e criar uma ditadura totalitária. A destruição da democracia destruiria por sua vez a sociedade civil, a tolerância política e o pluralismo. A nova legitimidade da ordem fascista baseava-se no poder do líder, do povo e da nação. O fascismo foi formulado com base numa ideia moderna de soberania popular, mas uma soberania na qual a representação política era eliminada e o poder era totalmente delegado ao ditador, que agia em nome do povo.

Essa ditadura do povo, com a sua vontade de criar um novo homem e uma nova ordem mundial, dependia do seu outro dialético, os inimigos existenciais, o antipovo. Essas ligações entre o inimigo, a ditadura e o povo foram fundamentais para os fascistas em todo o mundo. Os métodos do fascismo contra o inimigo eram a perseguição e a eliminação. Como declararam os fascistas argentinos: «O dia do juízo final aproxima-se, faremos desaparecer todos os indignos pelo bem da Pátria.»[52] No seu famoso discurso da «profecia» em janeiro de 1939, apenas alguns meses antes de iniciar a Segunda Guerra Mundial, e de modo igualmente explícito, Hitler dirigiu-se ao mundo da seguinte forma:

> Ao longo da minha vida tenho sido muitas vezes um profeta, e normalmente tenho sido ridicularizado por isso. Durante o período da minha luta pelo poder, foi, em primeiro lugar, apenas a raça judaica que recebeu as minhas profecias com gargalhadas quando eu disse que um dia assumiria a chefia do Estado e, com ela, a de toda a nação, e que resolveria então, entre muitas outras coisas, o problema judaico. As suas gargalhadas foram ruidosas, mas creio que já, há algum tempo, eles perderam a vontade de rir. Hoje serei mais uma vez um profeta: Se os financeiros judeus internacionais dentro e fora da Europa conseguirem lançar as nações novamente numa guerra mundial, então o resultado não será a bolchevização da Terra e, por conseguinte, a vitória dos Judeus, mas o aniquilamento da raça judaica na Europa![53]

Para Hitler, o sacrifício e a violência funcionavam juntamente com a mentira e os atos imaginários do inimigo do povo. A ideia da violência sacrificial em nome do líder profético e do povo implicava não só o inimigo mas também o eu fascista, como repetiu muitas vezes Mussolini e Hitler exemplificou pessoalmente com o seu suicídio em 1945. O racismo e o antissemitismo fascistas foram consequências da busca contínua do inimigo público ideal, que começou a tornar-se cada vez mais desumanizado a partir de 1919.[54] Mas o fascismo não era constituído apenas por aspetos «anti» ou negativos. Entre os elementos mais «positivos» de uma definição do fascismo incluía-se uma «conceção religiosa»[55] messiânica que realçava a centralidade de uma ditadura encarnada na pessoa de Mussolini, para quem a violência, a guerra e a acumulação de poder eram os princípios categóricos para um momento decisivo e desejado na história nacional e mundial: o império fascista. Na ideologia fascista, a violência e a agressão eram consideradas as melhores manifestações do poder, encarnadas na «raça» do povo e na masculinidade «normal». O resultado evidente dessa dimensão extremamente *masculinista* e antifeminista do fascismo era, como sugere o historiador Richard Evans, um Estado em que «o papel das mulheres não era envolverem-se na política, mas ficarem em casa e terem filhos».[56]

O fascismo representava uma determinada ideia do Estado e do seu monopólio sobre a violência — nomeadamente, o totalitarismo.[57] Enquanto os antifascistas italianos que inventaram o termo *totalitarismo* nos anos 20 pretendiam que o mesmo significasse uma forma moderna de tirania, com o fascismo como uma versão contemporânea do absolutismo, Mussolini tinha uma opinião diferente sobre o totalitarismo. Ele apropriou-se do termo, transformando-o de um adjetivo político negativo num conceito autoassertivo, e reformulou-o para englobar todos os imperativos ideológicos fascistas (violência, guerra, imperialismo e um conceito particular do abjeto) relativos ao Estado, à nação e ao povo:

> O Estado Fascista não é um guarda-noturno, preocupado apenas com a segurança pessoal dos cidadãos; nem é organizado exclusivamente com o fim de garantir alguma prosperidade material e condições de vida relativamente pacíficas; um conselho de administração era capaz de fazer o mesmo... O Estado, tal como foi concebido e realizado pelo Fascismo, é uma entidade espiritual e ética para garantir a organização política, jurídica e económica da nação, uma organização que, na sua origem e desenvolvimento, é uma manifestação do espírito. O Estado garante a segurança interna e externa do país, mas também salvaguarda e transmite o espírito do povo, elaborado ao longo dos séculos na sua língua, nos seus costumes, na sua fé. O Estado não é só o presente; é também o passado e sobretudo o futuro. Transcendendo o breve período de vida do indivíduo, o Estado representa a consciência imanente da nação. As formas através das quais se manifesta mudam, mas a necessidade do mesmo mantém-se.[58]

O Estado que o fascismo apresentava como estando acima e além de tudo o resto não era qualquer Estado, mas um Estado fascista personificado no líder do povo nacional e nos seus imperativos ideológicos. Era o Estado que o fascismo tinha anteriormente conquistado e dominado. Esse Estado eliminava a distinção entre o público e o privado. Além disso, o Estado fascista dominava a sociedade civil e, por fim, destruía-a.[59] Como constataram muitos antifascistas na altura, o fascismo usava a democracia, e até alianças democráticas, para destruir a democracia.[60]

A revolução fascista que o Estado personificava devia exterminar a ordem burguesa de uma vez por todas. O fascismo anunciava-se como a antítese do gradualismo — o «antipartido», o «anti-Europa» — que orientaria a Europa e o mundo para o futuro.

O fascismo foi essencialmente revolucionário na medida em que criou uma nova ordem política, mas foi menos revolucionário na sua relação com o capitalismo. Na verdade, nunca o pôs em perigo. Os fascistas queriam reformar o capitalismo em termos nacionalistas e subtrair a reforma social à esquerda. Propunham uma forma de governar a sociedade com apoio popular massivo, mas sem pôr seriamente em causa os «privilégios sociais e económicos conservadores e o domínio político».[61]

No entanto, embora o capitalismo permanecesse intacto, o modo como a maioria dos fascistas abordou o capitalismo não devia ser confundido com métodos liberais ou neoliberais. No período entre as duas guerras mundiais, o fascismo transnacional propôs o corporativismo como uma solução económica e social e, nesse sentido económico, não estava muito longe de outras experiências em reforma capitalista como o New Deal nos Estados Unidos.[62] Em contrapartida, o fascismo distinguia-se do liberalismo politicamente. No sentido político, o fascismo era claramente totalitário.

Como a Rússia soviética, o fascismo eliminou o debate político, a tolerância e a pluralidade. Como o «socialismo real», ofuscou a distinção entre o uso legítimo do poder pelo Estado e o uso desregrado da violência. Em suma, no totalitarismo, o Estado tornava-se um criminoso que abominava a normalidade esclarecida. No entanto, embora na prática Estaline fosse totalitário, nunca rejeitou o legado do Iluminismo do ponto de vista teórico. Essa foi, evidentemente, a grande falha ética da ideologia comunista.[63] O facto de os nazis conseguirem ouvir Beethoven no meio de Auschwitz contrasta com a incapacidade de Lenine de escutar o compositor alemão no meio do terror comunista. Lenine achava que ouvir Beethoven o tornaria mais brando quando tivesse de participar na repressão impiedosa dos opositores políticos. Como nos conta o filme alemão *As Vidas dos Outros* (2006), para Lenine, a música de Beethoven representava a razão — nomeadamente, o legado do Iluminismo. Isso era uma indicação do reconhecimento de Lenine de que não era possível escutar a razão quando se agia contra ela.[64]

Para os nazis, pelo contrário, o compositor alemão representava a beleza crua e a violência. A este respeito, podemos evocar a recriação pelo realizador Stanley Kubrick dos esquadrões urbanos pós-fascistas e do seu líder Alex DeLarge no filme *Laranja Mecânica* (1971).[65] DeLarge tinha o mesmo gosto musical que nazis como Hitler, Goebbels e Mengele. O totalitarismo fascista, ao contrário da Rússia soviética, não espalha o medo, a violência e a morte com o único objetivo de silenciar a dissidência real e imaginária. No fascismo, a violência deixa de ser exclusivamente um meio de alcançar objetivos políticos e torna--se um fim político em si. É precisamente o primado da violência no fascismo e a sua ausência no populismo que, como veremos, representa o contraste mais forte entre fascistas e populistas. Mas primeiro examinaremos a forma como os historiadores têm interpretado o fascismo, prosseguindo depois com uma análise do Holocausto e, de um modo mais geral, o primado da violência em nome do povo como exemplos fundamentais da lógica que definiu o fascismo na história.

O fascismo e os historiadores

Como um modelo globalizado de ideologia política, como o marxismo e o liberalismo, que encontrou adeptos em todo o mundo, o fascismo tem sido sempre objeto de estudos internacionais. Mais recentemente, porém, o ressurgimento de um binário que coloca tradicionalmente a história em oposição à teoria como uma área de estudo parece estar a operar em conjunto com uma divisão clássica de tarefas entre os historiadores. Nesse contexto, muitos historiadores «ativos» têm posto à prova as hipóteses desenvolvidas por grupos de teóricos históricos, os intérpretes «genéricos» do fascismo. Consequentemente, ideias alta mente teóricas concebidas aprioristicamente determinam hoje as considerações nacionais do fascismo na história. Ao mesmo tempo, um fenómeno transnacional como o fascismo histórico tem sido posto de parte, ofuscado ou simplesmente ignorado. O que ocupa o seu lugar é uma definição genérica que homogeneíza o fascismo e não considera importantes as distinções nacionais. Essa visão do fascismo como um fenómeno genérico não é nova. Desde o seu início, o «nazi-fascismo» foi teorizado de formas políticas e universais fáceis de compreender e úteis para o combater. Essa simplicidade contribuiu para a sua destruição mas teve também o resultado inesperado de ofuscar a sua complexa natureza histórica. Essas primeiras interpretações antiliberais e/ou anticomunistas realçavam o papel representativo do fascismo como um joguete mundial do capitalismo ou então como uma cópia universal do comunismo. Contudo, nos anos 60 e 70 do século XX, novos estudos históricos comparativos reconheceram que diferentes fascismos tinham características estruturais comuns ao mesmo tempo que realçavam as particularidades de uma determinada encarnação nacional.[66] Com essas novas tendências, afirmou-se a centralidade de contextos e processos, mas foram ignorados os seus efeitos transnacionais. Até aos anos 90, essa foi a tendência predominante entre os historiadores, que se ocupavam sobretudo de casos nacionais. O fascismo fazia parte de diferentes histórias nacionais. O historiador italiano Renzo De Felice é o exemplo mais representativo dessa abordagem.

De Felice foi um dos fundadores dos estudos do fascismo na Itália. Ele definiu a ideia de que o fascismo era um fenómeno unitário que resultara de um movimento dialético entre muitas forças de direita e de esquerda. Como um dos elementos principais dessa complexa interação, Mussolini condicionou muitas vezes essas forças, mas também foi condicionado por elas. Já em 1965, na introdução ao primeiro volume da sua longa biografia de Mussolini, De Felice identificava-se com a famosa frase de Angelo Tasca: «per noi definire il fascismo è anzitutto scriverne la storia [para nós, definir o fascismo é sobretudo escrever a sua história]». De Felice interpretou-a em termos da necessidade de uma nova historicização do fascismo. Ele propôs uma nova orientação historiográfica, claramente oposta à de Benedetto Croce e à historiografia italiana dominante, que afirmavam que os fascistas eram um parêntese, uma aberração histórica, e que não foram um resultado verdadeiramente causal da história italiana.[67]

Contar a história do fascismo implicava reconhecer as dificuldades representadas pela sua caracterização (ou definição) a partir de tipologias históricas, uma vez que, para De Felice, o fascismo não era um fenómeno constituído por características imutáveis e bem definidas mas uma realidade em transformação constante. De Felice, porém, nunca sugeriu que a tarefa da caracterização genérica era impossível. Com efeito, ao mesmo tempo que minimizava a importância da necessidade de uma visão transnacional do fascismo, ele adotava o conceito comparativo do totalitarismo. Nesse contexto, a narrativa de De Felice exibia uma forte orientação anticomunista, reforçada pela abordagem ao totalitarismo do início da Guerra Fria que equiparava o fascismo ao comunismo.[68] Essa abordagem coincidia com a de historiadores como Ernst Nolte, François Furet, Stéphane Courtois e, mais recentemente, Timothy Snyder, ao difundir um novo paradigma histórico com tendência para confundir formas fascistas e comunistas de violência e repressão. Isso implica reformular a teoria do totalitarismo em termos próximos dos *slogans* do início da Guerra Fria.[69] Como argumenta o historiador israelita Zeev Sternhell: «A teoria de que o fascismo e o comunismo são gémeos, cúmplices e inimigos ao mesmo tempo, e de que o nazismo foi uma imitação do estalinismo, uma reação compreensível e até natural ao perigo bolchevique e um produto exclusivo da Primeira Guerra Mundial, é não só uma banalização do fascismo e do nazismo mas sobretudo uma deturpação da verdadeira natureza do desastre europeu do nosso século.»[70]

No desenvolvimento das obras de George Mosse, Stanley Payne e do historiador alemão Ernst Nolte nos anos 70 e 80 do século XX, nasceu uma nova tendência genérica nos anos 90 e início do século XXI. Desde então, o estudo histórico do fascismo consolidou-se num ramo de conhecimento claramente mundial, que deve ser baseado no consenso.[71] E, no entanto, a abordagem do consenso não foi completamente aceite por todos os investigadores. Segundo Payne, as críticas ao consenso assumiram normalmente uma perspetiva nominalista. O historiador Gilbert Allardyce foi o defensor emblemático dessa orientação.[72] Allardyce não via qualquer utilidade no termo *fascismo* e propunha a sua rejeição como uma categoria de análise histórica.[73] A maioria dos historiadores, porém, defende a necessidade de compreender o fascismo além das fronteiras nacionais.

Uma das definições mais convincentes do fascismo é a de Emilio Gentile. Ele argumenta que o fascismo era tipicamente organizado como um partido militarista que seguia uma conceção totalitária da política de Estado, uma ideologia ativista e antiteórica e uma exaltação da virilidade e origens míticas anti-hedonistas. Uma característica distintiva do fascismo era a sua natureza como religião secular, que afirmava o primado da nação entendida como uma comunidade orgânica e etnicamente homogénea. Além disso, essa nação devia ser organizada hierarquicamente num Estado corporativista com uma vocação para o poder, a guerra e a expansão nacional.[74]

Da mesma forma, Paxton aprofundou o nosso conhecimento do fascismo oferecendo uma teoria das suas fases de desenvolvimento, desde a criação dos movimentos fascistas e da sua presença em sistemas políticos à sua tomada e exercício do poder. A última fase é o momento em que o fascismo se encontra no poder e segue o caminho da autodestruição através da guerra e da radicalização ou o caminho da entropia e desfascistização. Paxton deixou claro que «A maioria dos fascismos não foi até ao fim, alguns recuaram, e, às vezes, elementos das várias fases ocorriam simultaneamente. Embora a maioria das sociedades modernas gerasse movimentos fascistas no século XX, apenas algumas tiveram regimes fascistas. Só na Alemanha nazi é que um regime fascista se aproximou dos horizontes externos da radicalização». Paxton desacentuou a centralidade da ideologia fascista e concentrou-se na sua prática, realçando o comportamento e a função em vez das ideias e razões. Ele definiu o fascismo «como um tipo de comportamento político marcado pela preocupação obsessiva com o declínio da comunidade, a humilhação ou vitimização e por cultos compensatórios de união, energia e pureza, em que um partido de massas de empenhados militantes nacionalistas, trabalhando em colaboração incómoda mas eficaz com as elites tradicionais, abandona as liberdades democráticas e busca com violência redentora e sem restrições éticas ou legais objetivos de purificação interna e expansão externa».[75]

Outro autor influente de teorias do fascismo recentes é o historiador alemão Ernst Nolte, que também é famoso, ou melhor, maldito, entre os historiadores por ter gerado o *Historiskerstreit*, isto é, o debate entre historiadores e teóricos críticos da Alemanha Ocidental sobre o carácter alemão do Holocausto. Nolte realçou a natureza genética comum do fascismo e do marxismo. Essa posição levou-o, primeiro, a minimizar o fascismo como um evento que nasceu não de tradições de direita mas do marxismo e, depois, a minimizar as políticas de extermínio nazis contra a população judaica europeia.[76]

Nolte iniciou a sua abordagem do fascismo com uma definição que se tornou muito influente para posteriores historiadores genéricos.[77]

O fascismo foi sobretudo uma reação dialética ao liberalismo e, principalmente, ao marxismo. Este é para Nolte a culminação consequente do primeiro. Se o fascismo como antimarxismo visa «exterminar o seu oponente, não pode satisfazer-se com a simples derrota política de um partido reconhecível: tem de expor as "raízes espirituais" e incluí-las na sua condenação». Na opinião de Nolte, os nazis, mesmo na sua fúria exterminadora, pareciam-se com os soviéticos. Estaline terá, por conseguinte, inspirado Hitler. Em suma, o fascismo foi uma reação revolucionária contra o marxismo com o fim de mudar o mundo que o rodeava.[78] O nazismo era a forma sintética do fascismo, algo próximo da sua realização absoluta. Nolte definia o nazismo como «os estertores da morte do grupo soberano, marcial, intimamente antagónico; era a resistência prática e violenta à transcendência». *Transcendência* é o termo que para Nolte está relacionado com o histórico, o trans-histórico e até o metafísico na procura das «estruturas ocultas do fascismo».[79]

Enquanto para Nolte o fascismo era basicamente um antimarxismo (na sua opinião uma combinação de Marx e Nietzsche), Sternhell, um historiador intelectual que rejeita definições mais genéricas, é muito mais sugestivo na sua abordagem ao fascismo. Ele realça a natureza antiliberal do fascismo, com a sua proposta para o futuro, e afirma que o fascismo não pode ser definido apenas por aquilo a que se opunha: o liberalismo, o marxismo e a democracia. Além disso, ele lembra que o marxismo e o liberalismo começaram como contestações às ideias e forças políticas existentes: «Antes de oferecer a sua própria visão do mundo, o marxismo começou por se opor ao liberalismo, que um século antes se havia insurgido contra o absolutismo. O mesmo aconteceu com o fascismo, que entrou em conflito com o liberalismo e o marxismo e depois foi capaz de fornecer todos os elementos de um sistema político, moral e intelectual alternativo.»[80]

Ao contrário de Nolte e outros estudiosos que adotam uma abordagem genérica, Sternhell estuda um fenómeno cultural e ideológico; a revolta contra o Iluminismo que foi desenvolvida em sincronia com o mesmo e mais tarde reforçada no rescaldo da Revolução Francesa.[81] Assim, para ele, a pré-história do fascismo encontra-se no anti-Iluminismo. Contudo, Sternhell sugere que foi muito mais tarde, nos finais do século XIX, que essa revolta se radicalizou e transformou num fenómeno político massivo, como durante o caso Dreyfus. Mas Sternhell entende esses dois eventos como estímulos e não como causas primeiras.[82] Ele lembra que a rejeição aristocrática do Iluminismo foi traduzida para termos verdadeiramente populares e revolucionários por pensadores como Maurice Barrès e outros membros da geração de 1890. Barrès e companhia radicalizaram os legados de pensadores como Edmund Burke, J. G. Herder, Friedrich Nietzsche, Ernest Renan e Hippolyte Taine, lançando uma revolta contra a «modernidade ideológica, contra o "materialismo" do liberalismo e do marxismo. O fascismo, portanto, era uma terceira opção revolucionária entre o liberalismo e o marxismo que podia oferecer a sua própria visão do mundo e criar uma nova cultura política».[83]

Sternhell reconhece os finais do século XIX, e o período anterior à Primeira Guerra Mundial, como um laboratório de pensamento fascista.[84] Durante esse período, a crise da democracia liberal foi um sintoma de uma crise intelectual mais ampla centrada criticamente nos valores democráticos. O fascismo tem dois componentes essenciais: 1) um tipo de nacionalismo tribal antiliberal e antiburguês baseado no darwinismo social e, muitas vezes, no determinismo biológico; e 2) uma revisão esquerdista, antimaterialista (e antimarxista) radical do marxismo.[85] A obra de Sternhell analisa as origens do fascismo no contexto pré–Primeira Guerra Mundial. A Grande Guerra foi importante na medida em que criou condições favoráveis para o fascismo se tornar um movimento político com uma ampla base de apoio. Mas Sternhell sugere provocadoramente que a guerra não foi muito importante na origem do fascismo. Para Sternhell, «Qualquer pessoa que considere o fascismo não mais do que um subproduto da Grande Guerra, uma simples reação defensiva da burguesia à crise do pós-guerra, é incapaz de compreender este fenómeno importante do século passado. Como tal, o fascismo representa uma rejeição da cultura política dominante no início do século. É difícil encontrar no fascismo do período de entre as guerras, no regime de Mussolini como em todos os outros movimentos europeus, uma ideia importante que não tenha surgido gradualmente no quarto de século que antecedeu agosto de 1914».[86]

Da mesma forma, Mosse e, mais tarde, Gentile, realçaram as origens pré-guerra do fascismo em ideias nacionalistas radicais da nação, da sua história e do povo, mas também em culturas políticas, rituais e estética moderna. Segundo Mosse, um fenómeno político e cultural como o fascismo não pode ser facilmente integrado no seio dos cânones tradicionais da teoria política. Para Mosse, esse tipo de fenómenos não era construído como um sistema coerente que podia ser entendido através de uma análise racional de escritores filosóficos. O fascismo é para ele um objeto preeminente de história cultural.[87] Mosse entende o fascismo como um fenómeno complexo que, nas suas diferentes variantes nacionais, se apresentava como uma revolução espiritual constituída por movimentos hierárquicos de massas. Desse modo, o fascismo podia procurar no passado formas de associação a uma mística nacional. Associada à *romanidade* na Itália e à «raça» na Alemanha, e sem um programa político ou económico concreto, uma estética fascista específica constituía a essência do fascismo, que era objetivada através das suas mitologias, ritos e símbolos particulares e que exprimia a vontade geral do movimento e da nação.[88]

Para Mosse, o fascismo tinha de ser analisado através da sua autoperceção. Os fatores sociais e económicos eram importantes, mas não eram tão importantes como as suas dimensões culturais. O fascismo era uma religião cívica e um sistema de crenças. Reunia o nacionalismo extremista, ideias de regeneração e sacrifício, um pensamento mítico, um líder supremo, um impulso expansionista, o racismo e a violência extrema, ideais estéticos de guerra e masculinidade e ritos e símbolos revolucionários.[89]

Como afirma o historiador Enzo Traverso, «Apesar das suas diferenças, Mosse, Sternhell e Gentile coincidem na sua subavaliação de uma importante característica do fascismo: o anticomunismo».[90] Traverso tem razão ao realçar as dimensões anticomunistas do fascismo. Mas porque omitiram tantos historiadores essa dimensão? Um aspeto importante dessa omissão é a forma como essa ideia tem sido exagerada por historiadores conservadores como Ernst Nolte, o mais famoso defensor da ideia do fascismo como anticomunismo. Mas se as abordagens de Sternhell ou de Mosse-Gentile têm sido verdadeiramente influentes para os historiadores transnacionais do fascismo, a metodologia de Nolte tem sido a mais importante para historiadores genéricos, que têm até agora dominado os debates mais recentes sobre o lugar do fascismo na história. Para eles, o fascismo funciona como uma ilustração da teoria que o mesmo explicou anteriormente. Assim, na maioria das abordagens genéricas, as explicações taxonómicas costumam substituir a investigação histórica de base mais empírica.

Do «consenso genérico» ao modo transnacional

Os historiadores genéricos apresentam uma explicação europeia do fascismo. Quando confrontados com o fascismo não-europeu de tradições reacionárias modernizadoras, recorrem quase sempre à tautologia. Os fascistas fora da Europa não podem ser verdadeiros fascistas porque não são europeus. Esta objeção europeia não aparece em fontes fascistas e, como outras definições simplistas, não impede que o fascismo assuma uma realidade diferente em solos europeus e não-europeus.[91]

Para esses historiadores, o fascismo como objeto de estudo genérico torna-se um sujeito apenas quando é «tipificado como ideal».[92] Exemplos dessa transferência direta e paradigmática de agência (do modo como os teóricos fascistas se consideravam para o modo como os teóricos históricos os definiam genericamente) são evidentemente bastante diversos e às vezes até contraditórios. Para Payne, o fascismo é uma forma extremamente antagónica de ultranacionalismo revolucionário com uma filosofia vitalista e ideias autoritárias de liderança, guerra, violência e mobilização de massas. Roger Griffin, por outro lado, entende o fascismo genérico como essencialmente centrado no renascimento nacional — o que ele designa sugestivamente por mito palingenésico — como uma forma de resistência histórica e modernista ao liberalismo.[93]

Em geral, os historiadores genéricos tendem a deslocar a interligação singular da teoria e prática fascistas. No entanto, essa ligação fundamental entre a ação e a teoria determinou o modo como os próprios fascistas entendiam a experiência da violência política como ideologia. Embora essa ligação não fosse um exclusivo do fascismo, foi com o fascismo que se radicalizou numa formação política completamente nova, de acordo com a qual o primado da violência era justificado e praticado globalmente através do prisma do mito político. Eu considero essa ideologia mítica empírica um dos aspetos mais significativos do fascismo transnacional, uma vez que explica de que modo e por que razão os fascistas puseram em prática conceitos ideológicos através de formas extremas de violência. A violência tornou-se a forma culminante da teoria, e a centralidade da violência é precisamente o que esses historiadores costumam situar fora dos contextos nacionais e transnacionais.

A maioria dos historiadores genéricos do fascismo entende que a sua tarefa é encontrar o «mínimo fascista», uma espécie de Santo Graal da historiografia fascista.[94] Ironicamente, essa ideia coincide com a crença de Mussolini num núcleo essencial do fascismo que transcende as suas conotações mais nacionais e políticas. No entanto, os estudiosos genéricos não se mostram muito interessados na autoperceção fascista que pressupõe um inimigo transnacional do povo na política. Eles tendem a reificar aspetos importantes do fascismo, como conceitos de regeneração nacional, modernismo e biopolítica, ao mesmo tempo que omitem a análise de processos fascistas de circulação, adaptação e reformulação internacional.

Na sua importante análise da historiografia genérica, Benjamin Zachariah justapõe o «mínimo fascista» dos historiadores genéricos à sua proposta para um «repertório fascista», que ele baseia na sua investigação do fascismo indiano: «Talvez seja mais fácil reconhecer essa presença importante se o fascismo não for encarado como uma importação europeia específica que se apresenta pronta a usar e relativamente bem formada». Para Zachariah, «O repertório tende a incluir um nacionalismo orgânico e primordial que implica um estatismo controlador que disciplina os membros da nação orgânica para agir como, para e na nação orgânica (ou *völkisch*) que tem de ser purificada e preservada. É ao serviço da preservação dessa nação orgânica que é invocada uma tendência paramilitarista para a disciplina nacional. A coerência do repertório é mantida incentivando uma sensação de crise e alarme permanente relativamente à possível decadência da nação orgânica se a disciplina e a pureza não forem preservadas».[95] Zachariah defende persuasivamente a necessidade de reconsiderar as ligações transnacionais fascistas como processos de evolução convergente e reconhecimento mútuo e não como estruturas eurocêntricas «difusionistas» e dedutivas.

Este argumento representa uma nova tendência nos estudos transnacionais que reformula o fascismo como um grupo heterogéneo de formações nacionais com um conjunto distintivo mas convergente de ideias e práticas políticas.

Em geral, importantes historiadores genéricos do fascismo como Paxton, Griffin, Mosse e Payne propõem um modelo eurocêntrico do fascismo que salienta o mimetismo e a falta de ação de intervenientes não-europeus. O mesmo se poderá dizer dos poucos que adotam a posição nominalista que dominou anteriores debates no ramo. Regressando à ênfase de De Felice na singularidade nacional, o historicismo de Nolte sobre uma época de fascismo sem quaisquer relações evidentes com o seu passado e o seu futuro, e o nominalismo antiteórico de Allardyce, estes historiadores neopositivistas negam a possibilidade do fascismo fora da Europa e projetam grande hostilidade e até irritação para com a relação entre a história e a teoria e a ideia de que analisar o fascismo à escala mundial é contrário a —ou seja, não é a mesma coisa que — apenas contar a sua história. Estes historiadores negam que os fascistas argentinos, japoneses ou indianos fossem fascistas porque insistem em trajetórias históricas, nacionais e disciplinares especializadas. Nesta abordagem profundamente conservadora e anti-intelectual, o fascismo não merece qualquer análise e a sua natureza efémera não justifica qualquer interpretação substancial. A história do fascismo torna-se, problematicamente, uma espécie de coleção de antiguidades.[96]

Ao contrário dos neopositivistas, a maioria dos historiadores genéricos transforma o fascismo numa teoria pronta a servir quando é necessária para catalogar o fascismo de acordo com as suas diferentes manifestações nacionais. É verdade que os teóricos genéricos tratam o fascismo como uma entidade universal e esperam que todas as historiografias nacionais sigam os seus modelos. Mas a maioria dos historiadores do fascismo italiano na Itália, por exemplo, ou dos fascismos latino-americanos, japonês ou alemão, não aderiu ao consenso genérico, ou ignora mesmo o sucesso deste entre os leitores ingleses interessados no fascismo.

Muitos estudos do fascismo são limitados na abordagem dos aspetos interligados do fascismo à escala mundial. Como lembra Constantin Iordachi, muitas vezes os historiadores do fascismo «caíram na armadilha de transformar rótulos geográficos em tipos históricos». E como comenta Zachariah, «Grande parte das obras (ainda escassas) sobre o fascismo "global" fora da Europa ainda considera a Europa a pátria natural do fascismo; não se percebe porque é que isso acontece».[97] Uma consequência da aplicação desta ótica eurocêntrica é que o fascismo fora da Europa é entendido como um sujeito sem agência ou como tendo sido substituído por estereótipos, como o «islamofascismo» no mundo árabe ou o governo do «caudilho» na América Latina. É bastante curioso que os estudiosos da história europeia se mostrem dispostos a estudar a circulação mundial do liberalismo e do marxismo, mas quando são confrontados com a participação europeia em intercâmbios fascistas mundiais prefiram recorrer a uma abordagem mais eurocêntrica. Como afirmou Zachariah sem rodeios: «O estudo académico do fascismo tende a ignorar a narrativa extraeuropeia por razões de embaraço, especialização disciplinar ou (in)competência ou porque a mesma é encarada como uma parte secundária da história das ideias fascistas.»[98] Quando confrontados com essas posições sobre o fascismo, muitos historiadores da Índia, Japão, Síria, Brasil e outros lugares aceitam-nas simplesmente e depois tratam o fascismo como uma categoria essencialmente externa às suas histórias nacionais. Nalguns casos, existe mesmo um fundo de nacionalismo nessas posições históricas. Esta abordagem nacionalista geralmente pouco reconhecida realça a singularidade da história nacional e nega que, por exemplo, um país como a Argentina possa ter sido contaminado por uma ideologia «europeia» tão problemática. O resultado desta abordagem é uma ideia essencialista de duas nações: uma autenticamente nacional e a outra uma ideologia europeia primeiro exportada e depois adotada por nacionais com conhecimento falso ou pior. Estas leituras do fascismo que convergem na negação de qualquer tipo de dimensão nacional não têm implicações contextuais, mas paradoxalmente surgiram pela primeira vez em muitas fontes antifascistas contemporâneas que confrontaram o fascismo do ponto de vista de um nacionalismo progressista. Para eles, o fascismo não tinha simplesmente qualquer relação com tradições nacionais mais inclusivas. Estes críticos antifascistas propunham uma ideia idealizada da nação sem qualquer lugar para o fascismo. No entanto, as explicações históricas precisam de abordar a razão pela qual o fascismo pertenceu à experiência de intervenientes de extrema-direita no âmbito de tantas dessas tradições nacionais ao mesmo tempo que circulava e era constantemente reformulado em todo o mundo.[99]

O fascismo transnacional

Quando considerado globalmente, em termos das suas especificidades nacionais mas também em termos de transferências ideológicas e trocas sociais, culturais e económicas, o fascismo torna-se menos centrado na Europa. Contrariamente ao que o eminente historiador da história mundial Sebastian Conrad descreveu como uma mentalidade de «contentor nacional» e um «nacionalismo metodológico», as mobilidades, circulação e transferências mundiais são de facto elementos fundamentais da história nacional.[100] Como uma abordagem histórica centrada nas ligações externas que também formaram nações, a perspetiva transnacional conduz a uma melhor compreensão do funcionamento nacional e supranacional dos espaços geopolíticos.

A história do fascismo transnacional não tem apenas que ver com transferências, mas também com aquelas coisas que nunca foram transferidas, ou que não podiam ser exportadas com êxito por causa de histórias nacionais específicas. Como sugere Rebekka Habermas, a transferência e a não-transferência «são duas faces da mesma moeda e devem por isso ser sempre examinadas em conjunto». Ela defende que é importante olhar não só para «o que foi transferido ou não transferido mas também para os efeitos muitas vezes inesperados que a interação da transferência produzia». Os processos de transferência são «sempre acompanhados da sombra de uma não-transferência, quer devido à ignorância efetiva quer a uma decisão consciente de não tratar de um assunto».[101] Ao analisar os aspetos claros e sombrios de intercâmbios, transferências e não-transferências fascistas, a abordagem transnacional ao fascismo afasta-o das formas ideais e definições «mínimas». O fascismo foi uma experiência vivida e, como o liberalismo e o marxismo, acabou por se tornar uma ideologia política mundial com diferenças significativas de um contexto nacional para outro.

O fascismo atravessou o Atlântico e assumiu dimensões clérico-fascistas radicais que não eram tão comuns na Europa. Se isso aconteceu em países como a Argentina, o fascismo japonês propôs um conceito imperial distintivo de «restauração» do passado. Mas como na Argentina e noutros lugares, o fascismo japonês estava mais interessado em modernizar antigas formas de soberania nacional. O historiador do fascismo japonês, Reto Hofmann, comenta: «As ambiguidades do fascismo do Japão são uma característica do próprio fascismo, refletindo o seu papel de mediador entre a revolução e a restauração mas também a sua natureza híbrida como um produto da história mundial e nacional.»[102] Como uma contestação mundial da democracia liberal e do socialismo, o fascismo afirmava o nacionalismo ao mesmo tempo que constituía um desafio aparentemente paradoxal a formas liberais e socialistas de universalismo.

A relação entre o fascismo e a nação foi sempre ambivalente, pois o fascismo era ao mesmo tempo uma ideologia mundial e uma forma extrema de nacionalismo. A maioria dos fascistas defende um modelo fascista de internacionalismo. Para os fascistas colombianos, os Leopardos, não existiam «inimigos à direita», o que para eles significava que tanto nacional como internacionalmente o fascismo representava uma solução ditatorial para estados de emergência nacionais. Os fascistas da Colômbia afirmavam que «representavam uma doutrina coerente, organizada e lógica com uma solução própria para todos os problemas no universo». Os Leopardos realçavam sobretudo o modo como as formas latino-americanas da extrema-direita tinham de se basear duplamente no anti-imperialismo e nos ideais bolivarianos. Os Latino-americanos tinham de estar unidos para se defenderem das «ambições» das raças anglo-saxónicas que estavam a usurpar a sua soberania nacional. Mas se o racismo era uma solução legítima para um lugar cosmopolita como a Argentina, os Leopardos queriam defender a homogeneidade interna da Colômbia tal como ela se desenvolvera a partir da «simples *mestizaje* do Espanhol e do Índio».[103] Da mesma forma, José Vasconcelos, um importante intelectual mexicano que aderiu ao fascismo, descrevia o seu país e toda a América Latina como vivendo em condições coloniais. Para ele, o México tinha de defender a sua *mestizaje* e os seus legados imperiais hispânicos contra as potências do Norte e o «programa mundial» dos «Judeus».[104]

Enquanto no Brasil alguns fascistas propunham a ideia de uma sociedade totalitária multirracial e multirreligiosa, no México os fascistas associavam o fascismo a uma idealização do catolicismo e do passado índio do país.[105] Enquanto na Alemanha os fascistas pareciam obcecados com o judaísmo como o principal inimigo da comunidade do povo, nos Andes, os Camisas Negras peruanos dirigiam a sua animosidade totalitária contra os imigrantes asiáticos, e sobretudo os japoneses. No que viria a ser a Índia e o Paquistão, o fascismo adotou conotações hindus e muçulmanas, enquanto na Argentina os fascistas propuseram o «fascismo cristão». Considerados de um ponto de vista transnacional, os imbróglios fascistas desafiam qualquer história nacional. Mesmo na Europa, o fascismo nem sempre alcançou o poder no contexto de uma crise interna como nos casos «clássicos» da Alemanha ou da Itália. É verdade que Mussolini e Hitler foram «eleitos» para o poder, mas também é verdade que chegaram ao poder como membros de coligações partidárias que acabaram por dominar e depois eliminar. Enquanto na Alemanha e na Itália o fascismo destruiu a democracia a partir de dentro e se transformou em ditadura, em países como a Espanha o fascismo chegou ao poder através de um golpe de estado. Os desejos de guerra civil em nome da comunidade nacional do povo predominaram nos dois lados do Atlântico. Os fascistas peruanos, por exemplo, autodenominavam-se «filhos do povo», mas de um modo mais adulto também afirmavam que estavam a travar uma «santa cruzada» como «guerrilhas» do fascismo. Apesar destas pretensões, nalguns casos históricos ocorreu mesmo uma guerra civil, nomeadamente em Espanha em 1936–39 e na Itália em 1943–45.[106] Em todo o mundo, o fascismo prosperou não só quando poderes conservadores e autoritários entravam em declínio (Itália, Alemanha, Espanha e Argentina), mas também quando outras potências fascistas o ajudavam. As razões para o fascismo eram tanto internas como externas. Em países como a Roménia, Noruega, França e Hungria, o fascismo foi «bem-sucedido» depois da guerra de ocupação fascista alemã. O poder e a política transnacional foram igualmente importantes durante a Guerra Civil de Espanha, que os fascistas espanhóis venceram com forte apoio dos nazis e fascistas italianos. O mesmo se poderá dizer do Movimento Ustasha na Croácia. Quando isso não acontecia, os fascistas eram contestados ou diminuídos por governos autoritários ou potências imperiais: na Hungria antes da ocupação nazi; no Brasil, Colômbia, Portugal, Uruguai e México nos anos 20, 30 e 40; na Índia Britânica e na África do Sul Britânica; e no Japão imperial.

Em todo o mundo, o fascismo contestou o liberalismo e o socialismo, mas também combateu formas mais moderadas da direita conservadora. A maioria dos fascistas apoiava formas de corporativismo, mas discordava em relação às suas aplicações práticas definitivas. O fascismo brutalizava a política e militarizava a sociedade. Aumentava o uso político da violência.[107] As duas guerras mundiais afetaram todos os territórios do mundo, mas de formas e com resultados muito diferentes. Países como a Argentina, México, Portugal e Espanha nunca enfrentaram a guerra externa durante esse período, mas as suas políticas, incluindo o fascismo, foram seriamente afetadas por conflitos internacionais. A Inglaterra e os Estados Unidos, por outro lado, conheceram a guerra como combatentes, mas não enfrentaram importantes ameaças fascistas internas. O contrário aconteceu no que é hoje a Ucrânia e nos países bálticos, no Médio Oriente, China, Japão e Índia, onde o fascismo encontrou um importante lugar ao sol. Mais tarde, o surgimento do populismo no Sul também estava associado e tornou-se uma reação aos eventos militares e à violência genocida que surgiram primeiro com o fascismo no Norte.

A violência política através da repressão interna e externa e da guerra permaneceu no centro do fascismo transnacional. O fascismo foi um modelo político que assumiu pela primeira vez o poder na Itália, mas depois adquiriu conotações regionais e transrregionais. Existiram pontos de convergência mediterrânicos importantes entre os fascismos do Sul, e o mesmo se poderá dizer do fascismo transatlântico, dos fascismos da Europa Central e das variantes do fascismo na Ásia e no Médio Oriente.[108]

Em contextos de deterioração política e em períodos de recessão económica ou ocupação imperial, o fascismo propôs uma alternativa à crise visível da democracia liberal nos anos entre e durante as guerras mundiais. Apresentava a violência política, o racismo e a ditadura como soluções transcendentais para problemas históricos. O fascismo queria redefinir a relação entre a sociedade e o Estado, mas os seus esforços nesse sentido resultaram em transformações nacionais muito diferentes. Às vezes, fascismos diferentes (sobretudo mas não só o nazismo e o fascismo italiano) competiam uns com os outros e o conflito ocorria geralmente no centro dos intercâmbios transnacionais fascistas. Até o estudo da Alemanha nazi necessita de abordagens mais transnacionais.[109]

Em geral, seria enganador para os historiadores estudar determinados casos de fascismo sem considerar outros. Como argumenta Zachariah, o fascismo era

> uma família de ideias, com origens, fundamentos intelectuais, estilos e organizações de movimentos comuns — embora muitas vezes não admitidos — e às vezes até uma forte sobreposição de pessoal. O fenómeno do fascismo na Índia não tem sido devidamente estudado, em parte por causa de uma ideia preconcebida de que os fascismos em geral são fenómenos estritamente europeus e que os não-europeus só produziram imitações mal compreendidas. Quando e se é abordado, o fascismo na Índia é normalmente atribuído (corretamente) à direita hindu, conhecida coletivamente por Sangh Parivar, mas muitas vezes (incorretamente) apenas à direita hindu; no entanto, a sua história na Índia é muito mais longa e ampla.[110]

Como na maioria dos outros países, muitos hindus na Índia reconheceram o fascismo como um fenómeno global e local, enquanto muçulmanos como o intelectual fascista Inayatullah Khan al-Mashriqi não só afirmavam ter inspirado o próprio programa de Hitler como também consideravam o seu «fascismo muçulmano» a melhor versão do fascismo. Enquanto al-Mashriqi defendia que o fascismo devia seguir «a orientação iluminada do Sagrado Alcorão», os fascistas argentinos afirmavam que a sua versão clérico-fascista era superior às versões europeias mais seculares. Na Argentina, era «um fascismo cristianizado».[111] Estas conceções do fascismo latino-americano também foram influentes na Europa. Um eminente fascista espanhol afirmou mesmo que os fascistas europeus deviam aprender com os Latino-Americanos:

> É um facto que os processos latino-americanos de reação seguiram um caminho inverso ao dos europeus. Aqui [na Europa] é a consciência nacionalista e imperialista que inicia os processos, e [os fascistas europeus] procuram uma forma de conciliar princípios católicos e a Igreja. Lá [na América Latina] os grupos católicos iniciam o processo e começam a procurar colaboração com instrumentos e estilos fascistas. Aqui é a força e a violência que, com uma intenção decorativa, invocam depois os princípios católicos. Lá, esses princípios católicos invocam a força para se defenderem.[112]

Contrariando essa visão latino-americana e às vezes europeia e sudeste-asiática do sagrado no fascismo, os fascistas japoneses admiravam o pragmatismo do fascismo mais do que as suas características divinas.[113]

O fascismo foi diferente e até incompatível em lugares diferentes. As suas causas e efeitos divergiram relativamente a histórias nacionais mais amplas, mas também a contextos internacionais variáveis, desde a Primeira Guerra Mundial à Guerra Fria e depois. Na minha própria obra, tenho estudado o modo como na Argentina o fascismo clerical dos anos 30 e 40 foi crucial no período do pós-guerra através do peronismo, da sua reformulação populista e, mais tarde, das origens ideológicas da Guerra Suja nos anos 70.[114]

Essas repercussões do fascismo estão muitas vezes ausentes da literatura eurocêntrica, que minimiza a importância das ligações transnacionais e, mais tarde, transcontextuais do fascismo. Por exemplo, no Japão, como na Argentina e no Mundo Árabe, a relação complexa entre as potências europeias e o fascismo foi um elemento determinante nas tentativas locais de abandonar o fascismo depois de 1945. Na Argentina e no Japão, as ligações fascistas do passado tornaram-se verdades inconvenientes na nova Guerra Fria contra o comunismo.[115] Depois de 1945, o fascismo passou por alguma desnacionalização da sua ideologia com o crescente desenvolvimento de formas pan-europeias na Europa e, frequentemente, formas antieuropeias na América Latina ou Ásia. Como argumenta Andrea Mammone, uma eminente historiadora do neofascismo transnacional: «Até mesmo aquilo que é normalmente entendido como um nacionalismo tacanho pode assumir uma dimensão não-nacional e ser reutilizado a nível supranacional ou internacional (mesmo que a principal noção de camaradagem dos Camisas Negras fosse quase sempre com os seus amigos da direita e com os seus projetos políticos e ideológicos).»[116] Os neofascistas em França e na Itália influenciaram-se mutuamente e interpretaram até os seus próprios contextos nacionais em termos um do outro. Alguns projetos neofascistas transatlânticos foram perpetuados e geralmente reformulados entre o Chile, a Argentina e a Espanha, bem como entre o Brasil e Portugal. Como mostra Luis Herrán Ávila, historiador mexicano do neofascismo latino-americano, algumas ideias fascistas transnacionais atravessaram as Américas da Cidade do México e Miami para Buenos Aires e Taipei.[117] Muitos desses neofascistas, primeiro na América Latina e Médio Oriente e depois na Europa, adotariam o populismo como forma de alcançar um consenso antiliberal mais alargado.

Logo após a Segunda Guerra Mundial, as memórias da violência fascista, sobretudo as do Holocausto, motivaram a rejeição populista do passado. Novas formas de populismo pós-fascista criaram uma versão autoritária da democracia, influenciada mas também firmemente baseada na rejeição explícita da violência genocida fascista.

O populismo moderno também impôs um conceito de soberania popular, mas esta baseava-se, e supostamente continua a basear-se, numa democracia eleitoral antiliberal e não na forma fascista de ditadura. O fascismo e o populismo apresentavam distinções claras nos seus usos e conceitos de violência política. Enquanto o fascismo entendia o poder como firmemente baseado na violência, o populismo partilhou mais tarde com o liberalismo um conceito mais weberiano e restrito da violência. Efetivamente, quando a ditadura real em países como a Argentina nos anos 70 substituiu formas populistas de democracia, voltaram as formas fascistas de violência. Neste caso, o fascismo regressou do passado na forma de memórias muitas vezes silenciadas, mas às vezes bastante ativas, dos perpetradores. Era um processo em que conceitos fascistas de subjetividade violenta ressurgiam depois de terem sido reprimidos. Essa nova abordagem às memórias da violência dos perpetradores renovou a ideologia fascista nos contextos pós-fascistas e neofascistas das Guerras Sujas latino-americanas mas também noutros contextos de guerra «quente» da Guerra Fria mundial, desde o Médio

Oriente a África e ao Sudeste Asiático. Muitas destas ditaduras radicais representavam uma forma de ideologia antipopulista em que imperava a violência. O populismo, em contrapartida, propunha uma versão autoritária da democracia que abrangia a democracia e a ditadura. Deixando para trás o Holocausto e outras memórias da violência fascista, os populistas tentaram fechar o livro de receitas liberais para a nação. O pós-fascismo populista rejeitava a centralidade da violência extrema para as democracias autoritárias que construiu no início do período do pós-guerra. Embora muitos regimes populistas fossem inicialmente criados com o fim de rejeitar o passado fascista, os populistas ignoravam implicitamente que a sua política era em grande medida uma consequência da violência extrema desse passado, que o caso alemão representava. Como se encontra no centro da reformulação populista do fascismo, o Holocausto continua a ser um desafio para os historiadores do fascismo e do populismo.

O fascismo e o Holocausto

O Holocausto foi uma experiência de genocídio fascista transnacional paradigmática e, por essa razão, continua a ser representativo e sintomático dos problemas e perspetivas inaugurados por uma história crítica do fascismo mundial. No final do Holocausto, o escritor argentino Jorge Luis Borges descrevia a ideologia nazi como uma teoria da violência. E, em 1945, equiparava literalmente a violência à ideologia fascista. Borges também percebeu que as vítimas dessa forma extrema de violência política — o Outro judeu no caso do Holocausto — foram transformadas em objetos sacrificiais. Para a personagem nazi do seu conto «Deutsches Requiem», Zur Linde, o comandante do campo de concentração, por exemplo, o corpo fascista e o organismo nacional também são objetos sacrificiais. Além disso, para Zur Linde o sacrifício do eu fascista é, de certo modo, uma fonte ainda mais significativa de autodeterminação ideológica através da violência. Momentos antes da sua iminente execução pelos Aliados, Zur Linde afirma que as memórias da violência fascista persistirão depois da derrota do fascismo: «Uma época inexorável está a propagar-se pelo mundo. Nós esquecemo-la, nós que já somos a sua vítima. Que importa se a Inglaterra é o martelo e nós a bigorna, desde que reine a violência e não a servil timidez cristã? Se a vitória, a injustiça e a felicidade não são para a Alemanha, que sejam para outras nações. Que o Céu exista, embora a nossa morada seja o Inferno. Eu olho-me ao espelho para descobrir quem sou, para perceber como me comportarei dentro de algumas horas, quando estiver frente a frente com a morte. O meu corpo pode ter medo; eu não.»[118]

Na opinião de Borges, a ideia nazi do sacrifício dos Judeus implicava para os seguidores de Hitler um fim em si — nomeadamente, a violência física nua e crua.[119] Para um fascismo que transcendia fronteiras e culturas nacionais, o Judeu representava a escuridão total. Essa violência é apresentada como uma forma crua e inata de autenticidade mas, segundo a interpretação de Borges, produz um turbilhão ideológico de destruição e autodestruição além dos regimes fascistas.

O fascismo termina quando alcança o seu imperativo ideologicamente sagrado da violência. Termina com o sacrifício, a destruição do ser fascista. Isso foi claramente exemplificado pelas decisões de Hitler quando os seus exércitos começaram a sofrer derrotas na frente leste. Ele sacrificou as suas tropas sem se importar com a lógica militar. O fascismo é completamente entrópico. Mais do que qualquer outra ideologia, o fascismo está condenado ao declínio e a prejudicar a sua própria viabilidade política. A entropia conduz à destruição da razão, personificada na divisão entre a carne e o ego no corpo e memória de Zur Linde. A morte do ego é o resultado da sobredeterminação das forças do desejo na política, a equação da autenticidade com a vitimização, o sacrifício e a violência. Para Borges, o internacionalismo fascista que visa estabelecer a violência através da vitimização como a única política é um tipo errado de universalismo.

Alguns anos antes, Sigmund Freud considerava a vitimização nazi um elemento fundamental da ideologia fascista mundial, sobretudo em termos da sua insistência no mito e no inconsciente e da sua rejeição da razão.[120] Tanto o argentino Borges como o austríaco Freud consideravam a vitimização nazi dos Judeus um elemento essencial da ideologia fascista. Obviamente, a sua opinião era mais sofisticada do que a opinião simplista partilhada pela maioria dos seus amigos antifascistas. Para estes, o fascismo era simplesmente um mal, uma aberração violenta mas idiota da política normativa. O fascismo não tinha qualquer ideologia e foi mesmo um substituto para outras ideologias e forças económicas.[121] Borges e Freud defendiam uma opinião contrária. O fascismo foi sobretudo um evento ideológico radical que pôs em perigo a civilização esclarecida. As razões para essas diferentes perspetivas no contexto do antifascismo estavam sobretudo relacionadas com a afirmação borgeana e freudiana do antissemitismo como uma fonte vital de realização ideológica na ideologia nazi, mas também com a inclusão desta numa ideia mítica fascista mais geral do papel essencial que o inconsciente desempenhava na política. As dimensões mais violentas dessa mítica visão do mundo seriam mais tarde reprimidas com a derrota do fascismo mas, como lembrou Borges, os seus legados mais nocivos permaneceriam para futuros perpetradores como uma memória da violência esmagadora da vitimização fascista.

Foi nos campos de concentração que essa implicação mítica e mais violenta da ideologia fascista foi primeiro ensaiada e depois interpretada. Jean Améry, antifascista e membro da resistência contra o nazismo, aludiria a um «fascismo real e nazismo singular».[122]

Muitas outras vítimas sentiam o mesmo. A tendência para identificar o fascismo com o nazismo foi bastante comum durante o período do Holocausto, sobretudo entre as vítimas. No Gueto de Varsóvia, por exemplo, Chaim Kaplan recorreu a essa identificação para explicar de forma pertinente a tentativa fascista nazi de criar uma nova ordem mundial.[123] Para Kaplan, essa ordem mundial propunha claramente a vitimização como uma ideologia de conquista e perseguição. Em contrapartida, para os historiadores do Holocausto, as limitações dos conceitos historiográficos do fascismo e do nazismo explicavam a necessidade de excluir completamente o fascismo como recurso analítico para compreender o Holocausto. Consequentemente, muitos historiadores descuraram geralmente as ligações ideológicas efetivas entre a história transnacional do fascismo e as condições históricas para o Holocausto.

Primo Levi, que se tornou membro de um grupo de juventude fascista em 1924 quando tinha apenas cinco anos, acabou por perceber as implicações vitimizadoras da variante italiana do fascismo. Ele viu e viveu o domínio do fascismo do ponto de vista de posições de sujeição imprecisas e substancialmente diferentes — nomeadamente, a juventude fascista semiobrigatória, observadora, antifascista e vítima judaica. Para Levi, a «exaltação da violência» abriu caminho ao ataque ideológico fascista contra a razão. Levi, que considerava o nazismo uma «versão alemã do fascismo», entendia o primeiro como uma versão radical da ideologia fascista. Os campos de concentração eram o modelo para a «Nova Ordem» fascista.[124]

Levi refletiu também sobre os aspetos sacrificiais da violência fascista. A violência fascista tinha o objetivo final de destruir a humanidade do ser. Levi examinou o *continuum* de violência fascista desde os esquadrões fascistas italianos de 1922 ao mundo de Auschwitz: «Os Camisas Negras não tinham matado apenas os sindicalistas, comunistas e socialistas de Turim. Primeiro obrigaram-nos a beber meio litro de óleo de rícino. Dessa forma um homem é reduzido a farrapos, deixa de ser humano... Há uma ligação direta entre os massacres de Turim [de 1922] e a cerimónia de entrada nos campos nazis, onde nos despiam, destruíam as nossas fotografias pessoais, rapavam-nos a cabeça, tatuavam-nos no braço.» E concluía: «Isso era a demolição do homem; isso é o Fascismo.»[125]

Os fascistas em todo o mundo partilhavam essa visão dos seus atos como um ataque total aos seus inimigos, mas não as suas implicações críticas ético-políticas. Para os fascistas, a vitimização do inimigo era outro exemplo da centralidade e desejabilidade da violência na ideologia fascista. Mussolini e os fascistas argentinos, japoneses, brasileiros, colombianos, peruanos e romenos consideravam o inimigo um elemento identificativo da sua própria noção do ser.[126] Em suma, os Judeus e outros inimigos definiam o que os fascistas não eram e, por oposição, o que realmente eram.

Nem todas as ideologias fascistas foram tão radicais como o nazismo no que diz respeito à vitimização do imaginário inimigo do povo. Do mesmo modo, outras formas de fascismo não foram tão radicais em relação ao seu desejo, a sua «vontade», de pôr as suas fantasias sobre a violência e a demonização em prática. Para a maioria das «fontes» vivas no tempo do fascismo (1919–45), o nazismo foi uma versão peculiarmente radical extrema do mesmo. Por outras palavras, o nazismo foi o fascismo alemão. Esta avaliação era partilhada pela maioria dos fascistas e antifascistas. Depois da guerra e do Holocausto, esta concetualização empírica da ideologia fascista foi substituída por novas formas de produção de significados históricos e memórias seletivas no pós-guerra. Enquanto antes de 1945 o fascismo mundial serviu para mostrar as implicações ideológicas mundiais dos processos de vitimização nazis, depois de 1945 o fascismo como processo explicativo ocultava as dimensões da experiência do Holocausto, sobretudo as experiências das suas vítimas judaicas. Nesse contexto, as diferentes experiências de todas as vítimas dos nazis eram homogeneizadas, ofuscando as hierarquias ideológicas e imperativos vitimizadores presentes na ideologia fascista alemã.

Depois da guerra, e até há pouco tempo, o fascismo e o nazismo apareciam quase sempre juntos em memórias públicas. Essa junção reforçava uma espécie de silêncio coletivo sobre as identidades das vítimas do Holocausto e, consequentemente, sobre as peculiaridades ideológicas da perseguição nazi. Isso acontecia quando esses conceitos do fascismo eram adotados na Europa Ocidental ou na Europa de Leste. No Leste e no Ocidente, a inclusão do nazismo no fascismo ou totalitarismo mundial contribuiu para minimizar a importância das principais características da vitimização nazi.

Essa situação ofuscava a história e a memória das vítimas. Também minimizava as particularidades do fascismo transnacional, tal como este era entendido na altura do Holocausto. Por sua vez, muitos historiadores do fascismo e do Holocausto apresentavam uma visão acrítica dessa peculiaridade transnacional do fascismo. Na verdade, muitas vezes eles acabavam por excluir mutuamente as suas respetivas áreas de conhecimento. Sobretudo os historiadores genéricos do fascismo substituíram um campo vivo e mutuamente inclusivo de experiências ideológicas e práticas genocidas do passado por definições, glossários e «alta teoria» do presente.[127]

Em simultâneo com essa exclusão, os historiadores do Holocausto têm concluído que o fascismo não apresenta qualquer relação com o nazismo. Por exemplo, Saul Friedländer, um importante historiador do Holocausto, realça a singularidade do que ele chama apropriadamente de antissemitismo nazi redentor. Friedländer realça a dimensão pseudorreligiosa do Holocausto; ou seja, o extermínio foi um «fim sagrado e não um meio para outros fins».[128] Ele conclui que não se encontram elementos semelhantes noutros países.[129] Nas principais obras de Friedländer, *A Alemanha Nazi e os Judeus* e *Os Anos da Perseguição*, a história mundial dos feitos nazis é explicada através da implementação e receção de políticas nazis, tanto nacional como internacionalmente. É verdade que Friedländer afirma que o Holocausto «é uma parte integrante da "era da ideologia"», mas também distingue claramente o fascismo mundial «na Itália e noutros lugares» do nazismo na Alemanha. Por outras palavras, para ele o fascismo pode ser uma ideologia transnacional, mas não na Alemanha. A obra de Friedländer é particularmente inovadora na atenção que dedica à experiência das vítimas. A esse propósito, a ausência de referências ao fascismo tal como este foi vivido e interpretado pelas vítimas não deixa de ser surpreendente. A história transnacional das interpretações mundiais do fascismo pode fornecer outro ângulo de reflexão sobre o projeto transnacional nazi de conquista e destruição, sobretudo em relação ao modo como era interpretado pelas suas vítimas.

O desenvolvimento de abordagens transnacionais e comparativas fora do contexto do império nazi é frequentemente rejeitado na historiografia do Holocausto. Contudo, a adoção de uma abordagem histórica mundial ao nazismo pode não significar necessariamente uma minimização geral do Holocausto como um acontecimento extremo numa história de extremos.[130] O eurocentrismo, que é também a característica distintiva de muitos estudos do fascismo, desempenha um papel importante nos apelos atuais à unicidade na historiografia do Holocausto. Se os Africanos, e também os Árabes, conheceram um tipo igualmente singular de racismo italiano na forma de gás-mostarda e outras armas químicas, execuções sumárias e matanças de civis, os nazis produziram um dos acontecimentos mais graves da história; em suma, um desvio radical, um momento de viragem na história. Mas o império, o fascismo e o racismo relacionam o Holocausto com o mundo fora da Europa. Mais recentemente, muitos historiadores do nazismo têm-se concentrado nos imperialismos alemães e europeus como precursores importantes do genocídio nazi no Leste.[131] No fim de contas, como sugeriu Hannah Arendt há muitos anos em *As Origens do Totalitarismo*, as ideologias mundiais e o imperialismo foram elementos fundamentais da história e da pré-história do fascismo e do Holocausto.[132] Continuaram também a exercer a sua influência no pós-guerra.

Na sua exibição primária de violência física crua e desmedida, os nazis levaram a experiência fascista ao máximo. De certo modo, o nazismo tornou-se completamente diferente de outras formas de fascismo. No entanto, o fascismo também exerceu o seu potencial genocida ao dedicar-se a práticas genocidas na África fascista italiana e na Espanha da Guerra Civil. Os fascistas transnacionais (da França à Ucrânia) também colaboraram na Solução Final dos Nazis fornecendo apoio logístico e ideológico e, nomeadamente, assassinos. O nazismo, porém, representa um desvio radical em relação a outras formações fascistas. O nazismo não é um «tipo ideal» genérico do fascismo, mas a culminação da sua possibilidade mais extrema.

O fascismo como movimento e como regime desenvolveu-se e extinguiu-se promovendo a guerra civil. Esse foi finalmente o legado italiano do fascismo de Mussolini: um país dividido e uma luta quase apocalíptica, que exigiu meios extremamente violentos, incluindo a colaboração fascista, no envio de judeus italianos para Auschwitz.[133] Mas talvez mais importante do que isso tenha sido o facto de o legado do fascismo ter transcendido a Itália e Mussolini. Além de enviar judeus para Auschwitz depois de 1943, o fascismo italiano teve os seus colaboradores, desde os distantes fascistas argentinos, que justificaram o extermínio dos Judeus, aos simpatizantes franceses e holandeses, que os encurralaram, passando pelos fascistas bálticos e ucranianos que os mataram. O fascismo transnacional foi a ideologia mundial que tornou possível esse crime.

O nazismo na sua espiral radical de terror «sagrado» integral contra os Judeus deixou para trás o bando fascista. Foi no império nazi no Leste que os nazis decidiram formalizar nos campos de concentração o conceito mais circular do fascismo nazi, a ideia do abjeto. Em Auschwitz, um laboratório fechado e controlado do fascismo, a ideia nazi do abjeto como o inimigo existencial do povo, o aspeto mais alienado e psicótico da ideologia de Hitler, tornou-se uma realidade.[134]

A história da violência fascista

O fascismo foi uma ideologia da violência. Levava a violência tão a sério, que não só dedicou milhares de páginas de livros e discursos ao assunto como também tornou a violência um imperativo político. A violência definia a prática fascista. Por outras palavras, não existe fascismo sem violência política. Não existe verdadeiro fascismo sem um inimigo existencial e absoluto do povo e a sua consequente perseguição política.

A lógica da violência no fascismo é fundamental para a consideração das suas dimensões ideológicas e estéticas. A violência definia as representações concetuais do fascismo, sobretudo relativamente às ideias genocidas fascistas do abjeto e do sacrifício. A violência constituía o fascismo e os fascistas. Foi-lhe atribuída um estatuto sagrado que tornou o fascismo uma teologia política radical. Era uma ideia primária de um mundo baseado e dominado pela violência em tempos apocalípticos de emergência. Como afirmavam os Camisas Azuis chineses, essa era a razão pela qual o fascismo «é a única ferramenta de salvação das nações à beira da destruição. Salvou a Itália e a Alemanha... Não existe portanto outra via senão imitar o espírito fascista da luta violenta como na Itália e na Alemanha».[135] Como os Camisas Azuis na China, os Camisas Azuis portugueses também associavam a apologia da violência ao fascismo internacional. A violência era o objetivo do fascismo, mas também o ponto de partida da política: «A violência é o princípio essencial e inteligente de toda a boa política porque sem violência e na adversidade a conquista é impossível.»[136]

Não havia lugar para outras ideias, pois nas mentes fascistas uma política alternativa representava a rejeição da ideia do fascismo como a única possibilidade para a política. Os que tinham outras ideias colocavam-se forçosamente contra a comunidade nacional do líder e do povo. Não tinham um espaço legítimo na política ou na sociedade fascista. Para os fascistas, era teoricamente lógico que o inimigo merecesse ser plenamente enfrentado com a violência. A lógica da violência era equiparada ao poder. Por outras palavras, a lógica da violência constituía um elemento fulcral da ideologia fascista. Uma consequência prática dessa ideologia era a vitimização de todas as pessoas consideradas diferentes. Essa forma de vitimização política era absolutamente moderna no sentido fascista precisamente porque, apesar de se afirmar baseada em velhos mitos do passado, era na verdade a violência legitimada através do mito político moderno do líder, da nação e do povo.

No fascismo, a crença estava associada a um ato de fé no líder. O fascismo apresentava os seus líderes como mitos vivos. Enquanto na Alemanha o *Führerprinzip* apresentava Hitler como a principal fonte sagrada da verdade e da autoridade, no Brasil, Argentina, Espanha e outros lugares, os fascistas identificavam a política dos líderes com uma verdade mítica transcendental. Na Argentina, Leopoldo Lugones, o fascista mais famoso do país, identificava a verdade com o poder e o divino. Para os fascistas, a verdade era uma questão de intuição quase divina e independente da corroboração prática. Como Lugones, o escritor fascista espanhol, Ramiro de Maeztu, pressupunha a existência de uma «verdade eterna». Era na busca do direito e da verdade «como essências transcendentais» que surgia a realidade. Do mesmo modo, Gustavo Barroso alegava que o fascismo brasileiro era a melhor formação política no mundo porque representava «verdades eternas». Essas verdades do fascismo brasileiro prometiam uma mudança extraordinária, os «novos tempos» em que reinaria a «unidade» do espírito, da cruz e da nação. Como Lugones e De Maeztu, Barroso associava o início de uma nova era à estética e primazia política de uma verdade absoluta.[137]

O fascismo associava a realidade do movimento e dos seus líderes a um passado mítico de heroísmo, de violência e de subordinação. Na ideologia fascista, os líderes personificavam um *continuum* histórico, que estabelecia uma ligação direta ou frente unitária com o povo e a nação. Por sua vez, o líder era a principal fonte de soberania popular, respondendo apenas a si mesmo. Os fascistas eram obcecados com a infalibilidade dos seus líderes porque, para eles, a suposta ausência de erro dos mesmos refletia as verdades fundamentais e divinas da sua ideologia. Ao contrário do liberalismo ou do socialismo, que segundo eles não tinham bases transcendentais, os fascistas ansiavam por um regresso dos míticos heróis guerreiros, e era isso que esperavam dos seus líderes.[138] O fascismo era uma religião política. A sua modernidade residia sobretudo no facto de ter reposicionado o lugar do sagrado na política.

É importante salientar a modernidade singular do fascismo no que diz respeito ao sagrado e ao inconsciente. Como lembra o historiador Angelo Ventrone, a crítica fascista da modernidade era apocalíptica, mas também propunha uma modernidade alternativa ao serviço da conquista e do domínio. Os fascistas queriam substituir o que entendiam como uma modernidade mecanicista, repetitiva e involuntária por uma modernidade «qualificada» em que o fascista podia domar a matéria e a economia. Eles encaravam a sua modernidade como o «domínio do espírito e do político». Colocavam uma «ética de guerra» e uma noção violenta de masculinidade e comunidade no centro dessas preocupações.[139] Por essa razão, para os fascistas a violência era a forma culminante de politização.

A violência, e o uso desregrado da violência, é um aspeto essencial tanto da prática fascista como da teoria fascista. A violência, como explicou persuasivamente Primo Levi, tornou-se um fim em si.[140] O fascismo brandia o poder e a violência como objetivos ideológicos e não como meios. Na ideologia fascista, a violência não é apenas instrumental, é sobretudo uma forma de intuição, de criação. É não só um mito mobilizador mas também um sublime negativo e sinistro. Ou seja, a violência é elevada à forma mais nobre da política.[141] Para Mussolini, a violência era o poder sem limites. Era um estado não-racional que proporcionava à nação e ao indivíduo a segurança de se sentir protegido do ameaçador mundo exterior. Para pensadores como Max Weber e Karl Marx, ou até mesmo em parte para Georges Sorel (que no entanto exaltava a violência em termos regenerativos e redentores), a violência tinha um papel primordial na política mas devia ser contida depois de alcançar um fim útil. Estes autores discordavam claramente dos teóricos fascistas da violência.

No ideal fascista, a violência perde o seu carácter instrumental e torna-se uma fonte direta de conhecimento.[142] A violência define a identidade fascista. É uma dimensão essencial do ser interior. A violência transforma-se numa experiência transcendente que torna a política um campo de ação quase sagrado. No caso de Mussolini, a violência foi uma força ética que ajudou o fascismo a alcançar um corte radical com preocupações banais. Neste caso, a ideia de sacrifício é mais uma vez fundamental. Com o tempo, Mussolini acabou por exprimir melhor essa ideia no famoso lema fascista «Estou-me nas tintas» (ou «Não quero saber»), inscrito nos salões de exposições da permanente revolução fascista em 1942. Para Mussolini esse ato de não se importar estava relacionado com a aceitação da morte e do «sangue purificador» como forças redentoras.[143] Mesmo em 1942, ao considerar o futuro da nação italiana, ele não podia (ou não queria) esconder a aceitação fascista da violência que a guerra de destruição nazi lhe prometera.[144] Como no caso de Hitler ou dos nacionalistas fascistas argentinos, a violência e a guerra eram para

Mussolini fontes de orientação política e redenção pessoal e coletiva.[145] Os fascistas espanhóis falavam na «violência sagrada da ação», que para eles também se baseava na justiça e no direito. Fundindo igualmente a política e a violência sagrada, Eugenia Silveyra de Oyuela, uma das intelectuais fascistas argentinas mais extremistas, afirmava que a violência era legítima como uma consequência da guerra de Deus contra os inimigos internos. Para ela, essa era a situação na Argentina: onde «hordas vermelhas» tinham invadido o país, «temos os invasores entre nós, encontramo-nos, efetivamente, num estado de guerra defensiva. Esta é uma guerra lícita para o argentino que precisa de defender os direitos da pátria ameaçada». O lema dos Camisas Azuis egípcios era «Obediência e Luta» (*al-tcah wa al-jihad*), e essa ideia de luta estava também refletida no seu juramento: «Juro por Deus Todo-Poderoso, pela minha honra e pela pátria, que serei um soldado fiel e obediente, lutando pelo Egito, e que me absterei de tudo o que possa perverter os meus princípios ou prejudicar a minha organização.» Longe do Médio Oriente, os Camisas Azuis chineses afirmavam que a violência tinha de ser dirigida contra todos os rivais políticos: «Tem de haver uma determinação de derramar sangue — isto é, tem de haver uma espécie de violência sem precedentes para eliminar todos os inimigos do povo.»[146] Enquanto os fascistas chineses consideravam a violência uma forma de alcançar a verdadeira política do povo, os fascistas colombianos, os Leopardos, afirmavam: «A violência, iluminada pelo mito de uma pátria bela e heroica, é a única coisa que pode criar para nós uma alternativa favorável nos grandes combates do futuro.» O mito do fascismo baseado na ideia de que o ser interior e as forças inconscientes coletivas só podiam conduzir à violência e à morte era a forma preeminente de entender a política como essencialmente divina.

Os fascistas associavam a violência e a morte, na política e através da política, a uma renovação radical do ser. Por exemplo, os fascistas romenos associavam a natureza sagrada da violência à ideia de regeneração e salvação dos seus guerreiros através da morte como sacrifício. Para eles, como «Deus queria», «o germe de uma renovação só pode nascer da morte, do sofrimento». Os fascistas romenos «amavam a morte». A morte era para eles «o nosso casamento mais caro entre os casamentos».[147] Uma sensação de perigo iminente associada à violência fazia parte do modo de vida fascista. A morte era uma consequência da reação fascista ao inimigo político e, por fim, ao próprio eu. Como declarou Mussolini: «Viver perigosamente devia significar estar sempre pronto para tudo — seja qual for o sacrifício, seja qual for o perigo, seja qual for a ação, quando a defesa da pátria e do fascismo está em causa.»[148]

A violência, para o fascismo, manifestava-se essencialmente no Estado fascista totalitário e no seu imperialismo «espiritual» e «ético». Como afirmou Mussolini:

> O Estado Fascista exprime a vontade de exercer o poder e comandar. Neste caso, a tradição romana está representada na ideia de força. O poder imperial, segundo a doutrina fascista, não é apenas territorial, militar ou comercial; é também espiritual e ético. Uma nação imperial, isto é, uma nação que direta ou indiretamente é líder de outras, pode existir sem a necessidade de conquistar um único palmo quadrado de território.[149]

O imperialismo é para o fascismo mais um estado de «vir a ser» do que um estado de «ser». Nesse sentido, evidentemente, o fascismo não se distingue de outras formações imperialistas.[150] Mas distingue-se na medida em que é presumivelmente um «imperialismo proletário» quando entendido como a expressão máxima da transferência nacionalista da luta de classes para uma luta nacional. Paradoxalmente, para Mussolini, o imperialismo fascista era a forma culminante do anticolonialismo. O imperialismo era a antítese política da decadência. Por outras palavras, uma forma fascista nova e ativa de imperialismo eliminava a possibilidade de «vir a ser uma colónia».[151] O imperialismo fascista apresentava-se como herdeiro das tradições imperiais romanas. Mas apesar da importância da romanidade, o fascismo italiano, ao contrário dos antigos Romanos, promovia a ideia de uma guerra sem fim.[152] Por outras palavras, Mussolini entendia a guerra como uma medida preventiva para reforçar a liderança italiana no mundo latino — no fundo, como um ato imperialista contra «impérios plutocráticos» — «uma guerra de civilização e libertação. É a guerra do povo. O povo italiano sente que é a sua própria guerra. É a guerra dos pobres, dos deserdados, e a guerra dos proletários».[153] Quando projetado para o palco mundial, o imperialismo fascista era a forma culminante de violência e poder do povo: «O fascismo vê no espírito imperialista — *i.e.*, na tendência das nações para se expandirem — uma manifestação da sua vitalidade. Na tendência oposta, que limitaria os seus interesses ao país natal, vê um sinal de decadência. Os povos que se erguem ou voltam a erguer são imperialistas; a renúncia é uma característica de povos moribundos.»[154] Para os fascistas, o imperialismo estava no centro da matriz fascista. Oferecia-lhes a sensação de passar da teoria para a prática, através da guerra e da violência, em nome do povo. Em suma, representava uma manifestação tangível da ação fascista situada além do ritual e da teoria. As diferentes tentativas falhadas de criar uma internacional fascista formal devem ser entendidas no contexto mais amplo do imperialismo espiritual fascista.[155]

O imperialismo espiritual também incluía o conceito do império genocida nazi. Enquanto a versão radical nazi do fascismo identificava o presumível inimigo como o aspeto determinante da sua ideologia, a maioria dos fascismos atribuía-lhe um lugar menos fixo na ideologia fascista. Apesar dessas diferenças importantes, o fascismo foi um fenómeno mundial que incluiu o nazismo. Não existe um tipo platónico de fascista. O fascismo italiano foi o primeiro movimento fascista na Europa e o ponto de referência para outros movimentos fascistas. Não foi, contudo, o modelo de fascismo que gerou todos os outros fascismos. Conhecer o caso italiano é fundamental para a compreensão do fascismo a nível mundial, mas o *fascismo* como termo e realidade refere-se a uma rede transnacional de opiniões e sentimentos comuns. Os fascistas na Europa e no resto do mundo eram identificados com uma «ideia». Acima de tudo, o fascismo era, e é, uma ideia sobre o mundo, a comunidade nacional do povo e o líder que omitia outras leituras da realidade. O fascismo confunde a realidade com a verdade. Hannah Arendt define a ideologia como uma visão circular do mundo que omite a perceção e a experiência empírica. O fascismo representava o derradeiro olhar ideológico nesse sentido arendtiano.[156] Entre as ideologias políticas, o fascismo representava uma lente ideológica através da qual se podia ver e ler o mundo. Mas era mais do que isso. Paradoxalmente, implicava a negação da realidade, um distanciamento ideológico da mesma que a alterava e criava até uma nova realidade e uma nova definição do possível na política ideológica. No entanto, essa contribuição fascista para o lado negro da modernidade não foi apenas uma experiência histórica singular e trágica mas também parte da história mais geral dos desafios à democracia. Com efeito, essa história inclui o descendente mais distintivo do fascismo, o populismo moderno.

Populismo fascista?

O fascismo não é o populismo, mas é evidente para os historiadores que ambos partilham afinidades importantes relativamente ao povo, à nação, aos líderes e aos seus inimigos. São capítulos diferentes da mesma história. A trajetória intelectual *longue durée* do fascismo e do populismo é essencialmente mundial. Tem uma longa história como parte do itinerário de ideias de democracia (e ditadura) em todo o mundo e outra mais breve como parte da história transcontextual que transformou o fascismo em pós-fascismo populista no poder depois do fim da Segunda Guerra Mundial.

Em jeito de brincadeira, podemos dizer que se a democracia começa em Atenas, o populismo democrático moderno começa em Buenos Aires. As outras paragens nesta longa e esquemática genealogia de ideias e regimes de poder são várias, mas podemos sugerir as seguintes: 1) a Roma pré-imperial e a sua abordagem ao conceito do povo, além do papel dos tribunos e plebeus nesse antigo contexto político; 2) a Paris da Revolução Francesa e a sua criação do moderno conceito de soberania popular; e 3) Roma novamente, juntamente com muitos lugares como Berlim, Lima, Alepo ou Tóquio, com as suas respetivas contrarrevoluções fascistas contra os legados democráticos das revoluções iluministas.[157]

Enquanto a democracia ateniense clássica nasceu da queda de tiranos e monarcas, e a democracia moderna da Revolução Francesa como fruto da rejeição da monarquia absoluta, o fascismo surgiu da democracia.[158] Foi um produto inesperado e negativamente dialético da soberania popular. Como movimento, o fascismo dedicava-se frequentemente à perseguição política, às lutas de rua e ao assassínio de inimigos preconcebidos, combinando essa violência extrema com a militarização da política e a adoção de várias estratégias eleitorais. Os fascistas participavam muitas vezes no jogo democrático, mas não eram de forma alguma democratas. Na verdade, queriam destruir explicitamente a democracia. Como regime, o fascismo foi sempre uma formação ditatorial, aproveitando-se da crise de representação democrática que surgiu das ruínas da Primeira Guerra Mundial. Contudo, baseava-se também nos modernos princípios do povo e na ideia de que o líder representa e transmite os desejos da comunidade popular nacional.

Baseado igualmente nessa trindade de povo, líder e nação, o moderno populismo que se impôs como regime depois de 1945 não foi um resultado estático ou óbvio do fascismo. O populismo não era o fascismo. O populismo já tinha existido de forma incompleta como um conjunto de ideias e movimentos antes do surgimento do fascismo. Por sua vez, o fascismo incorporou alguns elementos de formas anteriores de populismo e às vezes convergiu com o mesmo. Na época do fascismo, e em países tão diferentes como a Áustria, Estados Unidos, França, Argentina ou México, muitos dos primeiros populistas (que neste livro, em parte para distinguir contextos substancialmente diferentes, eu designo como pré-populistas ou protopopulistas) tornaram-se fascistas ou simpatizantes do fascismo, enquanto outros rejeitaram explicitamente o fascismo. Mas depois da queda do fascismo, todos os populistas rejeitaram claramente a violência que definira o fascismo como uma ideologia e uma prática de poder. O fascismo apresentava, evidentemente, características que podemos chamar de populistas, mas o fascismo não devia ser confundido com o populismo moderno pós-fascista que nasceu da sua derrota.

Do ponto de vista da teoria do populismo, poder-se-ia alegar que o fascismo foi um populismo incompleto, um populismo sem democracia. Mas historicamente o fascismo era bastante mais novo e por isso diferente do primeiro populismo, mas também dos regimes populistas modernos do pós-guerra, pois o fascismo rejeitava totalmente a democracia. Os fascistas gostavam também de exibir uma frente autoritária multiclassista que mais tarde seria típica dos regimes populistas, mas faziam-no estabelecendo uma ditadura de partido único sem qualquer papel legítimo para a oposição política. No entanto, tanto os fascistas como os populistas traduziram essa ideia do todo não representado numa ideia homogeneizante da nação como a comunidade social do povo. Como explica Peter Fritzsche, no caso da Alemanha, «O objetivo do nazismo era a realização de uma "comunidade do povo" ou "Volksgemeinschaft" racialmente purificada, que recorria à violência e à exclusão ao mesmo tempo que prometia eliminar as profundas divisões entre os Alemães. A ideia do "povo" era ao mesmo tempo a base retórica a partir da qual os nacional-socialistas operavam e o horizonte que pretendiam alcançar». Geoff Eley lembra também que «Ao combinar interesses e exigências muito diferentes e heterogéneos, o ideal da *Volksgemeinschaft* prometia tornar novamente sã uma Alemanha ferida e corrompida». Para outros casos europeus como a Espanha ou a Itália, os historiadores têm apresentado também o fascismo como dotado de uma forma radical de populismo antidemocrático. Como sustenta António Costa Pinto, o fascismo opunha-se a princípios reacionários precisamente porque tinha o objetivo de destruir o liberalismo sem restaurar a velha ordem. Eles queriam criar um novo homem e uma nova civilização. Esse era o contexto da política de massas plebiscitária fascista e dos seus apelos à reforma social. Para os Camisas Azuis portugueses, como para muitos outros movimentos fascistas, o corporativismo surgiu primeiro como uma combinação dessas preocupações com as massas e um modelo não-democrático que estabeleceu um novo tipo de consenso populista.[159]

Essa versão antiliberal e anticomunista do corporativismo foi um elemento importante da difusão mundial do fascismo e da sua política do povo. A compreensão dessa situação contextual oferece-nos uma ideia mais complexa do social-nacionalismo do fascismo mundial e das suas interações próximas com outras ditaduras do período entre as guerras igualmente contrárias ao «demoliberalismo». Como explicou Costa Pinto: «Os influentes processos de transferências institucionais foram uma característica distintiva das ditaduras do período entre as guerras… o corporativismo esteve na vanguarda desse processo, não só como uma nova forma de representação de interesses organizada mas também como uma alternativa autoritária à democracia parlamentar. A difusão do corporativismo político e social que, juntamente com o partido único, é uma característica das transferências institucionais entre as ditaduras europeias, põe em causa algumas interpretações dicotómicas mais rígidas do fascismo do período entre as guerras.»[160]

Em geral, o fascismo surgiu como uma reação ao legado do Iluminismo. Rejeitou a democracia liberal e substitui-a pela ditadura. Essa substituição foi teórica mas também prática. Embora os historiadores tenham dúvidas importantes relativamente à efetiva aplicação de práticas corporativistas, poucos discordam sobre a centralidade de ideias corporativistas nos círculos ideológicos fascistas e regimes fascistas.[161]

A partir dos anos 20, o corporativismo tornou-se cada vez mais um sinónimo de formas ditatoriais de governo antiliberais e anticomunistas. Durante esse período, Mussolini incluiu o corporativismo como um elemento fundamental do fascismo. Fazia parte de uma «nova síntese» que «supera o socialismo e o liberalismo».[162] Mussolini não estava sozinho. A sua «terceira via» corporativista entre o liberalismo e o socialismo tornou-se um meio mundial de difusão e reformulação de ideias fascistas. O corporativismo tornou-se um dos argumentos invocados por fascistas transatlânticos e pelos representantes das «ditaduras híbridas», as congéneres autoritárias dos fascistas, que prosperaram durante esse período.[163] Para esses regimes, o corporativismo representava uma forma de legitimidade soberana que estabelecia um sistema de representação sem minimizar significativamente a autoridade do ditador. Enquanto, de um modo mais geral, a ditadura se baseava num conceito trinitário de soberania popular, segundo o qual o líder personificava a nação e o povo — ou, como diziam os fascistas, um homem, um povo, uma nação —, o corporativismo oferecia uma teoria para regular o conflito no capitalismo e sob a mediação suprema do líder.

Enquanto em formas de representação não-ditatoriais o corporativismo apresentava o Estado como o mediador de grupos de interesse (como aconteceria mais tarde para os regimes populistas do início do pós-guerra na América Latina), no corporativismo totalitário não havia, em geral, qualquer diferença entre o líder e o Estado com respeito à organização corporativista. Em teoria, o corporativismo funcionava como um meio ideológico para a legitimação do ditador. Mas o corporativismo foi apenas um *bluff* teórico ou os fascistas estavam mesmo a falar a sério? Parafraseando o historiador italiano Matteo Pasetti, não foi nem um *bluff* nem uma verdadeira mudança revolucionária na organização fascista do Estado. Da mesma forma, Alessio Gagliardi chamou a nossa atenção para a necessidade de entender esse projeto malogrado como uma forma bem-sucedida de legitimação popular.[164] Essa capacidade legitimadora da ditadura corporativista foi criada para durar. Na verdade, como alega Costa Pinto de forma convincente, foi um elemento marcante da reação europeia ditatorial ao liberalismo: «O corporativismo deixou uma marca indelével nas primeiras décadas do século XX, não só como um conjunto de instituições criado pela integração forçada de interesses organizados (sobretudo sindicatos independentes) no Estado mas também como uma alternativa orgânica-estatista à democracia liberal.»[165]

Neste contexto, a crítica fascista não se dirigia ao capitalismo em si, mas antes a formas de capitalismo que segundo os fascistas tinham ignorado as necessidades do povo. Por exemplo, o programa da Falange fascista espanhola afirmava que eles repudiavam o sistema capitalista que se desinteressava das necessidades populares e desumanizava a propriedade privada. Para eles, o fascismo estava do lado do povo trabalhador. Como explicou José Antonio Primo de Rivera: «Temos em comum com o socialismo o objetivo de melhorar o destino do proletariado.» Mas como os fascistas italianos também alegavam, o fascismo opunha-se ao socialismo — eles queriam que todo o povo se unisse à pátria. Os fascistas em todo o mundo queriam a «justiça social» para o povo e a nação. Fundindo nação e povo, o fascismo era por isso considerado «autenticamente popular» porque, como lembrou o fascista italiano Carlo Costamagna, no fascismo o povo deixava de ser uma «massa amorfa». O fascismo distinguia-se do liberalismo ao manter uma ideia nacionalista do povo como uma entidade que precisava da orientação do líder e do Estado. O fascismo foi buscar ao liberalismo o conceito da vontade geral do povo mas, como afirmou Costamagna, «Para o fascismo, a vontade geral não é uma vontade expressa por cada cidadão». Uma ideia comum entre os fascistas era que apenas o líder do Estado encarnava essa tradição e tomava decisões em seu nome. A ideia fascista do povo anulou a distinção entre o passado e o presente e criou um mito fascista do povo: «Para o fascismo, o povo é o número infinito de gerações passadas que se sucedem como a corrente de um rio e que por essa razão ressuscitam nos seus descendentes mais remotos.»

Esta ideia do povo opunha o fascismo ao liberalismo e ao socialismo: «O fascismo é tão antiliberal como antissocialista, e nesse espaço entre o liberalismo e o socialismo o fascismo encontra a sua originalidade. Dessa forma, revela o seu carácter revolucionário.»[166]

A política do povo fascista devia criar supostamente uma relação harmónica entre o capital, o povo e a nação. Como afirmavam os fascistas argentinos nos murais das ruas de Buenos Aires, o fascismo ia defender o «superior interesse da produção». «Chegou a hora de harmonizar o capital e o trabalho para salvar a nação da voracidade dos políticos profissionais. Ou estão connosco ou contra nós.» Como no caso posterior do populismo, para o fascismo, as soluções corporativistas só podiam ser iniciadas pelo líder que, por sua vez, seria aconselhado por tecnocratas e especialistas e não por políticos profissionais. O fascismo não rejeitava a tecnocracia, mas a tecnocracia tinha um papel secundário relativamente aos líderes do povo. Nesse aspeto, não era diferente do populismo.

Em todo o mundo, os fascistas opuseram-se à ditadura do proletariado com a sua própria ideia de uma comunidade do povo nacional perfeitamente organizada. Eles defendiam o povo e a nação contra formas internacionais de capitalismo. Como explicou o fascista brasileiro Gustavo Barroso, o fascismo, que combinava a defesa de Deus, da família e da propriedade com a justiça social, opunha-se ao capitalismo e ao comunismo internacionais. Enquanto para os Camisas Verdes brasileiros o *capitalismo* não era em si um termo pejorativo mas passava a ser um problema quando não era nacional e social, para os fascistas argentinos, integrar o povo, e sobretudo as classes trabalhadoras, na política de massas era claramente uma dimensão fundamental para o sucesso do seu movimento.[167]

Para o fascista argentino Leopoldo Lugones, essa relação entre a nação e o povo era o ponto de partida para qualquer teoria moderna do Estado. Para ele, o corporativismo pertencia quase exclusivamente à política do fascismo mundial. Mas ele também propunha uma versão nacional argentina do mesmo. Lugones entendia a política fascista do povo como essencialmente antipolítica. Ele argumentava que, como um processo histórico necessário de reforma política, a ditadura moderna não era uma manifestação de conservadorismo ou, em termos mais gerais, um regresso ao passado, mas uma tentativa «revolucionária» de modificar profundamente a organização do Estado de um modo «autoritário reacionário» e pré-populista. Com autoritarismo reacionário Lugones queria dizer a reação nacional e popular à «crise universal do liberalismo».[168]

A reorganização nacional e social da administração que Lugones defendia incluía o restabelecimento de empréstimos internos; a eliminação de «agitadores estrangeiros»; a imposição da defesa nacional em termos económicos e militares; e, sobretudo, a reforma do sistema eleitoral no que dizia respeito a estruturas de governo corporativas ou o que Lugones chamou, com autoproclamada «objetividade impessoal», de «representação funcional». Lugones defendia que a representação funcional, com sufrágio universal mas condicional e organizado em corporações e grupos profissionais, era a forma de nacionalismo mais adequada às necessidades da Argentina. O povo argentino, e não as «massas amorfas», seria o eleitor desse sistema político. Lugones identificava a política tradicional com a democracia liberal. Em contrapartida, entendia o sistema corporativista como parte da reação fascista mundial à representação eleitoral, mas também como diferente do fascismo italiano no sentido de que ele propunha que uma corporação (as forças armadas), mesmo acima do ditador, fosse predominante. Lugones defendia a «imposição da técnica militar no plano governamental». Insistia na necessidade de uma «reorganização autoritária» (*reorganización autoritaria*) do Estado que se basearia solidamente numa nova forma popular de legitimidade.[169]

Da Suécia ao Egito, e de Portugal à Síria, os fascistas acreditavam na natureza socialmente popular da sua política. Todos os fascistas queriam representar o povo trabalhador, cujo autêntico *habitus* nacional eles contrapunham à preguiça antinacional das elites. Os ideólogos fascistas afirmavam adotar uma posição alternativa que transformava verdadeiramente a política tradicional numa política do povo. Na opinião de Mussolini, desde o início o fascismo pretendia devolver a política ao povo. Ele tinha «fé» no programa fascista «inalterável» de «ir ao povo». Mas essa busca do povo estava muito longe das ideias de representação eleitoral democrática ou do que ele designava pejorativamente por «eleitoralismo». Como lembrou o fascista colombiano Silvio

Villegas aos seus seguidores, o papel do povo era obedecer ao Duce. Hitler tinha dito: «Nunca me senti como o ditador do meu povo, mas antes como o seu guia.» O ditador alemão afirmava estar «indissociavelmente unido ao meu povo como homem e como guia». Mussolini, por sua vez, afirmava que o povo «delegava» a sua soberania e poder na pessoa do líder. Villegas concluía que «Hitler e Mussolini governam com o povo e para o povo».[170] O Camisa Verde egípcio Ahmad Husayn oferecia uma interpretação notavelmente semelhante da política fascista do povo: «Ao trabalhar dia e noite no interesse do povo como um todo», Mussolini e Hitler tinham eliminado as divisões sociais. Exemplificavam «o governo genuíno do povo pelo povo».[171] Da mesma forma, José Vasconcelos, o mais famoso fascista mexicano, referia-se aos «totalitarismos libertadores de Hitler e Mussolini». Estes líderes lutavam pelo povo e contra a «democracia banqueira internacional». Vasconcelos apresentava Hitler como a personificação da ideia da sua nação. Para ele, Hitler e Mussolini estavam a dar uma «lição produtiva a todos os povos hispânicos da América». Se aprendessem essa lição, os Latino-americanos podiam «encarnar a vontade coletiva e convertê-la num elemento criativo e decidir subitamente alterar os caminhos da história».[172]

Para os adeptos fascistas em todo o mundo, não havia fascismo sem o povo. Mussolini denominara o seu jornal *O Povo da Itália*, e distinguia o «verdadeiro povo» dos que não pertenciam a esse grupo. Como explica Matteo Pasetti, essa teoria do povo e do antipovo legitimou primeiro a violência política e depois insurgiu-se contra a democracia parlamentar. Com a afirmação da ditadura fascista e a derrota dos seus inimigos internos, a homogeneização do povo foi conjugada com o racismo, o imperialismo e a criação de novos inimigos externos. Em termos mundiais, esses conceitos fascistas do povo não eram considerados democráticos, mas a sua existência estabeleceu importantes continuidades entre o fascismo e o populismo na história. Como alega também Roger Griffin na sua famosa definição genérica do fascismo como uma forma palingenésica de ultranacionalismo *populista*, o fascismo foi um «modo peculiarmente antidemocrático de populismo». Griffin salienta assim, talvez mais do que outros estudiosos, que o fascismo era um populismo fascista.[173]

Chamar ao fascismo um populismo fascista gera muitas vezes a confusão de ideias e contextos. O fascismo não foi apenas um subconjunto do populismo. Embora essas ideias do fascismo como populismo nos ajudem a reconhecer ligações importantes entre o fascismo e estratégias e conceções populistas, as suas distinções históricas também são importantes. Isso torna-se particularmente evidente quando abandonamos visões eurocêntricas e nos concentramos numa perspetiva mais global. Por exemplo, a maioria dos historiadores dos fascismos latino-americanos realça as distinções entre o fascismo e o populismo. Em países como o Chile, a Colômbia, o Peru, a Bolívia, a Argentina e o Brasil, grupos fascistas apresentaram ideias totalitárias do povo que se revelaram influentes na história posterior do populismo moderno, mas isso não significa que os fascistas e os populistas fossem iguais. Isso aconteceu sobretudo após a queda dos regimes fascistas, depois de os regimes populistas latino-americanos do pós-guerra terem inaugurado uma forma moderna de populismo como a principal via autoritária para o poder. Da mesma forma, na Índia, as ideias da comunidade do povo estabeleceram continuidades significativas com os posteriores desenvolvimentos do nacionalismo indiano no pós-guerra num contexto democrático muito diferente. No Médio Oriente, um radicalismo político de direita geralmente parecido mas também significativamente diferente dos fascismos europeus «abriu caminho a duradouras tendências autoritárias nos Estados árabes no pós-guerra». No Japão, o fascismo ofereceu uma combinação de temas e atrativos de cariz populista misturados com a ideia do *kokutai* (sistema de governo nacional), estabelecendo assim continuidades entre a política do passado e a do presente.[174]

Por todo o mundo, as ideias fascistas da nação, do líder mítico e do povo desencadearam processos interligados de formação de consensos e repressão, inclusão e exclusão ditatoriais. Como explica Michael Wildt, no nazismo, a ideia da comunidade do povo implicava que algumas pessoas fossem incluídas e muitas outras excluídas. Da mesma forma, Dan Stone argumenta que a comunidade do povo nazi implicava «um processo interminável de "tornar-se o *Volk*". Quanto mais o processo era realizado, mais os modos de vida alternativos eram marginalizados». Esse processo era um elemento fundamental da ideologia do fascismo, como explicou de forma convincente Aristotle Kallis, e as «ideologias fascistas ofereciam a oportunidade de realizar um futuro sem "outros", dominado pela comunidade nacional regenerada e purificada num Estado poderoso, completo e homogéneo».[175] No entanto, por razões táticas e ideológicas, o fascismo precisava de uma fonte constante de inimigos. No nazismo, isso conduziu a uma dinâmica de radicalização que passou progressivamente da invenção do inimigo como antipovo à sua perseguição e extermínio. Noutras formas de fascismo, essa transição do inimigo retórico do povo para a sua personificação efetiva nos corpos das suas vítimas também foi importante, mas nunca tão radical.

O populismo moderno também adota essa criação intolerante do povo como dependente da exclusão dos outros. No fascismo e no populismo, a presença do binário povo-antipovo define as relações políticas e, historicamente, as suas ideologias têm defendido uma ideia homogeneizadora do povo. Esse processo conduzia à crescente marginalização política dos dissidentes mas também gerou, durante alguns períodos, amplo consenso e participação. Como sustenta Dylan Riley, o fascismo conjugava pretensões de legitimidade democrática com meios autoritários: «Os fascistas combinavam a pretensão de representar o povo com a rejeição da política como a luta institucionalizada de grupos pelo controlo do Estado. Os fascistas acreditavam que as eleições, parlamentos e o debate sobre assuntos públicos — em suma, a política — eram incapazes de constituir e representar a "vontade geral".» Os fascistas queriam substituir a representação institucional e as lutas políticas por «uma forma de representação de interesses não política».[176] No fascismo, a homogeneização total do povo só acontece quando a democracia eleitoral é destruída juntamente com os inimigos imaginários do povo.

Como os fascistas, os populistas modernos do pós-guerra como Juan Domingo Perón queriam afastar os políticos profissionais da representação política. Como veremos nos capítulos seguintes, os líderes populistas afirmavam que só eles podiam falar pelo povo e protegê-lo contra os seus inimigos — nomeadamente, o antipovo. Contudo, Perón não queria substituir completamente a representação eleitoral, nem eliminar o sistema multipartidário. Ao contrário do que acontece no fascismo, os processos populistas de homogeneizar o povo limitam-se normalmente à criação retórica do seu povo, abstendo-se das práticas extremas de violência que definem a transição fascista da teoria do povo e dos seus inimigos para a perseguição e até eliminação destes últimos. Por outras palavras, ao contrário do fascismo, o populismo não afasta completamente os «inimigos do povo» do processo político. Os seus líderes e seguidores querem derrotar os adversários em processos democráticos formais. As eleições e não a eliminação são uma fonte importante de legitimidade no populismo. Mesmo que se defenda que tem tendências populistas, e apesar de se definir politicamente contra o inimigo do povo, o fascismo não exige que as suas vítimas desempenhem um papel ativo na política depois da destruição da democracia.

A ideia fascista do povo produz o consenso através da violência política. Transforma inimigos do povo em inimigos do Estado. Ao fazê-lo, consolida ditaduras totalitárias. No populismo, a ideia homogeneizadora do povo promove a intolerância no seio da democracia. Ataca a democracia sem a destruir. O populismo cria e depende de minorias para votar e perder em eleições livres. Essas minorias não são eliminadas nem mesmo seriamente perseguidas. O seu papel é votar nos que foram designados por antipovo. Só depois de vencerem eleições democráticas é que os líderes populistas podem afirmar a sua legitimidade como a única e verdadeira expressão da verdadeira comunidade do povo.

O fascismo opunha-se à representação eleitoral, enquanto o populismo orientava as eleições em termos autoritários. As continuidades e distinções históricas entre o fascismo e o populismo — nomeadamente, o modo como as formas de inclusão e participação das maiorias no fascismo e no populismo conviviam com a marginalização e a exclusão — são geralmente ignoradas na teoria. Enquanto alguns teóricos reduzem o fascismo a apenas outro tipo de populismo, outros ignoram simplesmente as suas relações históricas. O exemplo mais produtivo desse não reconhecimento do contexto histórico é a obra fundamental do eminente teórico argentino do populismo, Ernesto Laclau.

Laclau é o autor da corrente mais importante da teoria do populismo. Ele presta também atenção às dimensões mundiais do populismo, mas essa atenção passa geralmente despercebida aos seus muitos críticos antipopulistas. Embora o fascismo esteja praticamente ausente da sua famosa obra, *A Razão Populista*, aparece predominantemente na sua obra anterior dos anos 70. Ele alegava então que o fascismo, não sendo reacionário, se tornara uma das «formas possíveis de converter as interpelações democráticas populares em discurso político». O fascismo usava a política de massas e a ideia de um povo unificado para garantir que o socialismo não fosse uma alternativa popular. «O fascismo foi a forma extrema através da qual as interpelações populares, no seu modo mais radicalizado — o jacobinismo — puderam ser transformadas no discurso político do segmento dominante da burguesia.» Contrariando aqueles que tentavam basear o populismo num determinado período e contexto, Laclau lembrava que o populismo surgira em alturas e lugares diferentes. Nesse contexto, ele sugeria que o fascismo era apenas uma experiência populista entre muitas outras. Em suma, para Laclau, o fascismo é o populismo.

Na sua abordagem do fascismo e do populismo como formas de interpelação democrática, Laclau anula diferenças importantes entre ambos. Embora o fascismo surgisse primeiro num contexto democrático, também usou interpelações democráticas para destruir a democracia. Nesse sentido, o fascismo apresentava formas populistas quando fazia parte da oposição, mas não quando era o regime. Essa dimensão importante na obra de Laclau tornou-se quase insignificante nas suas análises mais recentes e influentes do populismo. Sem prestar a devida atenção a essa mudança, Slavoj Žižek, outro eminente teórico do fascismo e do populismo cuja obra carece de perspetiva histórica, acusou Laclau de ignorar os perigos por trás da ligação entre o fascismo e o populismo. O populismo, mesmo quando era de esquerda, preservava o edifício capitalista, deixando-o intacto, e não podia ser emancipatório porque apresentava um conceito do inimigo baseado em tendências protofascistas. A política popular radical foi substituída pelo desejo de destruir os inimigos do povo unificado. Segundo Žižek, «o fascismo é definitivamente um tipo de populismo». Ao tornar o fascismo uma subespécie do populismo, ele mostrou como o fascismo tinha tendências populistas subjacentes e por que razão o populismo exibia tendências fascistas. No entanto, importantes distinções históricas entre teorias e práticas fascistas e populistas relativas ao inimigo não são abordadas na sua análise.[177]

Os fascistas e os populistas partilhavam uma visão de um povo ameaçado por inimigos absolutos que gerava ideias alarmistas do surgimento de tempos apocalípticos e de crises que só os seus líderes podiam resolver. No fascismo, esse conceito do povo era fundamentalmente exclusivista, e mesmo racista, na maioria e se não mesmo em todos os casos, enquanto grande parte dos conceitos populistas do povo, mesmo quando xenófobos e racistas, era geralmente mais imprecisa e retórica. A ideia fascista do povo passava da teoria à prática de formas extremamente violentas, que não se verificavam no populismo pós-fascista moderno. A ditadura era o sistema de governo que permitia a ocorrência dessa violência extrema. O populismo, por outro lado, representava uma mistura instável em que a democracia eleitoral podia ser conjugada na prática com o autoritarismo.[178]

O fascismo usava frequentemente meios democráticos para eliminar a democracia ao mesmo tempo que afirmava, de forma constante e paradoxal, que o seu totalitarismo ditatorial era o melhor meio de representação democrática popular. Líderes como Mussolini, na Itália, ou Uriburu, na Argentina, afirmavam que o fascismo e a ditadura representavam as fases superiores da democracia.[179] Como bem se sabe, essas interpretações fascistas da democracia conduziram à destruição de formas democráticas de representação e do Estado de direito. A violência fascista extrema conduziu à guerra, ao imperialismo genocida e ao Holocausto. Depois de 1945, o resultado dessa interpretação radical dos supostos desejos da «maioria» provocou uma espécie de crise do pensamento fascista sobre a representação que acompanhou a sua falta de poder e legitimidade na nova era da Guerra Fria. Foi nesse contexto que surgiu a terceira via peronista como um fascismo reformulado e baseado em formas democráticas de representação. Pouco depois, surgiram outros regimes populistas latino-americanos em países como o Brasil, a Bolívia e a Venezuela. Estes regimes populistas clássicos não eram imitações do peronismo, mas sintomas coincidentes de uma nova época política em que o populismo assumiria um lugar de destaque e alcançaria e manteria o poder. É a isto que eu chamo uma nova forma completa de populismo que se distinguiu do fascismo. Surgindo das ruínas do fascismo, esse novo populismo moderno era muito diferente dos seus antecessores. Depois do fascismo, implicou uma reconsideração transnacional da necessidade de abandonar a ditadura totalitária e a violência extrema mantendo ao mesmo tempo o autoritarismo.

O resultado foi uma ideologia política radicalmente diferente da original. Esse novo populismo moderno que alcançou o poder no pós-guerra era um novo género e não uma subespécie política.[180] Como acontecera antes com o fascismo, só depois de o novo conjunto de ideias e movimentos ter alcançado o poder pela primeira vez é que o populismo se tornou mais completo como um formidável contestatário do liberalismo e do socialismo.

O populismo moderno surgiu da derrota do fascismo como uma nova tentativa pós-fascista de fazer regressar a experiência fascista à via democrática, criando assim uma forma autoritária de democracia que promoveria a participação social juntamente com a intolerância e a rejeição da pluralidade. No populismo, os direitos políticos sofriam grandes pressões mas nunca eram eliminados, como tinham sido no fascismo. O populismo moderno levava a democracia aos seus limites mas geralmente não a destruía. A América Latina do início da Guerra Fria foi o primeiro contexto em que ocorreu essa tentativa pós-fascista de redefinir a teoria e a prática democráticas. Foi aí e então que o populismo moderno surgiu pela primeira vez como regime.[181] Assim, depois de 1945, o fascismo transformou-se em populismo, o tema do capítulo seguinte.

2

O que é o Populismo na História?

O populismo é uma forma autoritária de democracia que surgiu inicialmente como uma reformulação do fascismo no pós-guerra. Antes da queda do fascismo, existiram algumas ideologias e movimentos pré-populistas em países tão diferentes como a França, a Rússia e os Estados Unidos, mas num contexto completamente diferente. Foi depois de o fascismo ter abandonado o palco mundial que o populismo se tornou pela primeira vez um regime. Isso representou um momento decisivo na história, como o surgimento dos regimes de Mussolini e Hitler. Antes das suas primeiras formas de regime, o fascismo também foi um simples movimento de protesto e não um meio eficaz de alcançar o poder. Depois de chegar ao poder pela primeira vez na Itália, o fascismo tornou-se um paradigma político verdadeiramente internacional. Então, os fascistas transnacionais alteraram substancialmente a sua perspetiva. O fascismo passou a ser um caminho bem-sucedido para o poder e não apenas um estilo político para a oposição ao liberalismo e ao socialismo. Nesse sentido, a revolução de Mussolini teve repercussões inéditas e mundiais semelhantes às das revoluções francesa e russa. Enquanto essas revoluções e os regimes fascistas se consolidaram primeiro na Europa, os regimes populistas surgiram primeiro na América Latina depois de 1945. Os regimes populistas, como os de

Juan Perón na Argentina e Getúlio Vargas no Brasil, não foram verdadeiras revoluções mas sintomas revolucionários da criação de um novo paradigma político para governar a nação no início da Guerra Fria.

Antes do fascismo, o populismo também tinha sido um estilo político autoritário para movimentos de oposição. Depois do fascismo, o campo político ficou livre e o populismo tornou-se completo. Tornou-se um paradigma político autoritário definitivo — isto é, uma maneira influente de dominar o Estado na ausência de poderes fascistas. Como o fascismo, o populismo não era um sucedâneo de outra política. Os populistas não eram simples mensageiros do povo mas intervenientes por direito próprio. Como os regimes fascistas antes deles, os regimes populistas atuavam e decidiam em nome do povo, mas através de meios democráticos. Por outras palavras, o populismo não foi um mero parêntesis na história. Mais do que uma forma democrática de fascismo, o populismo era um novo fenómeno político para uma nova era na história. O populismo moderno surgiu no contexto da Guerra Fria e foi inicialmente uma resposta à crise de representação política que criara primeiro o fascismo e depois contribuíra para a extinção do mesmo. Por essa razão, as explicações do populismo e da sua política devem ser situadas nos contextos históricos do populismo.

Enquanto o objetivo do fascismo é a ditadura, procurando abolir a separação de poderes e o Estado de direito, o populismo, pelo menos na história contemporânea, quase nunca destruiu a democracia. No entanto, os populistas enfraqueceram em série o Estado de direito e a separação dos poderes sem os abolir completamente. Para os fascistas, as eleições não tinham qualquer importância, mas os populistas consideravam-nas significativas. É verdade que a democracia populista era nacionalista e menos cosmopolita e emancipatória do que outras formas democráticas. No entanto, uma vez que os populistas aumentavam a participação eleitoral, o populismo podia ser visto como um reforço da democracia. A complexidade histórica do populismo, por conseguinte, tem dificultado tentativas recentes de estabelecer definições simplistas ao inflacionar ou reduzir o termo a uma fórmula fixa. Na verdade, quanto mais simplista a definição, mais nos afastamos do que o populismo representa distintivamente na história da política.

Compreensivelmente, os historiadores têm resistido à redução da história a uma vitrina de curiosidades que os teóricos podem escolher consoante as suas necessidades. Essa abordagem redutora representa uma forma radical de contextualização que é mais antiquária do que historiográfica. Enquanto os antiquários são colecionadores de relíquias do passado, os historiadores profissionais analisam e interpretam contextos passados relativamente às suas variações e continuidades no presente. Se alguns teóricos apresentam essa perspetiva antiga e antiquária da história, outros realçam a longa história do termo *populismo* sem analisar suficientemente os diferentes contextos da sua história e teoria políticas. Como salienta Pierre Rosanvallon de forma convincente, o populismo tem uma longa história que inclui intervenientes tão diferentes como os sicofantas da antiga Grécia, o jornalista radical da Revolução Francesa, Jean-Paul Marat, e os «populistas» russos e americanos do século XIX.[182] Mas Rosanvallon, como muitos outros teóricos, não aborda suficientemente a história autoritária do populismo moderno no pós-guerra, um sintoma de uma tendência geral na teoria política do populismo para excluir o fascismo da narrativa.

E no entanto, o fascismo e o totalitarismo constituem partes fundamentais da longa história do populismo; e as formas como o populismo tem sido e continua a ser usado não se restringem às suas origens. Contudo, é importante reconhecer esses primeiros movimentos populistas e depois avaliar as suas ramificações e repercussões subsequentes relativamente às suas várias fases históricas: as primeiras tendências populistas na política russa e americana do século XIX, as formações pré-populistas de direita (*e.g.*, o boulangismo em França, o movimento de Lueger em Viena e as ligas patrióticas sul-americanas), e os precedentes protopopulistas do período entre as guerras na América Latina (*e.g.*, o cardenismo no México, o yrigoyenismo na Argentina e o primeiro varguismo no Brasil). As fases pós-1945 do que pode ser designado por populismo moderno, que surgiram depois do primeiro populismo e dos pré-populismos de direita que antecederam a Grande Guerra, são as seguintes:

1) O populismo clássico. O peronismo argentino está na primeira linha, mas este termo abrange também a segunda fase

do varguismo no Brasil (1951–54), o gaitanismo na Colômbia (finais dos anos 40), e o período de José María Velasco Ibarra no Equador (anos 30 aos anos 70), além das experiências populistas do pós-guerra em países como a Venezuela, Peru e Bolívia.

2) O populismo neoliberal. Carlos Menem na Argentina (1989–99), Fernando Collor de Mello no Brasil (1990–92), Abdalá Bucaram no Equador (1996–97), Alberto Fujimori no Peru (1990–2000) e Silvio Berlusconi na Itália (1994–95, 2001–6, 2008–11).
3) O populismo neoclássico de esquerda. Os governos dos Kirchner na Argentina (2003–15), Hugo Chávez (1999–2013) e Nicolás Maduro (2013–) na Venezuela, Rafael Correa no Equador (2007–17) e Evo Morales na Bolívia (2006–), bem como os partidos populistas neoclássicos de esquerda na Europa, como o Podemos em Espanha e o Syriza na Grécia.
4) O populismo neoclássico de direita e extrema-direita. Desde a extrema-direita peronista dos anos 70 à prevalência dos atuais movimentos e líderes de direita que estão geralmente na oposição europeia mas podem também estar no poder em países como os Estados Unidos, as Filipinas e a Guatemala, ou em coligações no poder como as da Áustria, Itália e Finlândia. Estas formas de populismo neoclássico também incluem os regimes de Recep Tayyip Erdoğan na Turquia e Viktor Orbán na Hungria. Entre as formas de populismo neoclássico de direita e extrema-direita na oposição temos o UKIP na Inglaterra, a Frente Nacional em França, a extrema-direita na Grécia e os movimentos liderados pela xenófoba Pauline Hanson na Austrália e Avigdor Lieberman em Israel, entre muitos outros.

O populismo moderno começa com a contestação pós-fascista da democracia na América Latina no início da Guerra Fria, o que indica a centralidade do peronismo para qualquer estudo da história do populismo. O que é notável no caso da Argentina é não só que se tornou o primeiro regime populista na história depois de Perón ter sido eleito em 1946, mas também que o seu modelo de populismo se transformou em todas as suas possíveis variantes. Por outras palavras, o peronismo, criado em oposição ao consenso liberal-democrático do pós-guerra liderado pelos Americanos, representa a primeira forma de governo do populismo moderno e exemplifica todas as diferentes fases do populismo — desde o populismo autoritário dos primeiros governos de Perón (1946–55) à guerrilha esquerdista Montoneros e ao neofascista Triplo A nos anos 60 e 70, ao neoliberalismo de Carlos Menem dos anos 90 e ao populismo neoclássico dos governos Kirchner no novo século.

A necessidade de situar o populismo no seu contexto moderno é ainda mais premente à luz da atual proliferação de análises da política populista como um mal político sem um ponto de origem específico. Devolver o fenómeno populista às suas histórias mundiais obriga-nos a repensar os estereótipos negativos do populismo como conceito e voltar a ligá-lo aos contextos do seu surgimento. O que pretendo salientar aqui é a necessidade de devolver a história, e a historiografia, aos debates teóricos sobre o populismo.

O populismo apresentava uma série de possibilidades históricas que incluíam experiências extremamente diferentes que oscilavam entre o extremo esquerdo e direito do espectro político. No entanto, e para recapitular, esse pêndulo ideológico juntava sempre várias características comuns:

1) Uma ligação a uma democracia antiliberal, eleitoral e autoritária que rejeita na prática a ditadura
2) Uma forma extrema de religião política
3) Uma visão apocalíptica da política que apresenta os sucessos eleitorais e as transformações que esses sucessos transitórios permitem como momentos revolucionários na fundação ou refundação da sociedade
4) Uma teologia política fundada por um líder do povo messiânico e carismático
5) A perceção dos antagonistas políticos como o antipovo — isto é, como inimigos do povo e traidores da nação
6) Um fraco entendimento do Estado de direito e da separação dos poderes
7) Um nacionalismo radical

8) Uma ideia do líder como a personificação do povo
9) Uma identificação do movimento e dos líderes com o povo como um todo
10) A afirmação da antipolítica, que na prática significa superar a política do costume
11) O ato de falar em nome do povo e contra as elites dirigentes
12) A autoapresentação da sua defesa da verdadeira democracia e oposição a formas imaginárias ou reais de ditadura e tirania (a União Europeia, o Estado paralelo ou profundo, o império, o cosmopolitismo, a globalização, os golpes militares, etc.)
13) Uma ideia homogeneizadora do povo como uma entidade única que, quando o populismo se torna regime, é depois equiparada às suas maiorias eleitorais
14) Um profundo antagonismo e até aversão ao jornalismo independente
15) Uma aversão ao pluralismo e à tolerância política
16) A insistência na cultura popular e até, em muitos casos, no mundo do entretenimento como representações de tradições nacionais.[183]

O populismo mundial no presente

O populismo regressou à Europa e aos Estados Unidos em força. No entanto, em vez de surgir como uma nova criação, o populismo reapareceu como uma reformulação dinâmica de casos populistas anteriores tanto fora como dentro da Europa e dos Estados Unidos. A maioria dos críticos concorda que os populistas europeus estão unidos no seu desejo de subverter as premissas transnacionais da União Europeia. Na Europa, este novo populismo representa um regresso à nação, uma ideia vertical da democracia e o ressurgimento de antigas, e supostamente ultrapassadas, tradições continentais xenófobas. Na verdade, estas não desapareceram mas tinham sido apenas ignoradas e recalcadas nas memórias de um continente que, depois de 1945, se restabeleceu com base na rejeição antifascista dessas ideias. Ocorrências coincidentes nos Estados Unidos evidenciam-se no ataque do Tea Party às instituições (nomeadamente, a paralisação do governo de 2013) e noutros ataques populistas recentes a tradições mais dialogantes mas também no ressurgimento de uma atitude nativista, e às vezes racista, em relação aos hispânicos, muçulmanos e outras minorias, exemplificada sobretudo no sucesso de Donald Trump, o candidato republicano à presidência em 2015–16.

Para muitos observadores latino-americanos, o regresso do populismo ao centro revela as dimensões mundiais de uma experiência política há muito associada à história latino-americana. A representação latino-americana da tradição populista na política não é apenas um estereótipo. Desde o general Juan Domingo Perón ao falecido comandante Hugo Chávez, o populismo tem definido com frequência a política da região. Mas a força de projetos políticos populistas europeus e americanos (na Inglaterra, França, Holanda, Alemanha, Áustria, Itália, Hungria, Grécia, na América de Trump e noutros lugares) tem obrigado os Latino-americanos a reconsiderar também as aparentes peculiaridades históricas das suas histórias num sentido global mais lato.[184]

O populismo latino-americano é um modelo para a Europa e os Estados Unidos? A sua história reflete o *pathos* do tumultuoso presente europeu e americano? Na Europa e na América Latina, mas também na Ásia, Austrália e África, o populismo está a assistir a uma expansão global.[185] Os populistas em todo o mundo invocam o nome do povo para realçar uma forma de liderança altamente hierárquica, para minimizar a importância do diálogo político e para resolver uma aparente crise de representação, atacando cada vez mais os pesos e contrapesos institucionais. Fazem-no para afirmar uma ligação direta entre o povo e o líder, baseando-se num modelo de liderança que poderá ser descrito da melhor forma como religioso (no sentido da sua forte tendência para deificar as suas causas e líderes). Por fim, os populistas associam maiorias eleitorais temporais ao povo da nação como um todo. O populismo reforça a bipolarização social e política. São deixados menos espaços para a expressão das minorias políticas. Os direitos políticos destas últimas não são eliminados, mas a sua legitimidade democrática é diminuída. O populismo, em suma, é uma forma autoritária de democracia.

Enquanto as atuais experiências latino-americanas com o populismo se inclinam para uma combinação difícil de um aumento moderado de direitos sociais e políticos com tendências autoritárias, a Europa e os Estados Unidos estão a assistir à presença opressiva de uma direita populista que exibe as segundas mas descura os primeiros. Nesse sentido, a Europa e os Estados Unidos estão mais próximos do passado latino-americano do que do seu presente. Seria difícil compreender o populismo atual independentemente das suas formulações históricas; e essa história é a transnacional. O populismo moderno tem muito que ver com o Sul, sobretudo a América Latina, e especialmente com o modo como o populismo foi inicialmente gerado nessa região do mundo como uma forma de regime eleitoral pós-fascista.

Eu proponho um enquadramento histórico preliminar para compreender o desconcertante vaivém do populismo entre movimentos e regimes de esquerda e direita e através dos oceanos. Depois de situar a minha abordagem ao populismo historicamente como uma reformulação do fascismo, critico brevemente as teorias funcionalistas, regionalizadoras e transcendentais do populismo. Forneço também uma genealogia transatlântica das suas reformulações contextuais, desde o pós-fascismo ao neoliberalismo, e desde as formas esquerdistas neoclássicas latino-americanas às nacionalistas de direita tão comuns na Europa e nos Estados Unidos. Em suma, estou a participar num diálogo interdisciplinar mais alargado. Essa tarefa muito ambiciosa não pode ser, evidentemente, realizada num único livro. No entanto, acredito que a minha abordagem pode ajudar a reduzir algumas divergências entre a história e a teoria que têm sido ocasionadas pela ausência de muitos historiadores desses debates teóricos e pela semelhante ausência de envolvimento dos teóricos com a historiografia.[186]

As origens do populismo moderno como pós-fascismo

Como o populismo moderno é uma reformulação do fascismo no contexto das democracias do pós-guerra, distingo-o dos primeiros populismos, em que a democracia era severamente limitada. Por exemplo, na primeira metade do século XIX, as formações populistas coexistiram muitas vezes com a escravatura e mais tarde com a supressão racista do direito de voto e outras formas de exploração que, sobretudo depois de 1945, se tornaram cada vez mais contrárias a ideias modernas de democracia. Assim, como um fenómeno europeu e americano do século XIX, sobretudo em regimes autocráticos como o da Rússia czarista e no contexto da política de representação elitista nos Estados Unidos, o *populismo* foi um termo para um meio popular e ao mesmo tempo nacional de combater o Estado que propunha um papel nacionalista e mais participativo para as massas. Nesses contextos, a democracia era extremamente limitada no sentido moderno de direitos políticos e sociais universais, que podiam até nem existir. Os Narodniki russos ou o People's Party americano insistiam na necessidade da igualdade social e política ao mesmo tempo que apresentavam uma ideia unitária e mítica do povo como essencialmente justo e virtuoso.[187] Hipoteticamente, poder-se-ia alegar que, depois de a democracia ter sido mais ou menos estabelecida, o termo *populismo* deixou de ser aplicado como tinha sido antes. Autores como Isaiah Berlin na Europa e Gino Germani e Torcuato Di Tella na América Latina sustentavam que o populismo podia existir em sociedades «à beira da modernização».[188] Essa chamada tese da modernização é historicamente problemática precisamente porque o populismo nunca deixou de existir depois desses processos de consolidação democrática. Reapareceu constantemente muito além dos pontos conhecidos da modernização do outro lado do Atlântico e noutros lugares.

Isaiah Berlin salientava que o populismo não tinha um programa claro mas estava intimamente associado a uma visão totalizadora da sociedade. Fundia o nacionalismo com a ideia regeneradora do povo unido lutando contra o Estado controlado por uma minoria. Realçava sobretudo a existência de inimigos que punham em perigo a vida do «grupo integral espontâneo e o sentimento de fraternidade que os une». Opunha-se potencialmente ou na prática às minorias e às instituições, mas também afirmava a igualdade para o grupo nacional. Este primeiro populismo foi então uma contestação interna da representação democrática na época dos regimes liberais oligárquicos? Qual é a sua relação com tendências autoritárias mais recentes? Berlin afirma que o populismo é incompatível com o fascismo e outras formas de totalitarismo, que ele chama de «pseudopopulismos».[189] Mas o populismo e o fascismo não são apenas contrários, pertencem a uma história política e intelectual convergente. Mesmo tendo em conta que a essência do populismo é democrática mas não liberal, a história do fascismo está significativamente relacionada com a história do populismo. Na verdade, a democracia nasceu com o seu outro dialético, o Contra-Iluminismo contemporâneo e reacionário que em momentos diferentes a contestou interna ou externamente.

Sobretudo antes da Primeira Guerra Mundial, e ao contrário dos primeiros movimentos populistas americanos e russos, vários movimentos autoritários pré-populistas de direita (na Áustria com Karl Lueger; em França com o general Georges Boulanger; na Argentina, Brasil e Chile com as ligas patrióticas nacionalistas, entre outros) foram meios de integração das massas. Ao mesmo tempo que participavam no jogo democrático, também tentavam restringir a democracia a partir de dentro. Em nome do povo, os pré-populistas eram xenófobos e racistas e praticavam formas extremas de nacionalismo.[190] Embora nem todas as formas de pré-populismo de direita se convertessem em fascismo, todos os fascismos tiveram origens pré-populistas. Assim, em contextos transatlânticos como a Alemanha e a Itália, ou o Chile, Argentina e Brasil, o pré-populismo foi reformulado radicalmente como fascismo transnacional, sobretudo depois das devastações práticas e simbólicas da Primeira Guerra Mundial.

A crise de representação do período entre as guerras mundiais conduziu ao totalitarismo em muitos países europeus. Em suma, conduziu à eliminação da democracia e à sua substituição por formas totalitárias fascistas de ditadura. Embora essas formas de pré-populismo terminassem muitas vezes com a destruição de formas limitadas de democracia, foi só depois da queda do fascismo que o populismo ressurgiu como uma forma vertical e geralmente intolerante de democracia. Essas experiências em ideologia política alteraram profundamente o populismo, que surgiu como regime fora da Europa. Com efeito, a análise histórica mostra que essas experiências populistas latino-americanas modernas complicam a ideia de que o populismo foi uma simples patologia da democracia. Desde o peronismo aos casos boliviano, brasileiro e venezuelano, os populismos latino-americanos constituem desafios significativos às dimensões mais negativas da definição do populismo como anti-Iluminismo. O seu alargamento dos direitos sociais também pode ser visto como um reforço duradouro da democracia.

O surgimento do populismo moderno na América Latina

Depois da queda dos fascismos europeus em 1945, um regime populista moderno surgiu pela primeira vez na América Latina. O peronismo não foi só o primeiro regime populista moderno na história, teve também ramificações espetaculares ao longo da sua história. Essas ramificações começaram com o seu notável surgimento como uma reformulação do fascismo no contexto da Guerra Fria — ou seja, uma rejeição revolucionária da violência fascista que nasceu de uma ditadura militar, liderada por Juan Perón, mas criou em 1946 o primeiro caso de democracia populista do pós-guerra. O peronismo continuou com as guerrilhas peronistas de esquerda e os peronistas de direita dos anos 60 e 70; com a fase neoliberal do peronismo de Carlos Menem, quando os peronistas se juntaram ao chamado consenso de Washington nos anos 90; e finalmente com o populismo de esquerda dos Kirchner (2003–15). Ao longo da sua história, uma faceta importante da ideologia populista do peronismo tem sido a sua recusa em produzir uma posição programática clara. O peronismo (como movimento, como regime e, ainda mais, como uma forma ideológica de fazer e entender a política) tem a flexibilidade de estar num estado de reformulação permanente. Mesmo quando alguns políticos abandonam o jogo político, o peronismo, com a sua remodelação contínua da máquina eleitoral, regalias e relações clientelistas com o eleitorado, permanece. Essa metamorfose peronista representa a natureza flexível do populismo, que procura constantemente maiorias absolutas, exige fidelidade total a formas de liderança autoritárias e, por fim, mas não menos importante, põe em causa não só o liberalismo mas também formas populares de democracia radical.

O peronismo não é uma forma de fascismo, mas o fascismo representa uma dimensão importante das suas origens.[191] Os líderes fascistas queriam uma ditadura cujo líder negaria a legitimidade de meios eleitorais para alcançar o poder. Foi assim no caso de Mussolini na Itália; de Hitler na Alemanha; e dos líderes fascistas na Argentina, China e muitos outros lugares. Todos eles participaram na experiência do fascismo transnacional. Mas depois de 1945, o oficial do exército argentino Juan Perón, numa busca contextual de legitimidade, inverteu os termos da questão e, com efeito, criou a primeira forma de populismo moderno. Ao contrário do fascismo, o peronismo aceitou a democracia eleitoral. Como um líder pragmático de uma ditadura que a parir de 1943 governara o país, Perón venceu as eleições presidenciais para se tornar um líder democrático de boa-fé. O peronismo destruiu ou provocou mesmo a autodestruição da ditadura militar, que teve Perón como o seu líder efetivo e construiu uma nova forma de entender a democracia no pós-guerra.

O peronismo surgiu no contexto do declínio das tradições liberais e seculares argentinas nos anos entre as guerras mundiais. Depois do início da restauração conservadora nos anos 30, os militares aproximaram a Argentina de outras ditaduras fascistas autoritárias do período, como as de Portugal e Espanha. No entanto, ao contrário do que aconteceu nesses países, na Argentina, a junta militar acabou por admitir processos eleitorais democráticos e deixou de ser uma ditadura. A ditadura de 1943 representou um ataque frontal e total ao secularismo argentino. O golpe de estado de 1943 «nacionalizou» o ensino católico (tornando-o obrigatório nas escolas públicas), aboliu a autonomia das universidades nacionais e proibiu legalmente os partidos políticos. Segundo o escritor antissemita e ministro da Educação da ditadura, Gustavo Martínez Zuviría (Hugo Wast), o programa tinha como objetivos «cristianizar o país», diminuir a imigração, aumentar a taxa de natalidade nacional e erradicar doutrinas seculares.[192] Mas mais importante do ponto de vista do peronismo foi o facto de depois de 1945 o presidente Péron, eleito democraticamente, ter mantido e, nalguns casos, aprofundado, reformas sociais (*e.g.*, melhorando as condições de trabalho, implementando leis laborais, concedendo mais direitos aos trabalhadores rurais e urbanos, financiando integralmente o sistema público de pensões de reforma, aumentando significativamente o poder dos sindicatos, limitando as condições nas quais os trabalhadores podiam ser despedidos, promulgando feriados e férias pagas) aplicadas durante o seu mandato como ministro do Trabalho da ditadura militar.[193] Perón manteve também uma política ativa de imigração racista que discriminava imigrantes judeus e incentivava a imigração branca e católica a partir da Itália e de Espanha.[194] Em termos políticos e ideológicos, o golpe de estado de 1943 anunciou o poder dos militares, inspirado por uma ideologia nacionalista, neutra (isto é, pró-nazi e pró-alemã num contexto hemisférico antinazi), autoritária, anti-imperialista e clérico-fascista. A história da ditadura militar é, em grande parte, a odisseia de Perón para se apropriar dos seus comandos e reformulá-la como um governo democrático eleito. Essas alterações foram realizadas no contexto do que os estudiosos descrevem como uma «revolução dentro de uma revolução», em que jovens oficiais liderados por Perón usaram o golpe para reenquadrar as bases institucionais do país em termos populistas.[195] Entre 1943 e 1955, o ideologia foi constantemente reformulada para se adaptar às várias reivindicações de diferentes intervenientes «peronistas» sociais e políticos, desde os fascistas dentro e fora das forças armadas aos sindicatos esquerdistas e à classe operária em geral. A bipolarização era um elemento fundamental da nova ordem peronista. Como explica o eminente historiador Raanan Rein, o peronismo dividiu a sociedade argentina em duas fações totalmente opostas: «Para os membros da classe operária, o peronismo representou uma verdadeira melhoria das suas condições de vida.» O peronismo também lhes proporcionou uma noção de participação e orgulho. Em contrapartida, para a maioria dos membros das classes médias e altas, e para a maioria dos intelectuais argentinos, «a década peronista foi uma experiência traumática». Afastados do mundo oficial da política, «eles ficaram chocados ao perceber que tinham perdido não só o controlo dos processos políticos e sociais no país mas também o seu entendimento desses processos».[196]

O peronismo argentino foi a primeira tentativa de «democratizar» os legados antiliberais do fascismo para o contexto da Guerra Fria. O peronismo governou num contexto de quase pleno emprego e representou um aumento substancial no apoio do Estado aos cuidados de saúde e educação públicos. No mesmo contexto de expansão económica e nova legitimidade para o papel crescente do Estado depois de 1945, outros movimentos, incluindo a segunda fase do varguismo no Brasil, a revolução boliviana, o gaitanismo na Colômbia e as presidências do pós-guerra de José María Velasco Ibarra no Equador, seguiram o seu exemplo. Depois de 1945, movimentos protopopulistas, como o aprismo no Peru e o betancourismo, na Venezuela tornaram-se modernas formações populistas da Guerra Fria que aliavam progressivamente posições anticomunistas, a bipolarização extrema e visões negativas dos opositores como inimigos a uma crítica ao liberalismo e grandes doses de igualitarismo. Em geral, estes novos regimes e movimentos populistas democráticos contestavam as ideias liberais de democracia.

Mas essas não foram as primeiras tentativas populistas na história latino-americana. Existiram precedentes importantes no período entre as guerras como o cardenismo no México (1934–40), o yrigoyenismo na Argentina (1916–22 e 1928–30) e a primeira era do varguismo no Brasil (1930–45). Outro precedente importante foi o partido APRA peruano liderado por Víctor Raúl Haya de la Torre a partir dos anos 20. Todas essas experiências foram determinadas pelos diferentes contextos nacionais, regionais e mundiais antes e durante a Segunda Guerra Mundial. Esses regimes e movimentos protopopulistas foram muito diferentes dos movimentos pré-populistas de direita mais típicos dos casos europeus, americanos e latino-americanos antes da Grande Guerra. Enquanto os movimentos pré-populistas constituíram formas incompletas de populismo sem qualquer forma de regime, os protopopulistas constituíram regimes sem populismo suficiente. Os protopopulismos foram primeiro influenciados pelas realidades da revolução e contrarrevolução, incluindo as revoluções mexicana e soviética, que foram cruciais; pelos legados contemporâneos de repúblicas oligárquicas; e, posteriormente, pelas lutas anticolonialistas e pela guerra mundial entre o fascismo e o antifascismo.[197]

Essas formas de protopopulismo foram todas bastante diferentes, mas nenhuma encarava o liberalismo como o seu principal inimigo, como aconteceria mais tarde com o populismo moderno. Elas concentraram-se antes em transcender os legados intactos dos Estados oligárquicos que as haviam antecedido. Esses regimes protopopulistas apresentavam-se como «corretivos» de inspiração nacional para as velhas formas de democracia liberal latino-americana, mas, embora quisessem corrigir o passado liberal, nunca cortaram completamente com ele. Pelo contrário, quiseram salientar as limitações desses modelos democráticos para as novas nações em busca de autonomia.

O yrigoyenismo protopopulista da Argentina estava mais ligado ao passado conservador do que aos seus congéneres protopopulistas mexicanos e brasileiros. Na Argentina, o protopopulismo radical permitiu o alargamento dos direitos políticos, mas apenas para os homens e somente no contexto de um sistema que combinava a liderança carismática, um poder executivo forte e o reforço do papel do exército na contenção da agitação social com níveis esporádicos mas elevados de repressão antiesquerdista na Patagónia, Buenos Aires e outros lugares. No México, o protopopulismo apresentou um sistema autoritário em que as eleições tiveram um papel importante em determinados contextos locais, sobretudo em termos de competição intrapartidária. Ao mesmo tempo, o protopopulismo mexicano integrou segmentos importantes da população (setores urbanos, camponeses e a classe operária), sobretudo através do partido e da estrutura corporativa do Estado.[198] Ocorreram mudanças semelhantes no Brasil de Vargas, mas este situava-se claramente à direita do espectro político, criando uma ditadura corporativista entre 1937 e 1945. O cardenismo e o varguismo consideravam-se intervenientes revolucionários do topo da pirâmide social. Eles nasceram no poder. Ao contrário do populismo democrático moderno (desde o peronismo ao trumpismo e lepenismo), estes protopopulismos presenciaram, e às vezes produziram, níveis elevados de violência política. Tanto o cardenismo como o primeiro varguismo acabaram por se opor ao fascismo mundial e reprimiram localmente os fascistas e a extrema-direita. No Brasil, a primeira fase varguista foi sobretudo uma ditadura que destruiu efetivamente a democracia formal elitista que a antecedera. No México, o período cardenista levou à institucionalização do regime de partido único, a um poder executivo forte mas limitado no tempo e à minimização prática da democracia eleitoral. Os regimes protopopulistas mexicano e brasileiro não podem ser considerados plenamente democráticos como seria o populismo democrático moderno depois de 1945. E no entanto, muito mais do que o yrigoyenismo da Argentina, os movimentos no México e no Brasil estabeleceram importantes antecedentes para o futuro populista, incluindo novas formas de nacionalismo económico e a consequente integração das classes trabalhadoras urbanas no pacto autoritário. O protopopulismo mais próximo do que seria o populismo moderno depois da guerra foi o aprismo no Peru.

O movimento APRA (Aliança Popular Revolucionária Americana) foi muito ativo não só no Peru mas também, em menor grau, noutras regiões da América Latina como um partido urbano e uma aliança de trabalhadores, estudantes e intelectuais de classe média —

uma coligação que o seu líder descreveu como «a união do braço e do cérebro». O elo de ligação entre eles foi progressivamente a liderança mítica de Haya de la Torre. Durante esses anos, Haya de la Torre propôs uma frente anticomunista e antifascista para a «defesa nacional» latino-americana e a «afirmação da soberania» contra «inimigos omnipotentes». Fundamental para esse modelo era o seguinte, como afirmou Haya: «Não existem massas ou povos bons ou maus, existem bons ou maus líderes.» O líder peruano apresentava a APRA, e a sua própria liderança, como o meio de vencer os inimigos internos e externos. A APRA tornou-se um partido propriamente dito no início da década de 30, alternando frequentemente entre processos democráticos em tempos democráticos e a insurreição armada em tempos ditatoriais. Nesses primeiros anos, como explica Carlos de la Torre, é possível constatar «moralismo, religiosidade e intransigência que caracterizam os discursos populistas». O aprismo também adotou a lógica totalitária da contestação populista que incluía a crítica racista aos seus adversários (como aconteceria mais tarde com o gaitanismo na Colômbia). A partir de 1931 e, de forma mais definitiva, depois de 1945, com o surgimento da Guerra Fria, tornou-se bastante claro que o aprismo era uma organização protopopulista nacionalista peruana, apesar da sua retórica latino-americanista. No pós-guerra, o aprismo propôs uma frente anti-imperialista contra o comunismo e o liberalismo sob a liderança vertical de Haya, oficialmente designado como o «Jefe Máximo», o principal intérprete dos «desejos vagos e imprecisos da multidão».[199] Apesar de alguns historiadores o terem descrito como o primeiro populismo latino-americano, antes do pós-guerra, o aprismo estava ligado a um modelo mais tradicional de paternalismo de várias classes e tinha uma ideia mais difusa da soberania popular populista, uma ligação mais tradicional entre o líder e o povo, e uma perspetiva muito menos nacionalista. Em suma, estes protopopulismos (o cardenismo, o primeiro varguismo, o yrigoyenismo e o primeiro aprismo) constituíram precedentes importantes e claros para os populismos modernos, em especial o peronismo, que surgiram depois de 1945.

As histórias dos protopopulismos no México, Argentina, Peru e Brasil mostram que eles foram profundamente influentes e, depois de 1945, em países como a Argentina, combinados com legados mais propriamente pré-populistas e fascistas. Isso não significa que o fascismo foi tão influente no resto da América Latina como na Argentina. Na maior parte da América Latina, a história do liberalismo no poder, mais longa do que noutros lugares onde o fascismo surgiu como regime (*e.g.*, Alemanha, Itália e Espanha), mostra que o mesmo era característico da maioria dos casos latino-americanos de populismo: mesmo em lugares como a Colômbia, que conheceu os resultados mais violentos, as regras liberais do jogo político estavam demasiado enraizadas para serem completamente eliminadas. A Argentina foi um caso diferente. O país assistiu a um ataque à tradição liberal sem igual noutros países latino-americanos.

No novo contexto em que a democracia liberal ressurgira como a forma mais legítima de governo no Ocidente, os fascistas no mundo inteiro, primeiro e sobretudo na Argentina, regressaram às bases pré-populistas de direita do fascismo, reenquadrando-as organicamente para o contexto do pós-guerra. Como um produto ditatorial da democracia moderna, o fascismo baseava-se nas experiências anteriores de reações pré-populistas autoritárias à democracia, desde o bonapartismo e o boulangismo em França no século XIX ao antissemitismo social e cristão de Karl Lueger na Viena do fim do século.[200] Mas depois de chegar ao poder, na Itália em 1922 e em 1933 na Alemanha, o fascismo destruiu a democracia a partir de dentro. Os fascistas em todo o mundo apresentavam propostas semelhantes. Depois da sua derrota mundial em 1945, muitos fascistas e anticomunistas de direita perceberam que, para ganhar legitimidade, o fascismo já não se podia basear na ditadura. Isso assinalou o surgimento do populismo moderno como o conhecemos hoje. A genealogia do populismo moderno tem origens nessa tentativa radical de rescrever a tradição fascista e, em geral, de se distanciar do nacionalismo ditatorial extremista.

Para os fascistas que tinham sobrevivido à extinção dos regimes fascistas, a Guerra Fria representava uma nova dicotomia entre as formas liberal-democráticas de capitalismo e o comunismo de estilo soviético. Eles queriam escapar ao novo mundo bipolar. O populismo moderno foi primeiro apresentado como uma terceira via que tinha como objetivo superar o dilema da Guerra Fria de escolher entre o comunismo e o liberalismo. Na sua primeira manifestação histórica (isto é, na primeira experiência histórica em que essa reformulação «democrática» do fascismo se tornou um regime de poder), o populismo chamou-se peronismo. Em vez de adotar uma versão pré-formatada do neofascismo da Guerra Fria, o peronismo na Argentina foi o primeiro movimento que tentou adaptar o legado do fascismo a um novo sistema democrático. Foi também o primeiro exemplo de um regime populista moderno.

Para muitos dos seus adversários, o peronismo era um novo fascismo adaptado aos tempos democráticos. Isso também se aplicava a outros exemplos de populismo dos anos 40 na América Latina. Os países latino-americanos sofreram profundas mudanças depois da Segunda Guerra Mundial. O brasileiro Getúlio Vargas, o equatoriano José María Velasco Ibarra, e o líder colombiano Jorge Eliécer Gaitán foram todos acusados de serem fascistas e peronistas. Mas, na realidade, eles representaram uma reação populista nacional às limitações da democracia nos seus países. Isso implicou denúncias das restrições existentes aos direitos sociais e uma forma autoritária de identificar o povo e a nação com as suas próprias pessoas e programas políticos.

Como Perón, Vargas liderara um regime ditatorial anticomunista (no seu caso, o Estado Novo, 1937–45), mas depois reconverteu-se a processos democráticos e venceu as eleições presidenciais de 1951. Essa «nova era de Vargas» foi essencialmente populista. Vargas definira a sua anterior abordagem ditatorial como a única alternativa à ameaça de guerra civil no período entre as guerras. Mas os tempos mudaram. Vargas tornou-se um político democrático, reformulando os termos do seu Estado Novo ditatorial para um novo contexto democrático. Como Perón, Vargas opunha-se ao liberalismo político e económico. Também como Perón, era anticomunista. As suas políticas refletiam igualmente uma manipulação das classes trabalhadoras e uma interpretação percetiva e meio de exprimir e agir de acordo com as preocupações das mesmas. Por outras palavras, o varguismo combinava o autoritarismo com a democratização social. Como muitos dos seus congéneres latino-americanos, Vargas foi acusado de ser o «Perón brasileiro», mas ele insistia numa resposta brasileira à crise de hegemonia desse país que, como seria de esperar, estava mais ligada a factos brasileiros do que a factos argentinos. A Argentina peronista não representou uma forma platónica de populismo moderno. Foi o primeiro regime populista entre muitos a surgir na América Latina do pós-guerra.[201]

Consequentemente, eventos semelhantes ocorreram na Colômbia, onde o surgimento do populismo foi a consequência inesperada de uma generalizada tradição latino-americana de excluir os setores populares de processos de decisão política. Como noutros lugares da região, o populismo do pós-guerra na Colômbia foi o resultado de um défice de representação política popular, da existência de um grande fosso entre as elites e a maioria dos cidadãos e da desigualdade social. Jorge Eliécer Gaitán, como Perón, foi influenciado pelo fascismo quando visitou a Itália fascista. Gaitán leu a sua tese de licenciatura a todo o gabinete ministerial de Mussolini mas, como Perón, desviou-se para a esquerda, aliando um estilo fascista a ideias unitárias do povo e à promoção dos direitos sociais para atender à maioria dos cidadãos marginalizados. Gaitán simpatizava com a terceira via peronista entre o capitalismo e o comunismo. Insistia também na necessidade de um «nacionalismo defensivo» contra o imperialismo. Esta reformulação populista foi mal interpretada por conservadores como um «fascismo de esquerda» e por liberais e pela esquerda como o fascismo de Hitler e Mussolini. Assim, como Perón, Gaitán foi muitas vezes acusado de ser um fascista mas também de ser um peronista. Mas como o líder argentino, Gaitán não foi um fascista mas efetivamente um dos principais políticos que, sobretudo depois de 1945, adaptou ideias mais antigas às novas realidades democráticas. Como lembra Enrique Peruzzotti, os populistas consideravam os processos eleitorais um dos elementos constitutivos da sua legitimidade política. Nesse aspeto, eram muito diferentes dos fascistas, que não atribuíam qualquer verdadeira legitimidade a eleições e que insistiam na necessidade absoluta da ditadura. Gaitán não se encaixa nesse último padrão fascista. O seu assassínio em 1948 pôs termo a uma formidável carreira política e, mais importante para o futuro imediato, ao populismo na Colômbia, produzindo uma terrível guerra civil, e, por fim, a única e breve ditadura moderna militar do país.[202]

No Equador, um partido fascista influenciado pela Falange apoiou Velasco Ibarra na sua terceira presidência (1952–56). Grupos políticos semelhantes tinham apoiado a subida ao poder de Perón. Inicialmente, trabalhadores e setores católicos ferozmente anticomunistas apoiaram Velasco. Mas como no peronismo, o populismo equatoriano misturou ideias e apoiantes de esquerda e de direita. O regresso ao poder de

Velasco em 1944 acabou por ser apoiado por elementos de esquerda e de direita, que afirmam ser apoiantes dos Aliados na Segunda Guerra Mundial. Como refere Carlos De la Torre, o eminente estudioso do populismo, o pensamento político de Velasco Ibarra, que foi influenciado pelo pessimismo de Simón Bolívar sobre a democracia, idealizava um poder executivo forte e até a ditadura temporária. Estas ideias foram também reforçadas pela sua admiração antiga mas não mimética do peronismo. Velasco Ibarra viveu exiliado em Buenos Aires durante alguns dos anos do peronismo clássico (1943–55).

Líderes como Perón, Gaitán e Velasco Ibarra transformaram querelas políticas em lutas «tudo ou nada» por uma nova ordem moral. Isto é o que De la Torre designa por «transmutação da política em ética ou até em redenção escatológica». Agindo e falando em nome do povo, os populismos clássicos surgiram numa altura em que os processos democráticos apresentavam grandes fragilidades. Eles ofereciam uma voz aos que não se sentiam representados, mas faziam-no à custa do direito legítimo à dissidência e transformando a voz do líder na «fonte de toda a virtude».[203] Eventos semelhantes ocorreram no Peru, Bolívia e Venezuela. Com efeito, embora inicialmente líderes como Víctor Raúl Haya de la Torre no Peru e Rómulo Betancourt na Venezuela se aproximassem do comunismo, mudaram claramente para uma mistura populista de liderança vertical antiliberal e exigências políticas de transformação social, sobretudo depois de 1945. Como Gaitán, Haya nunca chegou ao poder, mas ao contrário do líder colombiano, que foi assassinado em 1948, Haya foi exilado e continuou a ser um interveniente importante na política peruana. Expulso do Peru, exigiu o regresso da participação eleitoral para si e para os seus seguidores. O seu populismo do pós-guerra caracterizou-se por uma diminuição dos apelos à reforma social, uma aposta crescente no mito do líder carismático, apoio incondicional e sincero aos Estados Unidos na sua Guerra Fria contra o comunismo e uma aliança com os antigos inimigos oligárquicos do Peru.[204]

O populismo na Bolívia, como já acontecera na Argentina, e aconteceria na Venezuela, chegou ao poder pela primeira vez participando numa ditadura militar. O major Gualberto Villarroel, o ditador e chefe da junta, e Víctor Paz Estenssoro, o líder do Movimento Nacionalista Revolucionário (MNR), tinham ligações próximas à junta militar argentina do GOU (Grupo de Oficiales Unidos) liderada pelo coronel Juan Perón em Buenos Aires. Como tinham feito com Perón, os Estados Unidos equipararam a junta boliviana ao advento do fascismo na América Latina. É provável que os Argentinos tivessem desempenhado algum papel no golpe de estado boliviano. Mas os elementos mais importantes do golpe boliviano não eram fascistas mas protopopulistas. As relações transnacionais eram, de facto, importantes, mas os acontecimentos bolivianos tinham causas nacionais específicas que apontavam na direção de uma versão nacional do populismo boliviano. Como acontecera com o peronismo, o apoio do populismo boliviano à ditadura transformar-se-ia mais tarde numa democracia eleitoral autoritária. Laura Gotkowitz, historiadora da Bolívia, explica que o MNR apoiou primeiro a ditadura mas também propôs uma visão socialmente inclusiva de uma «nação mestiça». Este era um modelo nacionalista, e às vezes xenófobo, para a inclusão social que ao mesmo tempo realçava a unidade nacional e atribuía legitimidade à maioria de índios e mestiços do país. Também procurava controlar essa maioria «que... estava a impor as suas exigências ao Estado». A ditadura de Villarroel-MNR limitou seriamente os direitos políticos e favoreceu até algumas tendências fascistas nacionais, recorrendo ao assassínio político e prendendo membros da oposição de esquerda. Mas também nessa altura o líder do MNR, Víctor Paz Estenssoro, explicou que eles queriam transformar o «governo de Villarroel no ponto de partida para a criação de uma nova legalidade, uma legalidade revolucionária ao serviço do povo». O MNR ambicionava uma nova forma de regime — na verdade, buscava uma legitimidade baseada no povo. Por fim, o ditador foi morto pela populaça, e a liderança do MNR exilada depois de 1946. Apenas cinco anos depois, o MNR já tinha renunciado ao seu fascismo e adotara uma posição de terceira via que o aproximara claramente da esquerda do panorama político boliviano. Paz Estenssoro passou a ser o líder de um partido revolucionário nacionalista apoiado pelos trabalhadores. Contra ele opuseram-se os militares e a direita boliviana sob a bandeira da Falange boliviana. Foi nesse momento do início do pós-guerra (1952) que o MNR assumiu sozinho o poder mas, mais uma vez, não através de processos eleitorais livres. Na realidade, o MNR venceu as eleições em 1951 através de um processo democrático limitado que restringia o direito de voto a uma minoria de indivíduos alfabetizados. De qualquer maneira, a junta ditatorial impediu o seu acesso ao poder. Em 1952, o MNR liderou uma revolução em nome do povo e do seu direito de voto. Nessa altura, o movimento já tinha abandonado as suas influências fascistas anteriores e incorporado uma nova base operária com raízes marxistas e trotskistas. A revolução do MNR teve uma ampla base de apoio urbana e rural e resultou num grande aumento das oportunidades dos Bolivianos de participar na política do seu país, incluindo o sufrágio universal, a nacionalização das minas de estanho e a reforma agrária. Embora apresentasse as suas ações como um «golpe» para a oligarquia, para Gotkowitz o MNR não relacionava os direitos dos cidadãos com «ideias mais gerais de liberdade e igualdade, nem os associava à história de lutas participativas para libertar a nação de vínculos coloniais». A própria reforma agrária teve um carácter «reformista», dando preferência à propriedade privada da terra e não à propriedade comunal (antes da reforma, 6 por cento dos proprietários detinham 92 por cento das terras desenvolvidas). Ainda assim, alterou significativamente a distribuição das terras (depois da reforma, 20 por cento das terras foram redistribuídas) num dos países mais desiguais da América Latina. Depois da revolução, o MNR baseou a sua legitimidade em processos eleitorais alargados, no nacionalismo unitário e no conceito homogeneizante de soberania popular. Como afirma Gotkowitz, a característica distintiva da sua revolução foi o seu impacto democratizante, um reforço da democracia marcado pelo «conflito entre o apoio e a limitação da participação política dos indígenas». O populismo clássico boliviano aumentou a bipolarização e diminuiu a pluralidade política, social e étnica, mas também alargou significativamente a representação democrática. O MNR conjugou um conceito unitário do povo contra a oligarquia com níveis relativamente baixos de personalismo. Nesse sentido populista moderado, assemelhou-se ao caso venezuelano, em que os populistas também formaram inicialmente uma aliança com os militares que depressa implicou uma viragem para a esquerda do espectro político. Na sua forma clássica, o MNR foi inicialmente um movimento populista muito mais radical do que o peronismo, o velasquismo, o aprismo, o gaitanismo e o varguismo. Este facto, teve tanto que ver com a sua rejeição da violência fascista (transnacional e nacional) no pós-guerra como com as particularidades da sua ascensão revolucionária ao poder. Mas por fim, e de forma *transformista* populista, nos anos 60 Paz Estenssoro cortou com a esquerda do partido e voltou a alinhar-se claramente com a Guerra Fria liderada pelos Americanos e com os militares bolivianos.[205]

Na Venezuela, a Acción Democrática adotou *slogans* como «A Venezuela em primeiro lugar» e «dividir é identificar» ao mesmo tempo que participava no golpe de estado de 1945. Depois venceu as eleições presidenciais de 1947, obtendo 74 por cento dos votos. Como o peronismo, o varguismo e o MNR boliviano, também passou de participar numa ditadura para se transformar numa democracia populista. Como o peronismo e o varguismo, a Acción Democrática empreendeu um vasto programa de reforma social que redefiniu as relações sociais, definiu novas identidades políticas e aumentou a representação e a participação popular.[206] Em geral, o modo peronista de adaptar o fascismo às realidades democráticas da Guerra Fria foi também adotado noutros países latino-americanos. Mesmo que as origens de outros populismos latino-americanos não fossem fascistas, como as do peronismo, o populismo tinha elementos como a teologia política, a ideia mítica da história e a natureza ritual do espetáculo político e da religião política que estavam associados ao fascismo.

Mais do que um modelo de regime que definiu todos os outros, o populismo argentino foi a primeira concretização num regime de uma necessidade partilhada por pensadores e militantes anticomunistas mundiais, incluindo fascistas, de suplantar a democracia liberal e o «socialismo real». Longe das experiências dos fascistas europeus, e não excessivamente afetada pelas suas derrotas esmagadoras, a Argentina tornou-se um espaço viável onde o fascismo transnacional e, de um modo mais geral, o anticomunismo, puderam repensar-se num contexto muito diferente.[207] No entanto, a Argentina não foi manifestamente a razão para a preponderância do populismo na política latino-americana como um todo. Os populismos brasileiro e boliviano não foram menos influentes do que o peronismo e ambos foram produtos de realidades pós-fascistas mundiais e regionais. Por outras palavras, a América Latina em geral foi o local da primeira consagração do populismo no poder, e os efeitos dessa fundação histórica foram de extrema importância mundial.

Quero realçar aqui a importância das relações transcontextuais do populismo e, mais especificamente, da história latino-americana, para a compreensão das implicações universais de formas antigas e atuais do populismo. Creio que o centro pode ser visto de forma mais clara a partir das margens.[208] Assim, na sua atenção às origens fascistas do populismo, e ao modo como este foi criado e modificado ao longo do tempo, o meu enquadramento histórico afasta-se das dicotomias normais entre o Norte e o Sul. Nesse sentido, Donald Trump, Hugo Chávez, Marine Le Pen na França e Recep Tayyip Erdoğan na Turquia estão associados na prática, sobretudo nos seus estilos, e, em teoria, a Hitler e a Mussolini, ao mesmo tempo que representam um corte radical com a política fascista clássica. Eles não são fascistas, mas as suas políticas partilham uma base histórica fascista. Essa relação histórica entre o fascismo e o populismo costuma perder-se na sua tradução para a teoria.

O populismo entre a História e a Teoria

Para alguns teóricos políticos, o populismo constitui uma resposta democratizadora a uma crise de representação generalizada, enquanto para outros impõe limitações antidemocráticas ao presente e ao futuro da democracia. Assim, em abordagens convencionais, o populismo é apresentado regionalmente ou reduzido funcionalmente a um símbolo, um sintoma ou até uma patologia da democracia. Na melhor das hipóteses, os teóricos geralmente descrevem o populismo como parte da oposição histórica à representação democrática liberal. Nessa abordagem, o populismo exemplifica um conceito histórico e a própria história tem apenas um pequeno papel na ilustração da teoria. Na pior das hipóteses, o populismo é um conceito sem história.

Os teóricos do populismo abordam geralmente a história como se esta fosse um recetáculo passivo de mudanças estruturais de longo prazo; o espaço temporal específico onde ocorrem as condições quase-transcendentais necessárias para a criação do populismo. Segundo essas teorias, os processos históricos dinâmicos são muitas vezes substituídos por processos trans-históricos mais estáticos como a «modernização», o «caudilhismo», etc. O populismo é então um indicador temporal do insucesso, «chegada tardia» ou sucesso dessas mudanças ou continuidades estruturais. Alguns estudiosos, portanto, sobretudo na América Latina, entendem o populismo como radicado no passado (ou em passados diferentes) e separado do presente. Outros equacionam em geral os contextos históricos com uma visão mais genérica de uma crise cíclica ou sistémica da democracia. Como salientou o historiador Alan Knight, a circularidade prevalece quando a crise e o populismo são equiparados. Consequentemente, a primeira é explicada em termos do segundo.[209] Para Knight, o populismo deve ser estudado historicamente do ponto de vista do estilo de liderança: «A definição do populismo em termos de estilo tem a virtude da flexibilidade e — talvez mais importante — da fidelidade histórica. Isto é, parece corresponder ao registo histórico de uma forma que outras — teorias ou modelos geralmente mais precisos — não conseguem. E é certamente preferível ter um método empírico rudimentar que funciona do que uma teoria pomposa que nega a realidade.»[210] A crítica de Knight dos teóricos que reduzem a história a uma ilustração, ignorando muitas vezes a realidade histórica, é pertinente, sobretudo o seu argumento de que as teorias «ganham em precisão e sofisticação mas perdem no critério fundamental da fidelidade histórica. Elas são metódicas mas incorretas. Ou, melhor dizendo, quanto mais metódicas, mais incorretas. Assim, embora não careçam completamente de discernimento ou capacidade explicativa, não podem constituir a base de um modelo genérico».[211]

Knight, porém, também tende a menosprezar as perspetivas analíticas oferecidas pela teoria crítica. Ele confunde tipicamente a teoria com modelos genéricos e associa a teoria como um todo a determinadas teorias do populismo, incluindo a chamada tese da modernização. A raiz do problema para muitos teóricos é que as suas teorias específicas do fenómeno populista são condicionadas por visão secular da história como uma disciplina positivista. Os historiadores, por outro lado, têm alterado radicalmente as suas abordagens nos últimos dois séculos, reconsiderando a historicidade da sua própria disciplina, abordando os limites da representação, reenquadrando histórias nacionais e transnacionais e combinando de forma crítica a contextualização com a interpretação histórica.

Os cientistas políticos, sociólogos e teóricos críticos, mas não tanto os historiadores, são os que normalmente exploram o populismo como um conceito. Além disso, a maioria dos teóricos fora da América Latina salienta a necessidade de compreender o conceito multimilenário do povo na longa história do populismo sem tratar a história latino-americana e outras histórias do populismo no hemisfério sul.[212]

Podemos encontrar esta visão do populismo centrada na Europa ou no Atlântico Norte em obras funcionalistas que substituem a teoria e a história do populismo por uma abordagem mais quantitativa, descritiva e declaradamente pragmática. Essa abordagem não explica os diversos significados históricos do populismo mas considera-os implícitos, ou atribui a definição mais lata ao populismo como um movimento que defende a soberania popular e coloca o povo em oposição às elites.

Há muitas décadas, Isaiah Berlin criticou a aplicação de definições inflexíveis. Ele escrevia numa época diferente, antes de as ciências sociais retomarem formas de neopositivismo que minimizavam a importância das ligações entre a história e a teoria. De uma forma divertida, Berlin alegou que a área de estudos populistas tinha uma condição patológica. O populismo sofria do complexo de Cinderela,

> com o qual quero dizer o seguinte: que existe um sapato — a palavra «populismo» — para o qual deve existir algures um pé. Há muitos tipos de pés que quase cabem nele, mas não devemos ser enganados por esses pés que quase servem. O príncipe anda sempre com o sapato; e algures, temos a certeza, aguarda-o um membro chamado populismo puro. Esse é o núcleo do populismo, a sua essência. Todos os outros populismos são derivações, desvios e variantes dele, mas algures esconde-se o populismo verdadeiro e perfeito, que pode ter durado apenas seis meses, ou [ocorrido] em apenas um lugar. Essa é a ideia do populismo platónico, sendo todos os outros diluições ou perversões do mesmo.[213]

As perspetivas eurocêntricas não são o domínio exclusivo de pensadores platónicos neopositivistas mas estão também presentes nalgumas das abordagens teóricas mais inovadoras e sintéticas do assunto. Não há dúvida de que a Europa tem estado no centro dessas histórias e da sua teorização, mas o Velho Continente esteve sempre envolvido em conversas fluentes e transferências com o Sul. Na prática, a Europa tem sido sempre a província de um contexto maior, e é por isso que separar simplesmente a Europa de outras regiões é um problema. Os estudos de intercâmbios e reformulações transnacionais fornecem o contexto no qual podem ser feitas comparações, mas a área dos estudos populistas tem produzido muitas comparações e pouca pesquisa transnacional. Esta aborda, por exemplo, a forma como diferentes exemplos transatlânticos pensam e agem em relação às suas convergências sincrónicas e diacrónicas, às suas afinidades e oposição a outras experiências populistas. É precisamente isso que uma história política e intelectual transnacional pode fornecer à teoria. Mas até agora poucas teorias têm considerado seriamente a história como um interlocutor crítico em vez de um objeto para ser usado para a ilustração da teoria. É claramente isso que acontece em obras de referência, como a análise pioneira de Margaret Canovan da trajetória populista desde as reformulações romanas e medievais do conceito do povo à constituição moderna do populismo como uma dimensão importante da democracia, bem como com o estudo sugestivo de Pierre Rosanvallon da primeira ocorrência de temas populistas, que resultaram da dualidade ambivalente e intrínseca da democracia como ela surgiu na Revolução Francesa. Os dois autores afirmam que a tentativa de representar a vontade de maiorias ideais sem mediações institucionais tem sido uma dimensão fundamental dos conflitos internos da democracia ao longo de toda a sua longa história.[214] Contudo, enquanto para Canovan o populismo é um membro legítimo do clube da democracia, Rosanvallon sustenta que o populismo é «uma perversão inversa dos ideais e processos da democracia».[215]

Tanto Canovan como Rosanvallon fizeram referências estereotipadas ao peronismo clássico e à América Latina, aventurando-se fora da Europa de um modo que subverte as suas influentes teorias da democracia. Estranhamente, quando Canovan escreve sobre o populismo fora da Europa, associa-o à ditadura. No entanto, ela não explica como uma forma constitutiva de democracia como o peronismo é apresentada na sua tese como uma formação ditatorial.[216]

Para Rosanvallon, o populismo é uma patologia específica contrária à democracia. Reduz a democracia a um circo cheio de conotações apocalípticas. A sua análise funcional considera o populismo uma «forma de manifestação política em que o projeto democrático se deixa absorver e ser completamente vampirizado pela contrademocracia». Ao situar o populismo fora do projeto democrático, Rosanvallon conclui: «O populismo é o extremo da antipolítica.» O populismo é para ele uma «patologia política», que pertence a uma época «caracterizada pelo crescimento de formas antidemocráticas».[217]

Muitos outros partilham a ideia funcional de Rosanvallon do populismo como um sintoma, descrevendo a trajetória do populismo como um preâmbulo de outra coisa. A complexidade do populismo é confundida com a sua indeterminação como uma «ideologia pouco profunda». Estudiosos do populismo como Cas Mudde e Cristóbal Rovira Kaltwasser oferecem uma definição minimalista do populismo como uma ideologia que divide a sociedade em dois grupos moralmente opostos (o povo e a elite) e tem subtipos regionais. Para eles, o populismo é menos relevante do que outros conceitos ou ideologias. Ao identificar o populismo como uma resposta estrutural mas transitória a determinadas condições políticas, os autores constroem a sua própria versão do populismo como um fenómeno sem uma história concetual própria. Em contrapartida, outros minimalistas, que exploram a trajetória do conceito mas afirmam que o termo só recentemente adquiriu importância na Europa, oferecem apenas um exame superficial de interpretações e casos não-europeus para situar a experiência populista europeia relativamente a outras.[218]

Em muitas teorias do populismo, os casos latino-americanos, africanos ou asiáticos representam o sintomático Outro. Sobretudo para a Europa, essas abordagens estereotipadas empregam um jargão de autenticidade sobre o carácter liberal europeu que mostra como existiram também tendências populistas na história da Europa desde muito cedo. Segundo essas teorias, o populismo está de certo modo situado fora da história porque funciona periodicamente como um corretivo de tendências iliberais, moralistas, totalitárias ou antidemocráticas na democracia. A América Latina, especialmente, é considerada parte da equação populista, mas permanece no contexto da tradicional dicotomia Europa/não-Europa. O centro e a periferia são aceites como elementos distintivos absolutos nessas abordagens. Noutros casos, esse eurocentrismo implica que sejam referidas poucas relações fora do continente tirando pequenas analogias ou exemplos. Por exemplo, um académico influente e intelectual público como Rosanvallon, que realça as dimensões iliberais europeias modernas do fenómeno, não aborda de forma significativa importantes contribuições latino-americanas na trajetória do populismo como conceito e modelo de regime para o desenvolvimento da política democrática e antiliberal depois de 1945.

O populismo contra o pluralismo?

Muitos estudiosos do populismo realçam as tendências autoritárias ou mesmo totalitárias do fenómeno. Um dos teóricos mais influentes do populismo, Carlos de la Torre, argumenta: «O desrespeito populista pelo pluralismo explica-se pela sua conceção do povo como um agente com uma vontade e consciência unitárias e dos rivais como inimigos do povo virtuoso.»[219] Mas De la Torre também lembra que «Apesar das suas intenções totalitárias de penetrar na esfera privada para criar novos agentes políticos, os líderes populistas não estabeleciam um governo de partido único, preservando alguns espaços reduzidos de pluralismo e contestação». Ele conclui que, apesar dos seus objetivos de controlar a vida social e criar «novos agentes», os populistas «não colonizavam totalmente a esfera pública e a sociedade civil. A fonte de legitimidade dos populistas não se baseava na uniformidade de opiniões apresentada em grandes comícios e eleições com apenas um programa. A sua legitimidade baseava-se em ganhar eleições que em teoria eles podiam perder».[220] De la Torre defende que «Em vez de afirmar que a lógica do populismo é inerentemente antidemocrática, é mais proveitoso analisar a sua relação incerta com a democratização liberal». O populismo tinha uma dupla legitimidade baseada em eleições, mas também nas ruas, «dentro e fora de» instituições e processos eleitorais: «O populismo clássico alargou o sufrágio. Os populistas radicais da altura dedicavam-se a campanhas políticas permanentes.» Para De la Torre, um caso populista como o de Evo Morales na Bolívia mostra como o populismo pode reforçar a participação política ao mesmo tempo que demoniza membros da oposição.[221] Na Bolívia, e sobretudo para a maioria do povo indígena do país, que tinha vivido durante muitas décadas sob uma mistura de racismo, autoritarismo e neoliberalismo, a combinação populista de características democráticas e antidemocráticas aumentou claramente a sua participação política e social.[222]

O populismo e a participação são elementos importantes nos debates atuais entre os teóricos do populismo. O teórico político Jan-Werner Müller sustenta que o populismo é uma resposta antidemocrática às tendências antidemocráticas da tecnocracia e que geralmente revela uma falta de confiança nos fundamentos da ordem europeia do pós-guerra[223]. Para Müller, como para Paul Taggard e Benjamin Arditi, o populismo é um sintoma e uma reação problemática à ausência de verdadeira participação cívica.[224] Müller lembra persuasivamente os fundamentos antifascistas dessa ordem europeia, devolvendo a nossa atenção ao modo como o populismo é adaptado como uma reação temporal recorrente ao predomínio das elites. Müller apresenta a posição do populismo como «uma forma exclusivista de política identitária» que constitui «sempre» «um perigo para a democracia». É verdade que a sua análise aborda as dimensões simbólicas do populismo e a sua imaginação moralista, mas também denigre os momentos ambivalentes em que o populismo não só limitou mas também reforçou a participação democrática, desde o primeiro peronismo e o gaitanismo colombiano aos primeiros populistas americanos do fim do século XIX. Müller insiste: «O populismo não é uma via para mais participação na política.»[225] No entanto, esta abordagem baseia-se na minimização da importância da história complexa e aparentemente contraditória do populismo ou na exclusão da sua teoria de algumas das suas experiências históricas mais importantes do outro lado do Atlântico e não só. Nesse contexto, a história pode ajudar os teóricos a complicar as teorias do populismo ao baseá-las na natureza ambivalente e complexa do populismo na história.

O populismo surgiu como uma forma autoritária que apesar disso rejeitava a ditadura. As teorias do populismo, por conseguinte, devem tratar das suas dimensões participativas e exclusivistas em relação a diferentes processos históricos, em que elas são geralmente combinadas. Com efeito, depois de 1945, o populismo foi mais perigoso para a ditadura do que para a democracia. Especialmente na América Latina depois do fim da Segunda Guerra Mundial, o populismo combinou um aumento da participação política popular com importantes características antidemocráticas. Esse conflito no seio do populismo associa a sua história aos nossos esforços de concetualização. O contexto constitui sempre um obstáculo à alta teoria. Os binários apresentados em teorias genéricas do populismo nunca ajudam a formular uma teoria crítica democrática atenta à história. O desafio para a história e a teoria é evitar a sua oposição mútua. Contra a insistência genérica em opor a experiência histórica a definições trans-históricas, eu proponho situar o populismo historicamente em termos da sua relação genealógica, contextual e muitas vezes antitética com o fascismo. Uma vez que a ordem liberal-democrática europeia e mundial do pós-guerra se baseou em princípios antifascistas, é importante salientar as origens fascistas e pós-fascistas da atual contestação populista.

Alguns observadores atuais temem que o populismo possa novamente transformar-se em fascismo e, se isso acontecer, uma abordagem historiográfica teoricamente infletida mostraria que, embora muitas das forças pré-populistas acabassem por se tornar fascistas nos anos entre as guerras e mesmo depois de 1945, alguns dos fascistas regressaram à democracia.[226] Alguns eminentes teóricos políticos como Nadia Urbinati, Carlos de la Torre e Andrew Arato propuseram um conceito do populismo enquadrado historicamente que historiadores do populismo devem considerar quando analisam o fenómeno. Passando das suas considerações teóricas para a historiografia, tento mostrar como essas ligações surgiram historicamente, sobretudo depois da reformulação populista do legado totalitário fascista.

O enquadramento histórico do populismo explica por que razão o seu regresso à Europa e à América do Norte atualizou as antigas tradições xenófobas e antidemocráticas dessas regiões. O populismo não é uma simples reação externa às elites e burocracias, mas antes uma crítica interna da democracia. Os populistas entendem historicamente a sua crítica do *statu quo* como uma radicalização da democracia através da devolução do poder ao povo. O que essa radicalização poderá implicar varia consoante os posicionamos à esquerda ou à direita. O surgimento de reações populistas de esquerda à desigualdade social indica geralmente que a qualidade duvidosa da conjunção de democracia e medidas de austeridade neoliberais não é irrelevante na chamada periferia europeia, sobretudo em países como a Grécia e a Espanha. Essas reações não podem ser confundidas com o populismo europeu de direita sem que percamos de vista distinções importantes ético-políticas e analíticas. Mesmo quando, de um modo tipicamente populista, movimentos populistas de esquerda como o Syriza e o Podemos misturam a crítica à desigualdade de rendimentos com o binário «elite *versus* povo» e o nacionalismo, associá-los genericamente ao populismo de direita seria incorreto.[227]

Como os seus homólogos latino-americanos contemporâneos, os populistas europeus de esquerda do século XXI condenam as exclusões neoliberais, as soluções tecnocráticas e a marginalização dos cidadãos pelos partidos tradicionais. Mesmo quando insistem em superar a divisão entre esquerda e direita, esses partidos situam-se claramente à esquerda do espectro político. Na verdade, ocupam espaços tradicionalmente reservados à esquerda não-populista. O Podemos, em especial, reformulou a lógica da política espanhola como um debate sobre a desigualdade de rendimentos e as medidas de austeridade. Para isso contribuiu a sua insistência na ideia de «casta» e inspiração autorreflexiva que encontrou na obra do teórico político argentino Ernesto Laclau e nos exemplos dos populismos de esquerda neoclássicos da América Latina. O Podemos, formado em 2013, foi uma resposta à crise económica e à aparente natureza mimética dos partidos socialistas e conservadores tradicionais com a sua adoção mútua de paradigmas económicos neoclássicos. O grupo fundador do Podemos incluía intelectuais laclausianos profundamente interessados nas formas latino-americanas de populismo, sobretudo no caso da Bolívia, mas também da Venezuela e da Argentina. O Podemos afirmava opor-se aos que se encontravam no «topo» e representar os que se encontravam na «base». Um dos seus líderes, Iñigo Errejón, com efeito, baseou-se em Laclau para contrariar o binário de um populismo de direita na Europa e outro de esquerda na América Latina, defendendo que um populismo de esquerda era possível na Europa. Os líderes do Podemos explicavam a política espanhola através de outro importante binário, o da *democracia* versus *casta*. Eles identificavam claramente os seus seguidores e o povo com a primeira e afirmavam que os partidos tradicionais representavam a segunda. O axioma populista do povo contra a elite estava no centro da luta «hegemónica». Pablo Iglesias, o líder do Podemos, afirmava que a política era a imposição da sua própria narrativa à dos inimigos do povo. Segundo Iglesias, «Em Espanha... há um povo que eles queriam humilhar, mas esse povo tem uma ideia muito clara de quem são os seus inimigos: as elites políticas e económicas que têm roubado o povo e enriqueceram à custa do povo». A mudança, por outras palavras, só chegaria quando a ordem estabelecida fosse derrubada e o poder colocado nas mãos do povo. O povo e a pátria eram intrinsecamente bons, mas tinham sido vítimas de um logro.

Como comentaram os críticos de esquerda na altura, o Podemos podia afirmar em teoria que «o povo é o único que precisa de decidir» ou que a democracia existente era cerceada pelos «poderes económicos e pela casta». Mas, na prática, o partido estava a afastar-se cada vez mais do seu compromisso com a tomada de decisões coletiva ou em assembleia a favor da delegação das decisões políticas aos líderes, sobretudo Pablo Iglesias, mas também Iñigo Errejón e Juan Carlos Monedero.[228] De certo modo, quanto mais o Podemos se aproximava do poder, mais vertical e populista se tornava. Essa transição populista da tomada de decisões coletiva para a delegação popular foi ainda mais acentuada na Grécia.

Mais do que o Podemos, e devido à sua chegada ao poder em 2015, o Syriza, que foi criado como uma coligação de partidos da esquerda parlamentar e extraparlamentar em 2004, constituiu uma experiência histórica ainda mais problemática para as definições genéricas da natureza do populismo na Europa. Embora no início defendesse uma ideia pluralista e não homogeneizante do coletivo popular, o Syriza acabou por enveredar por um caminho populista mais clássico. Uma vez no poder, formou uma coligação com um parceiro minoritário, o pequeno partido xenófobo de direita, ANEL. Por fim, o Syriza aquiesceu também às exigências de austeridade da União Europeia e desviou-se forçosamente para o centro. Na prática, deixou de criticar as medidas de austeridade impostas à Grécia pela *troika* europeia e passou a geri-las. Como outros movimentos populistas que se transformavam depois de assumirem o poder, o Syriza tornou-se menos pluralista e horizontal. Como explica Giorgos Katsambekis, o Syriza tornou-se «muito mais vertical» e centrado no líder, minimizando os seus apelos aos movimentos sociais, que se mobilizaram então contra o governo Syriza-ANEL; reduzindo a democracia e polifonia internas; e adotando um discurso técnico mais pragmático centrado na execução do novo programa de austeridade de uma «forma [supostamente] mais justa».[229] Quando assume o poder, o populismo adota geralmente uma nova forma de transformismo, constituindo uma nova elite, aumentando ao mesmo tempo o seu apoio popular e a bipolarização social e afastando novamente os cidadãos da participação significativa em decisões políticas. Como constatou Antonio Gramsci há muitas décadas, esse tipo de transformação converte reivindicações populares em política vertical, impedindo uma política mais emancipatória.[230]

Nesse contexto, os populistas europeus de esquerda aproximavam-se dos movimentos latino-americanos transformadores como o kirchnerismo peronista, que governou a Argentina entre 2003 e 2015. O kirchnerismo propôs inicialmente estratégias horizontais que tinham como objetivo superar a política do peronismo, mas, uma vez afirmado no poder, combinou tipicamente motivos ideológicos de esquerda e de direita ao mesmo tempo que afirmava ser a única opção do povo contra o neoliberalismo. Bastante idiossincrásico, o kirchnerismo reformulou distintamente a clássica terceira via peronista, alargando-a além da esquerda socialista e do liberalismo. A Europa também exibe exemplos típicos desse fenómeno. Os populismos como o Movimento Cinco Estrelas italiano, liderado pelo comediante Beppe Grillo, misturam propostas de direita e de esquerda. Com a sua amálgama de direita e esquerda, o Movimento Cinco Estrelas tem confrontado os partidos tradicionais e também os movimentos populistas de direita.[231]

Em geral, afirmar que o populismo na Europa e nos Estados Unidos é sobretudo um fenómeno de direita, ou que a América Latina se caracteriza por um tipo uniforme de populismo de esquerda ou, além disso, que o populismo não existe no resto do mundo, seria problemático. A ideia antipopulista de uma esquerda não-populista supostamente mais europeia e uma esquerda latino-americana predominantemente populista é simples e historicamente incorreta. O mesmo se poderá dizer da ideia pré-populista igualmente estereotipada de que a Europa precisa de uma «latino-americanização» de esquerda.[232] As experiências históricas distintas, mas às vezes coincidentes em países como a Argentina, o Equador, o Brasil, a Bolívia, a Venezuela, a Itália, a Grécia, a Espanha, a França, a Alemanha, a Turquia, a África do Sul (com Jacob Zuma) e a Tailândia (com o movimento Thaksin) contradizem esses estereótipos que atravessam o Atlântico e o resto do mundo.

A Europa não se situa automaticamente à direita nem a América Latina apenas à esquerda. Por exemplo, nos anos 90 o populismo latino-americano esteve geralmente do lado do neoliberalismo, ao passo que na década seguinte a esquerda populista latino-americana prevaleceu na região. No entanto, na segunda década do século XXI, a Europa e os Estados Unidos produziram indiscutivelmente forças mundiais de populismo xenófobo, desde a Frente Nacional em França e o populismo holandês de Geert Wilders ao Tea Party e ao presidente Trump. Este modo dominante de direita manifesta-se não só em partidos populistas de direita tradicionais mas também em formas mais conservadoras que adotam entusiasticamente elementos importantes do programa de intolerância populista anti-imigrante e nacionalista por razões pragmáticas ou ideológicas. Na altura da tomada de posse de Trump em 2017, Theresa May na Inglaterra e Mauricio Macri na Argentina representavam esse conservadorismo mimético, uma espécie de populismo *light*.[233] O populismo revela muitas vezes «a fronteira porosa» entre a direita moderada e a extrema-direita.[234] A direita europeia, na sua trajetória do fascismo para o pós-fascismo, interiorizou a democracia ao ponto de hoje a contestar nos termos da mesma. Mas essa contestação, em vez de reforçar a democracia, confina-a a conotações étnicas e nacionalistas. Apenas alguns habitantes da nação são aceitáveis como cidadãos. Como alega Nadia Urbinati, uma das principais teóricas do populismo, este «desfigura» a democracia e pode pôr em causa o seu futuro. Urbinati sublinha que embora o populismo seja uma forma democrática de governo, as suas preocupações republicanas tendem geralmente a substituir preocupações mais propriamente democráticas.[235]

A análise histórica e teórica do populismo feita por Urbinati baseia-se numa visão contextual da democracia sensível a um domínio mais vasto onde o populismo interage com outras ideias de democracia que também limitam as suas possibilidades históricas. Nesse sentido, o populismo pode ser interpretado como querendo afastar-se do domínio político em vez de ser ou querer tornar-se um movimento político. A abordagem de Urbinati obriga-nos a repensar pressupostos canónicos sobre as ligações entre o populismo, formas não políticas de decisão (como as dos tecnocratas, «especialistas» e outras autoridades não políticas) e formas plebiscitárias de democracia. Urbinati explica o seguinte: «O populismo é a corrupção mais devastadora da democracia porque subverte radicalmente instituições representativas (nomeadamente, os processos eleitorais e o pluralismo partidário) e transforma o poder negativo do julgamento ou da opinião que controla e monitoriza os líderes politicamente eleitos noutro poder que rejeita a sua legitimidade eleitoral em nome de uma maior unidade entre os líderes e o povo; opõe a legitimidade ideológica à legitimidade constitucional e processual».[236]

Partindo desse importante enquadramento teórico do populismo como uma idealização da democracia que conduz a determinadas desfigurações, salientaria o modo como o populismo moderno nasceu de uma deformação do fascismo pela Guerra Fria. O modelo fascista foi extremamente influente, inspirando líderes de todos os quadrantes políticos no período entre as duas guerras mundiais.[237] Mas depois de 1945 o populismo latino-americano propôs reformular a democracia de uma forma mais vertical, aprofundando e limitando simultaneamente a democracia.

Existem diferenças importantes entre as histórias e as realidades atuais da Europa, dos Estados Unidos e da América Latina. Os populismos europeus e norte-americanos estão atualmente mais próximos da xenofobia fascista e do nacionalismo do que os latino-americanos. Em geral, a nova dinâmica do populismo de direita transnacional promete mais restrições à vida democrática na Europa e nos Estados Unidos do que os efeitos sociais e autoritários do populismo latino-americano.[238] Em todo o caso, devolver o populismo à sua história do pós-guerra permite-nos situar e analisar essas convergências e divergências.

Explicar o populismo e o antipopulismo

Voltando à questão do populismo e da teoria, nem todos os teóricos excluem as dimensões transatlânticas e mundiais do populismo, mas mesmo nesse caso a definição do populismo produz muitas vezes versões idealizadas do mesmo como a manifestação mais pura da democracia ou como a sua derradeira antítese. Na obra famosa e inspiradora de Ernesto Laclau, a visão provincial europeia do populismo é superada. Laclau, com efeito, às vezes tende a ultrapassar todas as fronteiras nacionais e históricas. No fundo, ele apresenta o populismo como política «enquanto tal». Para Laclau, o populismo é uma forma de poder baseado na necessidade de dividir a sociedade através de reivindicações sociais antagónicas. Essas reivindicações não articuladas seguem uma «lógica da equivalência» com o fim de dicotomizar o espaço social. Para Laclau, a «rutura populista» estabelece uma fronteira interna, uma profunda bipolarização da sociedade; isto é, a divisão da sociedade em dois campos: «o poder e os desfavorecidos». No populismo, as reivindicações feitas por agentes populares são depois enunciadas por líderes que as defendem em nome do povo e contra os poderosos ou as elites. Acima de tudo, Laclau sustenta que o populismo tem uma «lógica política».[239] Esta explicação percetiva, mas também transcendental e às vezes circular, posiciona-se geralmente fora da história. Recentemente, os teóricos críticos Andrew Arato e Nadia Urbinati têm situado a abordagem de Laclau na esfera da teologia política que define o populismo e as desfigurações democráticas que ele produz. Em suma, eles realçam as dimensões antidemocráticas da interpretação de Laclau.[240]

Estas críticas são relevantes, sobretudo porque Laclau é o fundador de uma escola de pensamento que entende o populismo como o agente supremo da democratização. Laclau e a sua escola concentram-se geralmente na esquerda populista, que ele tende a encarar como a verdadeira forma do populismo.[241] Para esses estudiosos, o populismo é um elemento estruturante de apelos sistémicos à igualdade e contra o domínio; ou seja, o populismo conduz à emancipação política. Para Yannis Stavrakakis, «Parece muito difícil imaginar uma política democrática sem o populismo, isto é, sem formas de discurso político que invocam e designam o povo — e não, por exemplo, as agências de notação de risco ou os *aristoi* — como o seu ponto nodal, como um agente político privilegiado, como uma base legitimadora e alavanca simbólica para outras reivindicações igualitárias».[242]

Stavrakakis mostra que a tendência bastante problemática para demonizar o populismo confunde reivindicações populares com o populismo, revelando muitas vezes pressupostos claros sobre o carácter normativo da democracia liberal.

Por sua vez, Jacques Rancière afirma que as denúncias rituais do populismo fazem parte de uma tentativa elitista de minimizar a importância da expressão democrática popular. Insistindo numa versão unilateral do populismo latino-americano (de Perón e Vargas a Chávez), Rancière explica que na Europa o termo populismo é usado para falar de «outra coisa».[243]

Para Rancière, o termo *populismo* aplica-se apenas aos que são identificados com o ódio à democracia. Rancière opõe a vida numa democracia ao *statu quo*, que minimiza a importância da participação do cidadão — uma situação que ele associa a «Estados de direito oligárquico... em que o poder da oligarquia é limitado pelo reconhecimento duplo da soberania popular e das liberdades individuais». Nesses espaços democráticos limitados, o termo *populismo* é usado para esconder tentativas neoliberais de governar sem o povo. Rancière reconhece que os partidos de extrema-direita são uma consequência e reação ao «consenso oligárquico» de tecnocratas e especialistas, mas hesita em chamar-lhes populistas. Ele realça o modo como o populismo é usado para confundir respostas democráticas ao neoliberalismo com fanatismos raciais e religiosos. O populismo é então um termo de ataque mas não de análise.[244]

Em contrapartida, e seguindo Laclau, estudiosos como Stavrakakis, Jean Comaroff e Étienne Balibar defendem o uso do conceito de populismo para fins analíticos e normativos. Comaroff afirma que o populismo é sempre usado mais como uma forma de «marcar a diferença do que denotar conteúdos, e o seu significado [está]... sobretudo relacionado com o ponto de vista a partir do qual é usado». Ela explica: «Apesar (ou talvez por causa) dos seus paradoxos, o populismo é mais que nunca um conceito a ter em conta num vasto espectro de debate público no nosso mundo atual. Isso talvez seja mais evidente em contextos pós-coloniais e pós-totalitários, onde a memória da repressão coletiva continua viva: na América Latina, Rússia e Zimbabwe, por exemplo, mas também, possivelmente, na Itália de Berlusconi, na França de Sarkozy, na Holanda de Wilders.» Comaroff inclui também países como África do Sul e os Estados Unidos entre aqueles onde é necessário considerar o populismo como um modelo existente que contesta o neoliberalismo: «O populismo de alguma forma é uma condição necessária de todos os movimentos que contestam o sistema, passados e presentes, progressistas ou conservadores... [e] «por si só nunca é suficiente para incentivar mobilizações contínuas e politicamente construtivas».[245] Pela sua parte, Balibar argumenta: «Eu não rejeito o termo enquanto tal, sobretudo porque me lembro da sua longa e ambivalente história como uma categoria política dentro e fora da Europa, e que vale muito a pena estudar neste momento.» Balibar equipara as atuais críticas às desigualdades políticas e sociais a uma forma democratizadora de populismo; uma «politização do povo».[246]

Consideradas em conjunto, estas importantes críticas do antipopulismo põem em questão pressupostos normativos sobre a democracia liberal e as suas tendências tecnocráticas e mostram como o governo dos especialistas limita as interações democráticas. No entanto, as respostas ao antipopulismo também envolvem muitas vezes uma versão idealizada do populismo, sobretudo o populismo latino-americano, que junta os diferentes usos do populismo pela esquerda (sobretudo nos Estados Unidos, onde antes do surgimento do trumpismo o populismo significava geralmente apenas mostrar-se preocupado ou satisfazer reivindicações populares) aos seus vários significados históricos do outro lado do Atlântico e noutros lugares. Assim, as reações democráticas à desigualdade são mais ou menos automaticamente identificadas com o discurso e a prática populista.

Enquanto os autores que aderem ao modelo da democracia liberal descrevem geralmente o populismo como uma patologia, os estudiosos que simpatizam com a ideia da democracia radical costumam entender o populismo como uma força saudável, por vezes até emancipadora, que reforça a representação política. É possível resolver essa divergência? Cristóbal Rovira Kaltwasser, um estudioso chileno do populismo, salienta a necessidade dos estudos transatlânticos e também de ter em conta como

> a análise da relação entre o populismo e a democracia depende em grande medida de suposições e preconceitos normativos sobre como a democracia devia funcionar. Consequentemente, o impacto do populismo na democracia tem sido em geral menos uma questão empírica e mais uma questão teórica, resolvida sobretudo por especulações

> derivadas de uma perspetiva ideal de como devia ser a democracia. Como ultrapassar esse preconceito normativo? Eu defendo que a forma mais promissora é seguir os autores que desenvolvem uma abordagem minimalista ao estudo do populismo relativamente à democracia.[247]

A própria sugestão de Rovira Kaltwasser subverte o problema da posição do sujeito em relação ao objeto de pesquisa. A sua apresentação de uma definição supostamente neutra e «menos normativa» do populismo comporta em si condições normativas. Ele adota uma definição «minimalista» do populismo que repete o conceito de populismo de Laclau como tudo o que está relacionado com o político. Rovira propõe mesmo uma ideia do populismo como parte do ser interior de todos os indivíduos. Esse tipo de populista inconsciente pode, segundo ele, ser confirmado por «investigações empíricas» como as realizadas por Mudde. Esta ideia do populismo como uma patologia do ser é necessariamente trans-histórica. Rovira argumenta: «A investigação empírica mostra que a maioria dos indivíduos tem atitudes populistas que se encontram num estado de latência. Estão adormecidas e são ativadas quando enfrentam determinadas situações contextuais. Por outras palavras, a maioria de nós tem um "pequeno Hugo Chávez" dentro de nós, mas ele está num lugar oculto e, por conseguinte, não define as nossas preferências políticas.»[248]

Ironicamente, Rovira Kaltwasser critica a ideia de Laclau do populismo como política «enquanto tal», mas ele próprio oferece uma visão idealizada, e até mesmo romântica, da «investigação empírica» como capaz de substituir as teorias críticas do populismo e neutralizar posições de sujeição normativas ou ético-políticas na investigação. O resultado é uma espécie de teoria de camadas finas cheias de pequenos conjuntos de dados sobre o funcionamento de partidos políticos e outras unidades supostamente mais percetíveis. Esta alta teoria do populismo, como as mais antipopulistas, minimiza a importância da história e da teoria ao mesmo tempo que impõe o ideal do investigador científico neutro.[249] Como vimos no capítulo anterior com respeito às teorias do fascismo, todas as escolas genéricas substituem a interpretação histórica a favor da definição. A definição tem como objetivo encerrar o debate sobre o assunto, estabelecendo assim um novo consenso que supera perspetivas anteriores e permite a investigadores supostamente mais neutros verificarem empiricamente a definição genérica. Em ambos os casos, são criadas definições minimalistas com base na autorreferencialidade que geralmente impõem uma forma mal disfarçada e renovada de positivismo. Em geral, essas teorias minimalistas minimizam a importância do papel da violência radical no fascismo e desculpam o autoritarismo das formas populistas. Por exemplo, quando confrontados com fenómenos históricos que contrariam a sua teoria, esses estudiosos silenciam simplesmente essas histórias inconvenientes. Consequentemente, assim como o Holocausto não tem merecido o seu devido e desafiante lugar na história do fascismo transnacional, o surgimento inconveniente do trumpismo, que certamente merece um lugar importante na história do populismo, tem sido simplesmente excluído da área dos estudos populistas. Cas Mudde, por exemplo, não inclui na sua definição do populismo o racismo e a xenofobia, porque estes são formas de nativismo e por conseguinte colidem com a sua definição minimalista. Segundo Mudde, o caso de Trump era muito diferente da direita populista europeia porque, na sua opinião, Trump «destacava a imigração ilegal», mas não atacava «a posição dos EUA como um país de imigração multicultural». Além disso, embora Mudde constatasse que Trump tem referido «"o problema muçulmano" pelo menos desde 2011, ele é muito mais moderado nas suas opiniões sobre o Islão e os muçulmanos do que pessoas como Marine Le Pen e, certamente, Geert Wilders». A versão populista de Trump não se enquadra na definição de Mudde. Mudde argumentou: «Enquanto os líderes populistas afirmarem ser a *vox populi*, a voz do povo, Trump é a voz de Trump.» Mas o narcisismo radical, o messianismo carismático e o pensamento mítico aparecem frequentemente na história do populismo como ligados essencialmente ao racismo, nativismo e xenofobia. E, evidentemente, Trump, por fim, e no âmbito da natureza populista da sua candidatura, logicamente afirmou na Convenção Nacional do Partido Republicano que ele era «a voz do povo».[250] A insistência nas definições genéricas minimiza a importância das margens democráticas do populismo na história. Como uma reformulação do fascismo para tempos democráticos, o populismo, sobretudo o de direita, tem sempre a possibilidade de regressar às suas origens, como mostraram recentemente alguns populistas europeus e americanos.

Quando homogeneizado com as variantes de esquerda, o populismo radical de direita liberta-se das suas facetas mais ditatoriais e autoritárias. Na história, o populismo de esquerda e de direita foram e são geralmente antagónicos, mas, na abordagem positivista genérica, tendem a ser confundidos. As distinções históricas são silenciadas pela alta teoria.

O ideal do investigador imparcial que usa definições para analisar dados substitui a necessidade de considerar o político a partir de uma perspetiva teórica crítica. O que o historiador Dominick LaCapra definiu adequadamente como «positivismo renascido» coaduna-se muito bem com a «altíssima» teoria.[251] A teoria crítica, por outro lado, aponta para possíveis problemas com a utilização irrefletida de dados para confirmar axiomas teóricos. Na verdade, essa é também uma dimensão particularmente marcante da obra crítica de Laclau. Nas suas obras importantes, Laclau fornece análises pioneiras do populismo, mas o seu diagnóstico percetivo tem de ser distinguido do seu prognóstico. O populismo para Laclau é um modelo normativo para ser adotado, sobretudo na América Latina. Ele contrasta o parlamentarismo, o debate aberto e a pluralidade de opiniões com o princípio da dupla personificação (pelo povo e pelo líder) e a necessidade de lideranças verticais no contexto de relações «amigos-inimigos». Os exemplos contemporâneos de líderes populistas latino-americanos convertidos em mitos, sobretudo em países como a Venezuela e a Argentina, sustentam a argumentação de Laclau. As suas ideias refletem a influência pouco citada e reconhecida de pensadores como Sorel e o simpatizante fascista Carl Schmitt de *A Crise da Democracia Parlamentar*.[252]

A propensão de Laclau para um modelo normativo do populismo leva-o não só a concentrar-se muito mais na América Latina do que os seus colegas teóricos, mas leva-o também a adotar a idealização normativa da região. Os académicos latino-americanos não acham estranho que o antagonista concetual de Laclau seja o intelectual italo-argentino Gino Germani, pois foi precisamente este que estabeleceu desde cedo a ligação entre o fascismo e a experiência populista latino-americana do peronismo.

Gino Germani foi um intelectual antifascista italiano, que atravessou o Atlântico para fugir ao fascismo e ajudou também a corrigir uma perceção europeia provinciana da moderna experiência política do populismo. Surpreendentemente, Germani tem sido e continua a ser bastante ignorado ou regalado para uma simples nota de rodapé nas interpretações europeias e norte-americanas do populismo. A sua obra deve ser reavaliada pelos que se interessam pela história e teoria do populismo.[253] O interesse de Germani na relação entre o peronismo e o fascismo foi incutido pela sua própria experiência pessoal.[254] Este sociólogo era criança quando o fascismo chegou ao poder e adolescente quando foi estabelecido o Estado totalitário na sua Itália natal: «Na minha primeira juventude conheci o clima ideológico global que envolvia a vida quotidiana do cidadão comum e, de uma forma mais poderosa, as gerações mais jovens. Mais tarde, na Argentina, para onde fui como refugiado político, conheci outro tipo de autoritarismo.»[255] Esta referência ao fenómeno peronista como outra forma de governo autoritário explica a sua comparação entre a Argentina e a Itália. Germani constatou que, de um ponto de vista comparativo, a Argentina peronista parecia estar atrasada em relação ao processo histórico italiano. Apesar das notáveis divergências na sua estrutura social e história política, os dois países tinham semelhanças que deram origem a duas formas diferentes de autoritarismo. Para ele, o peronismo (como o populismo em geral) foi o resultado de mudanças demográficas e de estruturas de classe contextuais. Germani baseou-se nisso para a sua explicação sociológica do populismo como um meio de mobilização de classes em sociedades subdesenvolvidas. Ao contrário de muitos teóricos, Germani distinguia as formações de classe contextualmente situadas que constituíam o núcleo do movimento. Mas também tinha tendência para ignorar a atuação de intervenientes da classe operária que apoiaram o peronismo e as muitas tentativas do regime populista, e do próprio Perón, de desenvolver as dimensões multiclassistas do seu movimento.

Em geral, Germani circunscreveu a sua teoria à forma moderna de populismo que o peronismo representava. No entanto, graças às suas obras comparativas pioneiras, juntamente com as do historiador argentino Tulio Halperín Donghi, os estudos do populismo começaram a perceber o carácter revolucionário do populismo peronista e a sua complicada relação genealógica com o fascismo. Como lembra Halperín Donghi, a revolução peronista foi confirmada por processos eleitorais, dando origem a um novo regime de «democracia plebiscitária». Para ele, o peronismo elevou o princípio do partido dirigente à categoria de uma doutrina nacional.[256] Como referiu também num famoso artigo de 1958, a relação entre o fascismo e o peronismo era ambígua, mas isso não constituía motivo para evitar análises históricas e comparativas.[257]

Os fascistas e os peronistas chegaram ao poder quando regimes liberais-democráticos que se julgavam sólidos e bem estabelecidos começaram a revelar as suas falhas. Ambos usaram a política totalitária no sentido do organicismo e integralismo absoluto que Mussolini e os *nacionalistas* fascistas argentinos atribuíram ao termo antes de 1945. Ambos ofereceram uma resposta totalitária à crise que a modernidade provocara na perceção pública das leis, da economia e da legitimidade do Estado. Os dois regimes eram manifestamente antiliberais, anticomunistas e antissocialistas, mas tratavam os seus inimigos de formas muito diferentes. Por fim, ambos mobilizavam as suas populações das cúpulas para as bases, recorrendo à propaganda e várias ações, promovendo a política de massas e convencendo as maiorias de que o líder as representava e à nação como um todo. Mas enquanto o fascismo mobilizou a classe média, o peronismo convocou a classe operária. Enquanto o fascismo levou a guerra, o imperialismo e o racismo à Europa e ao mundo, o peronismo nunca provocou qualquer guerra. O peronismo, como outras formas clássicas de populismo latino-americano, foi uma reação pós-fascista específica ao fascismo que o reformulou radicalmente.[258]

O fascismo transforma-se em populismo: do peronismo ao trumpismo e não só

Como uma nova forma de entender a democracia, o peronismo aceitava a soberania popular através de vitórias eleitorais e adotando formas democráticas de representação. Ao mesmo tempo, enaltecia drasticamente a figura do líder, apresentando-o como o melhor intérprete da vontade do povo. Pedia aos seus seguidores para depositar a sua fé nas intuições dos líderes e em mudanças de política constantes. Esperava que eles aceitassem que aquilo que o líder desejava não só englobava mas ultrapassava o seu entendimento político. No populismo, a legitimidade do líder reside não só na capacidade de o primeiro representar o eleitorado mas também na crença de que a vontade do líder ultrapassa em muito o mandato de representação política. Isso acontece porque os populistas sustentam que o líder, naturalmente, sabe melhor do que o povo o que este realmente quer. No populismo, os líderes são o objeto da representação e o sujeito da delegação popular no contexto de processos democráticos formais.[259] Os líderes eleitos personificam a soberania popular e possuem um elevado grau de autonomia relativamente às maiorias que os elegem.

Como ideologia política, o populismo, como o fascismo, o liberalismo e o comunismo, reforça a participação política de curto prazo, ao mesmo tempo que a minimiza a longo prazo. No populismo, como noutras manifestações atuais da democracia, como o neoliberalismo, a participação política significativa dos cidadãos não se traduz plenamente da retórica para a prática. Em síntese, o populismo é uma conceção moderna do político que apresenta uma combinação híbrida de ideias instáveis sobre a soberania popular, a liderança e o modo como uma sociedade capitalista deve ser organizada e governada. Baseado numa reformulação do fascismo e numa rejeição clara da sua violência extrema, o populismo adotou o princípio democrático da representação eleitoral associado a um conceito de liderança autoritária. O populismo moderno na sua forma peronista clássica incentiva ativamente a reforma social, criando formas de capitalismo estatal associadas a uma nova elite através das suas relações com o líder e o movimento que diminuem parcialmente a desigualdade de rendimentos.

O populismo clássico representava uma combinação fascista de nacionalismo extremista e uma leitura não-marxista da tradição socialista que fascistas como Benito Mussolini compreendiam muito bem. Mas o populismo do general Juan Perón nasceu num berço ideológico complexo que combinava os legados do fascismo com os dos seus inimigos: Perón afirmava que «Nós não somos sectários... Se existe algo no comunismo que podemos adotar, adotamo-lo, os nomes não nos assustam. Se o fascismo, o anarquismo ou o comunismo tiverem algo de bom, nós aproveitamo-lo».[260] Recorrendo a ideias de esquerda e direita, Perón encarava a acusação de ecletismo como um elogio. Esse «ecletismo», que Perón partilhava com Mussolini, distanciou-o do ditador italiano em termos práticos e, mais tarde, teóricos. Os elementos estruturantes do fascismo eram a idealização da violência e da guerra como os valores sublimes da nacionalidade e da pessoa do líder. Em termos militares, o fascismo mobilizava as massas, mas desmobilizava-as em termos sociais. O peronismo inverteu os termos da equação fascista, distanciando-se dos modelos fascistas e transformando-se numa ideologia política *sui generis*. O facto de o peronismo ter reformulado o fascismo e se ter tornado um regime populista eleito foi bastante significativo na história mais geral do populismo moderno.[261]

Para toda a gente, incluindo o seu criador, o peronismo foi o resultado inesperado de uma tentativa fascista de reformar a vida política argentina. O fascismo foi sempre o modelo de Perón, mas o peronismo não foi apenas uma nova forma de fascismo. Como sugeriu o historiador Tulio Halperín Donghi, «Se o exemplo do fascismo não foi capaz de dar orientação concreta ao movimento peronista, contribuiu de forma muito eficaz para o desorientar».[262] O modelo fascista em geral centrava-se em objetivos que não coincidiam nem com as realidades da Argentina e da Guerra Fria mundial do pós-guerra nem com as contradições verticais e horizontais da liderança e bases do movimento peronista. A Argentina parecia estar pronta para o fascismo, mas o mundo revelou-se demasiado maduro para o mesmo.[263]

No longo caminho percorrido pela ideologia e prática peronistas, desde a ideia messiânica da liderança fascista às transformações profundas do peronismo sindicalizado, e desde a inspiração de Perón no fascismo ao movimento dos trabalhadores, desenvolveu-se uma interação dinâmica entre o líder e os seguidores que inibiu a autonomia do primeiro e mobilizou e transformou os segundos. É possível apresentar argumentos semelhantes usando outros exemplos de populismo clássico latino-americano, sobretudo os movimentos varguista e gaitanista. Uma lógica semelhante seria aplicada mais tarde a movimentos populistas neoclássicos no contexto de crises entre fações políticas que levaram líderes de outros grupos a aderirem ao populismo. Por exemplo, na Turquia e na Tailândia, o populismo surgiu tardiamente e foi claramente uma escolha política de líderes que não tinham sido populistas antes. Nesses países, líderes como Erdoğan ou Thaksin Shinawatra (2001–06) adotaram políticas populistas depois de uma ausência relativa de retórica populista no início dos seus governos. Como explica Ertug Tombus, no caso da Turquia, o partido AKP de Erdoğan considerava-se o único agente democratizador, o que paradoxalmente levou a um aumento do autoritarismo. Erdoğan chegou ao poder em 2002, mas só mais tarde, em 2007, é que adotou plenamente um estilo e uma visão populistas. Na Turquia, portanto, e numa altura em que grupos seculares contestavam seriamente a política de Erdoğan, o populismo surgiu como uma escolha tardia para entender o político e fazer política. Como alega Tombus, nessa altura «Erdoğan mostrou que para ele a democracia é apenas um período de aclamação plebiscitária; que só vale a pena respeitar os processos e princípios democráticos desde que estes conduzam à consolidação do poder de Erdoğan. As limitações constitucionais e o Estado de direito são apenas obstáculos perante a vontade do povo, que é, para este, representada por Erdoğan e pelo AKP».[264] Esta lógica de consolidação autoritária em nome do povo e em defesa da democracia foi reforçada depois do malogrado golpe de estado antipopulista do verão turco de 2016. O inimigo passou a ser toda a gente que aparentemente se opunha ao líder.

Na Tailândia, Thaksin Shinawatra, um magnata dos média, adotou o papel da voz do povo e até modos populares de falar e vestir. Ele hostilizou os média que o criticavam e apresentou a sua política como um «autoritarismo brando», afirmando em 2006: «Eu sou a principal força no governo e todos os outros são apenas meus ajudantes.» Como lembra o teórico político Benjamin Moffitt, o líder tailandês afirmava que os intelectuais, as ONG e os grupos da sociedade civil eram «inimigos da nação». A dada altura, o *slogan* do partido era «O populismo para uma vida feliz».[265]

Com o populismo, o inimigo era o oposto do povo e do líder. A centralidade do povo e do inimigo na retórica do líder populista demagógico conduzia à dupla afirmação das necessidades e desejos dos líderes e dos seus seguidores e à crescente exclusão de todos os outros, simbolicamente e, por vezes, na prática. O resultado era a degradação ou até mesmo a eliminação da democracia, quer através do crescente recurso do líder ao autoritarismo (Turquia), quer através do surgimento de uma ditadura antipopulista (Tailândia) que derrubou o populismo. No caso do peronismo clássico, as duas tendências estiveram presentes. A partir da sua eleição em 1946, Perón reforçou o seu autoritarismo até ser derrubado, em 1955, por ditadores antipopulistas ainda mais autoritários e violentos.

O populismo surgiu como uma alternativa autoritária à violência fascista do passado, uma reação que implicou reformar o fascismo em termos democráticos e uma nova atenção dada aos cidadãos que continuavam a não ter representação política. É por essa razão que Eric Hobsbawm, um dos historiadores mais influentes do último século, acha que o fascismo teve um impacto tão grande na história latino-americana.

Para Hobsbawm, o impacto ideológico do fascismo foi «inegável» nas Américas. Contudo, na sua opinião, esse impacto não resultou de um envolvimento mimético com a Europa mas de uma transformação democrática. Ao mesmo tempo que ignorava as particularidades nacionais do fascismo na América Latina, Hobsbawm reconhecia perspicazmente os seus resultados populistas: «Foi na América Latina que a influência fascista europeia seria aberta e reconhecida, não só sobre individualidades políticas, como Jorge Eliécer Gaitán (1898–1948) da Colômbia e Juan Domingo Perón 1895–1974) da Argentina, mas também sobre regimes, como o Estado Novo de Getúlio Vargas.»

Sem analisar devidamente a importância do contexto do pós-guerra na América Latina, Hobsbawm realçou a transformação significativa do fascismo depois de atravessar o Atlântico. Sublinhou a originalidade da sua transformação no populismo, que atribuiu a fatores estruturais nacionalistas: «O que os líderes latino-americanos adotaram do fascismo europeu foi a sua deificação de líderes populistas com uma reputação de homens de ação. Mas as massas que eles queriam mobilizar, e que deram por si a mobilizar, não eram as que temiam o que podiam perder, mas as que nada tinham a perder.» Esses fatores estruturais explicam por que razão, além da ideia de que a «oligarquia» era o inimigo, foi o populismo e não o fascismo que se estabeleceu na América Latina. Mesmo quando esses líderes populistas eram de direita, e mesmo que tivessem simpatizado com o fascismo, os seus apoiantes acabavam por orientá-los para a esquerda. Por outro lado, Hobsbawm achava que os populistas americanos, como Huey Long e a sua «conquista» do Luisiana no período entre as duas guerras mundiais, se baseavam mais numa tradição de esquerda radical «que diminuía a democracia em nome da democracia». Para Hobsbawm, o populismo americano pertencia à esquerda por causa da sua atração para «os pobres». Para ele, esse foi «o populismo demagógico mais bem-sucedido e possivelmente perigoso da década».[266]

Uma vez que o populismo podia basear-se mais na direita ou surgir das tradições da esquerda, foi sempre mais inclusivo do que o fascismo. Curiosamente, Hobsbawm inscreveu o fascismo e o populismo no contexto da «queda do liberalismo». Mas eu argumentaria que depois de 1945 surgiu um novo contexto que separou as experiências do fascismo e do populismo.

A história mundial do populismo também inclui os Estados Unidos, onde o populismo tanto podia ser de direita como de esquerda. Os historiadores americanos já debateram longamente estas questões, sobretudo depois da publicação das obras pioneiras de Richard Hofstadter nos anos 50. Antes de Hofstadter, a historiografia americana considerava o populismo um fenómeno exclusivamente de esquerda, na tradição dos finais do século XIX, mas Hofstadter afirmava que o populismo americano tinha importantes características autoritárias. Influenciado pelas obras da escola de Frankfurt, Hofstadter salientou a natureza autoritária, irracional, pastoral, antiurbana e até antissemita e anti-intelectual dos primeiros populistas americanos. Depois de Hofstadter, muitos estudiosos continuaram a identificar o populismo com a esquerda, mas outros realçaram as duplas possibilidades do populismo como sendo progressista ou reacionário. Os historiadores americanos têm debatido se o populismo, desde a democracia jacksoniana ao macarthismo, e desde os discursos antissemíticos e pró-fascistas demagógicos do padre Charles Coughlin e o nativismo de direita pré-populista de Charles Lindberg antes de 1945 às candidaturas de George Wallace em 1968 e Ross Perot em 1996, foi uma reação à modernidade ou uma rejeição da mesma. Mas historicamente, e eu acrescentaria também transnacionalmente, as tendências políticas e sociais do populismo dependem dos contextos.

Nos Estados Unidos, como em todos os outros lugares, o populismo do pós-guerra foi uma resposta moderna às crises reais ou aparentes do liberalismo e uma nova experiência num mundo sem fascismo no início da Guerra Fria. Os historiadores americanos normalmente não exploram as implicações transnacionais do populismo moderno do pós-guerra e o facto de ter sido precisamente nessa altura que surgiu o populismo clássico na América Latina. Concentrando-se nas tradições nacionais, esses historiadores notaram que depois da Segunda Guerra Mundial, e devido sobretudo a um robustecido movimento anticomunista e, pouco depois, a uma forte reação ao movimento dos direitos civis, o populismo deixou definitivamente de ser um fenómeno da esquerda progressista para se aproximar da direita reacionária. A maioria dos historiadores da história americana não aborda o facto de essa transição do populismo para um modelo mais predominante e distintivamente de direita ter coincidido com outras tendências mundiais, especialmente, mas não exclusivamente, o anticomunismo e o peronismo antiliberal, entre outros movimentos de terceira via que se consolidaram depois da ressurreição do liberalismo no pós-guerra. Os Estados Unidos seguiram essas tendências mundiais. A distinção entre o populismo progressista americano anterior a 1945 e o populismo anticomunista de direita que se mobilizou contra o New Deal corresponde cronologicamente à minha própria distinção entre o pré-populismo e o protopopulismo e populismo clássico na América Latina. O novo populismo americano que se tornou dominante nos anos 40 com o objetivo de defender um povo unido contra as elites liberais partilhou muitos impulsos com outros casos nacionais e transnacionais.[267]

Muitos estudiosos da história americana concordam que o populismo se desviou para a direita no período do pós-guerra, mas, como salienta o historiador Ronald Formisano, existiram exceções importantes a essa tendência. Nalguns casos, o populismo americano propunha uma amálgama de motivos progressistas e reacionários que seria repetida, por exemplo, pelos apoiantes da candidatura presidencial de Ross Perot em 1992.[268] No entanto, Formisano lembra que, nos anos 90, a direita religiosa «já se transferira firmemente para o campo republicano». Estas transferências, e a crescente colonização do Partido Republicano por temas populistas nativistas e cada vez mais xenófobos, explicam os muitos *tea parties* populares que surgiram depois da eleição de Barack Obama em 2008: «Embora o Tea Party surgisse de repente em 2009 protestando contra os gastos do governo, impostos elevados e resgates financeiros, as suas paixões têm sido igualmente estimuladas pelas preocupações culturais da direita religiosa e dos grupos aliados centrados nos direitos e no lugar na sociedade das mulheres e imigrantes ilegais.» A xenofobia anti-imigrante foi particularmente decisiva para a ideologia do Tea Party. Também importante foi o racismo e os receios neoliberais sobre a resposta muito moderada do presidente Obama à crise económica. Na sua análise das reuniões do Tea Party no Massachusetts, Vanessa Williamson, Theda Skocpol e John Coggin constataram: «Em reuniões públicas, a retórica do Tea Party parece adotar o "estilo paranoico da política americana" de Hofstadter, denunciando o presidente como uma ameaça para a democracia americana de formas que parecem completamente desproporcionadas em relação a quaisquer ocorrências políticas reais.»[269] O Tea Party induziu muitos republicanos à bipolarização e à demonização do presidente em funções, com Donald Trump como um dos mais famosos defensores do chamado Movimento Birther. A fantasia por trás da mentira de que o presidente Obama não tinha nascido no seu próprio país era típica da vontade populista de retirar legitimidade política aos que eles julgavam pertencer às elites e opor-se ao povo e à nação. Quando Trump se tornou o nome da direita populista da América e presidente do país, completou-se o ciclo. O populismo americano tinha encontrado o seu líder, completando uma forma de populismo até então incompleta.

Nas primeiras décadas do século XXI, o Tea Party e o presidente Donald Trump têm continuado essas tradições populistas nacionais mas também transnacionais. Para o *Breitbart*, um website de supremacistas brancos que desempenhou um papel notável na trajetória de Trump para a presidência, e cujo diretor foi o principal estrategista da campanha de Trump, este forneceu um exemplo importante para «candidatos populistas e nacionalistas» do outro lado do Atlântico. O *Breitbart* afirmava: «O globalismo sofreu uma série de golpes poderosos, sobretudo com o surgimento contínuo de partidos populistas em França, na Alemanha, na Áustria, na Itália, na Grã-Bretanha, na Hungria e noutros lugares. Como no caso do referendo do Brexit, o poder instalado — incluindo a sua caixa de ressonância, os média tradicionais — recusa-se teimosamente a admitir os factos e depois barafusta quando as suas previsões se revelam ilusórias.» Enquanto o *Breitbart* alegava que o populismo de Trump ia salvar a América, o populista italiano Beppe Grillo afirmava que a vitória de Trump era um momento decisivo na história mundial: «Isto é um grande "vai à merda". Trump conseguiu uma vitória incrível.» Por sua vez, Marine Le Pen disse que o triunfo de Trump representava uma «revolução mundial», a vitória da vontade do povo sobre as elites. Para Le Pen, «Manifestamente, a vitória de Trump é uma pedra adicional no edifício de um novo mundo destinado a substituir o velho». Le Pen adotara o *slogan* «*Au nom du people*» para a sua própria campanha presidencial, argumentando: «Estamos numa encruzilhada... Estas eleições representam uma escolha de civilização.» Como Trump, Le Pen identificava a sua posição com a do verdadeiro patriota: «a divisão já não é entre esquerda e direita (mas) entre globalistas e patriotas».[270]

Estas afinidades transnacionais e semelhanças contextuais comuns anunciavam a nova vitória cataclísmica do populismo na democracia mais paradigmática e famosa do mundo. Esse facto silenciou os apelos americanos convencionais ao excecionalismo na política e na antiga tendência na historiografia americana para ignorar histórias transnacionais paralelas. Como alegou António Costa Pinto, especialista em fascismo e autoritarismo, com o surgimento do trumpismo tornou-se claro como era problemático afirmar que a democracia americana não fazia parte de uma tendência populista mais global de direita.[271] Os Estados Unidos representam uma parte da história mundial, embora uma parte importante que afeta singularmente todas as outras. Efetivamente, existem algumas peculiaridades sintomáticas do populismo americano na história. Fundado no país onde o liberalismo veio a imperar, o populismo americano tinha inevitavelmente de regressar e atender aos princípios liberais do país como uma república. Na verdade, os Estados Unidos constituíram, como defendem Andreas Kalyvas e Ira Katznelson, o «primeiro regime liberal do mundo». Os fundadores da república americana como Thomas Paine e James Madison reformularam a virtude política como representação política. Definiram a democracia moderna como a representante do povo.[272] A sua solução era uma nova combinação de soberania popular e representação política. Para eles, o poder não era absoluto e a autoridade emanava em última instância do povo. Os processos eleitorais eram uma manifestação disso mesmo. Os representantes governavam durante algum tempo em nome do povo, mas o poder absoluto residia apenas no povo. Este, e não os seus representantes temporários, era o outorgador da legitimidade política. Na prática, e desde os princípios da república, esse ideal nem sempre foi alcançado. Ao eleger representantes, o povo trocava o governo direto pelo indireto, o que impunha limites à expansão da democracia. Além disso, aqueles a quem o povo delegava o poder de agir em seu nome podiam implementar processos políticos que muitas vezes estabeleciam formas de domínio. Por exemplo, para Hannah Arendt, os usos da soberania popular eram facilmente direcionados para resultados desiguais e autoritários. Como explica Kalyvas, Arendt «alertou contra o impulso homogeneizante da soberania que destrói a multiplicidade constitutiva, a própria pluralidade, do espaço público, impondo violentamente a perigosa ficção de um macroagente unitário, o Povo-como-Unidade».[273]

Evidentemente, diferentes conceitos de soberania popular na história têm apresentado igualmente resultados igualitários e autoritários. Como noutros casos, os Estados Unidos não foram uma exceção na sua ambivalência em face do conceito de soberania: promovendo e limitando resultados democráticos. Como nos lembra o teórico político Jason Frank, a história desse país é constituída por invocações do povo como «a única fonte legítima de poder»: «O povo tem sido usado para justificar a revolução popular contra as autoridades coloniais e para fundar uma ordem constitucional baseada em "excluir o povo na sua capacidade coletiva"; para fortalecer os Estados e a união; para autorizar o vigilantismo e afirmar o Estado de direito; para criar uma ampla frente populista contra a exploração económica da Era Dourada e para perpetuar algumas das piores atrocidades raciais da nação; para aumentar o poder da presidência e devolver o poder às bases.»[274]

Em todo o mundo, candidatos e outros líderes políticos invocavam frequentemente a popularidade das suas ideias para as defender das críticas da imprensa ou da academia. O resultado foi uma tendência teleológica para encarar qualquer análise do populismo como elitista ou desfasada das necessidades e dos desejos da suposta maioria nacional. Essa situação expunha os críticos a acusações de agressão simbólica contra qualquer realidade à qual era atribuída o termo *popular*.[275] Sobretudo nos Estados Unidos, o popular e o populismo têm sido usados frequentemente como se fossem sinónimos. Consequentemente, ambos são associados a causas legítimas, sobretudo progressistas, que recuperam as necessidades do povo.

Com efeito, *povo* é um termo neutro que tem sido apropriado igualmente por vários intervenientes nacionais representando diferentes movimentos políticos, desde o liberalismo ao fascismo. Os fascistas falavam em nome do *popolo* ou *volk*, os socialistas reais também associaram um povo a uma nação, e os liberais referiam-se a «nós o povo» como uma expressão fundamental para a era moderna.[276] Mas no populismo, todas essas tradições se interligaram. Nesse contexto, o populismo fundia a representação política com a delegação plena e associava ambos a uma ideia mítica do passado, quando a democracia funcionava de facto. O populismo, por conseguinte, apresentava-se como um regresso ao passado mas também como um futuro em que a tolerância e a diversidade deixariam de ter um papel político predominante. Mais do que noutros lugares, o populismo americano tem sido sempre capaz de regressar às suas origens democráticas mas, como noutros lugares, essas origens são geralmente minimizadas, circunscritas à maioria e entendidas miticamente como uma fonte de redenção relativamente à pluralidade.

Como aconteceu no resto do mundo, o fim da Segunda Guerra Mundial transformou significativamente os Estados Unidos. A ordem económica do pós-guerra e o novo estatuto hegemónico do liberalismo reduziu o potencial populista da esquerda, permitindo ao populismo de direita imperar a norte do canal do Panamá. Contudo, nas décadas seguintes o populismo foi cooptado, e restringido, por elementos mais conservadores dentro e fora do Partido Republicano. Essa situação alterou-se progressivamente, sobretudo depois dos ciclos relacionados de neoliberalismo, tecnocracia e crise económica do nosso novo século. Por fim, em 2017, o populismo de extrema-direita americano chegou ao poder.

Como movimentos, o Tea Party, e, mais tarde, o trumpismo nos Estados Unidos, apresentaram interações autoritárias semelhantes às que têm definido historicamente o populismo no resto do mundo. A lógica da radicalização populista exaltava a oposição entre o povo e o Outro — nomeadamente, os inimigos imaginários do povo. Esse antagonismo radical era precisamente o que muitos seguidores queriam dos seus líderes. Como eu e Pablo Piccato alegámos em relação ao trumpismo em 2016: «Alguns observadores acreditam — ou, talvez, esperam —

que os apoiantes de Trump não compreendem ou não acreditam no que ele representa. Estão enganados.» Entre esses observadores incluía-se o presidente Barack Obama, que sugeriu que os seguidores de Trump estavam mal orientados. No entanto, vários estudos constataram uma relação entre o ressentimento contra os afro-americanos e os imigrantes e o apoio a Trump. Nós achamos que «Os seus apoiantes gostam de Trump não apesar das suas qualidades antidemocráticas mas precisamente por causa delas».[277] O populismo não pode ser reduzido simplesmente aos seus líderes carismáticos nem o seu impacto explicado apenas através da verificação de serem mensageiros verdadeiros ou falsos do povo. Os líderes e os seguidores reagem às expectativas uns dos outros e determinam a realidade do movimento. Foi assim, efetivamente, que nasceu o populismo moderno como regime, levando à democratização do sistema ditatorial da Argentina. Mas o contrário também pode acontecer; por exemplo, um líder eleito por uma grande minoria ou uma pequena maioria (como aconteceu na Venezuela de Maduro) pode decidir afastar-se da democracia, eliminando a necessidade da legitimidade eleitoral que é constitutiva do populismo na história.

Como mostra a história moderna do populismo, isso tornou-se pela primeira vez evidente no caso do peronismo. Com Perón, a Argentina assistiu a uma redistribuição significativa dos rendimentos e a um reforço dos direitos dos trabalhadores urbanos e rurais, com um aumento dos salários e do emprego. Inicialmente, as reformas estruturais da base social implementadas por Perón e pela ditadura de 1943–46 não foram acompanhadas de processos democráticos. Os seus apoiantes, por conseguinte, não podiam manifestar formalmente o seu apoio ao regime ditatorial e à sua figura dominante. Isso não podia ser feito sem deslegitimar a ditadura. Perón resolveu essa contradição convocando eleições para legitimar a sua liderança, que até então tinha sido uma ditadura. Além disso, quando foi afastado dos seus cargos ditatoriais em 1945, e durante as famosas manifestações populares a seu favor, Perón conseguiu posicionar-se como líder de um golpe de estado popular contra a ditadura. Depois venceu as eleições presidenciais de fevereiro de 1946. O resultado foi uma democracia que combinou o alargamento dos direitos sociais, o aumento da participação eleitoral dos seus apoiantes e a limitação dos direitos políticos da oposição.

Do passado ao presente

Esta nova forma de política do pós-guerra tornou-se depois o caso clássico do populismo latino-americano. Como uma versão autoritária da democracia eleitoral, o populismo apresenta-se como situado fora da política normal. Afirma representar a democracia através de processos não eleitorais. As minorias políticas ficam com menos espaço para se exprimirem, sendo acusadas de trair a «verdadeira» vontade da nação ou, pior do que isso, de agir como meros fantoches de potências estrangeiras conspirando contra o país. Por fim, o populismo funde o Estado e o movimento, impondo formas de clientelismo que apresentam o líder como a personificação do povo. Perón, efetivamente, encarava a sua liderança como a ligação eterna entre o povo da nação como um todo e o aparelho de segurança do Estado. No seu no famoso discurso de 17 de outubro de 1945, e referindo-se a si mesmo na terceira pessoa, apelou: «Neste momento histórico para a República, que o coronel Perón seja o elo de união que tornará indestrutível a fraternidade entre o povo, o exército e a polícia. Que essa união seja eterna e infinita para que este povo cresça nessa unidade espiritual das forças verdadeiras e autênticas da nacionalidade e da ordem.» Perón apresentava-se como um líder da lei e da ordem. Ele podia unir um público dividido, mas fá-lo-ia eliminando todas as distinções entre o povo. Ao fazê-lo, o militar argentino promovia a polícia e as forças armadas contra os inimigos imaginários do povo, tanto dentro como fora da Argentina, que comprometiam não só a segurança nacional do país mas também a sua identidade. Como alegámos com Pablo Piccato e Dirk Moses, Trump também combinara o alarmismo «nós-contra-eles», declarações jingoístas e a ideia da lei e da ordem com a ficção de que ele era o «mensageiro» do povo. No seu discurso de tomada de posse sobre a «carnificina americana», Trump disse que o povo americano tinha derrotado uma minoria de políticos: «Durante demasiado tempo, um pequeno grupo na capital da nossa nação tem colhido os frutos do governo, enquanto o povo tem suportado os custos.» Trump também alegava que o país estava assolado pelo crime, afirmando falsamente durante a campanha que a «taxa de homicídios» era a mais alta em quase meio século e que os polícias «são as pessoas mais maltratadas» na América.[278]

Como um bom aluno do populismo clássico, Trump estava a realizar um tipo de populismo peronista, que encarava a democracia constitucional secular como a causa do declínio nacional. Ao apresentaram-se como a personificação das suas nações e povos, esses líderes queriam revolucionar os seus países a coberto de um mandato eleitoral. No trumpismo, essa ficção foi defendida, não obstante o facto de Trump ter perdido o voto popular. No peronismo, a visão autoritária da democracia representava a necessidade de usar o voto popular para legitimar a síntese de nacionalismo e socialismo nacionalista não-marxista do período entre as guerras. Nas suas memórias, Perón associava explicitamente o fascismo italiano e o nazismo a esse «socialismo com um carácter nacional». Referindo-se à sua visita à Itália fascista, explicava: «Decidi fazer os meus estudos militares na Itália porque era lá que um novo nacional-socialismo estava a ser ensaiado. Até então, o socialismo tinha sido marxista. Na Itália, pelo contrário, o socialismo era *sui generis*, italiano: fascismo.»[279] Perón reformulou radicalmente o fascismo, dando-lhe uma nova orientação democrática e antiliberal. Mas o populismo não é argentino, latino-americano, norte-americano, asiático nem europeu. É um fenómeno mundial com histórias europeias, asiáticas e americanas distintivas. É e foi o resultado de interligações e transferências de ideias políticas e experiências históricas através do Atlântico e no resto do mundo.

O populismo surgiu pela primeira vez como uma solução democrática antiesquerdista e uma tentativa de superar a dicotomia da Guerra Fria entre o liberalismo e o comunismo. Ao «democratizar» as experiências não-democráticas do fascismo, o peronismo transformou-se no primeiro exemplo de um regime populista no pós-guerra. Outros regimes semelhantes seguiram-se pouco depois no Brasil, na Bolívia e noutros países latino-americanos.

Depois do seu advento como uma reformulação moderna do fascismo, o populismo tem tido histórias variadas e divergentes. Como sustenta Hans Vorländer, o populismo pode funcionar como «o bom, o mau e o vilão». Pode ter efeitos diferentes e até contraditórios na democracia. Pode estimulá-la, diminuí-la ou até destruí-la.[280]

Na América Latina, os regimes populistas clássicos em geral combinaram a liderança autoritária presidencial plebiscitária, o apoio eleitoral de grandes maiorias populares e um aumento dos direitos sociais. Mais recentemente, o populismo europeu de direita, por outro lado, tem visado geralmente os imigrantes e realçado a desintegração europeia. Nas suas formações históricas mais recentes, o populismo representa uma reação não-pluralista à recessão económica mundial e à crise de representação generalizada alimentada pela presença contínua de uma elite de tecnocratas que passa de governo para governo e é vista como indiferente às crescentes disparidades sociais.[281]

Essas reações ao neoliberalismo surgem da direita e da esquerda e às vezes, como no caso do Movimento Cinco Estrelas na Itália ou do movimento kirchnerista na Argentina, são amalgamadas. Esta amálgama contesta as demarcações tradicionais entre a esquerda e a direita, mas não elimina distinções importantes, ou mesmo fundamentais, entre, por exemplo, o populismo esquerdista do movimento de Evo Morales na Bolívia e o populismo xenófobo do Partido dos Verdadeiros Finlandeses na Finlândia.[282] As suas respostas extremamente diferentes ao neoliberalismo explicam por que razão esquerda e direita não podem, no fundo, ser diluídas em definições genéricas não-históricas. No entanto, o populismo reconfigura constantemente as fronteiras ideológicas existentes.

O populismo tanto de esquerda como de direita tornou-se uma força política na Europa. À esquerda, a Grécia e a Espanha são os casos mais relevantes. Na Inglaterra, Itália, França, Eslováquia, Bulgária, Dinamarca, Finlândia, Holanda, Alemanha e Áustria, políticos populistas de direita realçam a necessidade de devolver o poder ao «povo» e tirá-lo das «elites oligárquicas». Embora geralmente não sejam consideradas parte integrante da Europa, tanto a Turquia como a Rússia constituem formas claras de liderança populista, em que a oposição é apresentada como contrária à vontade do povo. A Aurora Dourada e o partido Jobbik na Hungria, que têm promovido uma forma mais extremista de populismo do que muitos movimentos, podem ser encarados como adeptos de um novo fascismo ou, mais simplesmente, formas de neonazismo.

Estas oscilações entre o fascismo e o populismo representam no fundo a possibilidade de desfazer versões democráticas-autoritárias do populismo e fazer regressar o populismo ao fascismo. Do lado «moderado», as atividades do UKIP na Inglaterra contribuíram para o sucesso do Brexit em 2016 e, em geral, para a desintegração europeia. Eles propunham um regresso à nação e uma rejeição antipolítica das instituições.

Quando se encontram na oposição, as formações populistas são incompletas e limitadas à função de partidos de protesto dentro do sistema. Não estando no poder, a sua influência está relacionada com o modo como influenciam a vida política. Elas assumem uma função que favorece o nacionalismo intolerante. O sucesso dessa direita populista, um sucesso representado mas certamente não limitado a uma série de eventos como os vários referendos antieuropeus e o Brexit, mostra a sua capacidade de encontrar formas de combater o *statu quo* — antipluralidade; expressões de indignação; descontentamento genérico, mais especificamente, críticas aos imigrantes e à imprensa; e principalmente, o regresso do nacionalismo jingoísta.[283] Na maior parte dos casos, essa direita populista representa o paradoxo de um «povo» que se insurge contra as potencialidades da vida democrática e do pluralismo. Mas a isso junta-se outro paradoxo: — valores antidemocráticos falando em nome da democracia contra a tirania, o fascismo ou a ditadura. Como explica Rancière, as formas oligárquicas de soberania estão associadas à política como afinidade ou raça. Estas representam formas antidemocráticas contrárias a uma democracia mais igual.[284] Se o populismo, como veremos no capítulo seguinte, impõe limites ao conceito de soberania popular ao combiná-lo com ideias trinitárias de líderes e povos, o neoliberalismo também apresenta um conceito duplo de soberania. Após muitas décadas de apoio a ditadores no Sul, o neoliberalismo combina hoje uma fé na ação do mercado com a legitimidade de processos eleitorais à escala global. Como afirma Wolfgang Streeck, o neoliberalismo representa uma forma de soberania que não depende significativamente da participação democrática porque também depende dos imperativos do mercado. Consequentemente, ao afastar a participação dos cidadãos na política, o neoliberalismo também constitui o seu próprio desafio à democracia e associa a soberania popular à soberania do mercado. Um aspeto dessa conciliação entre a vida capitalista e a vida social é que a lógica do mercado tende a ser naturalizada e é depois apresentada como um imperativo moral ou ético que se situa antes ou acima da política. Para Streeck, «O capitalismo neoliberal e a democracia eleitoral podem conviver pacificamente desde que a democracia seja privada da sua capacidade de intervenção política igualitária na "livre atuação das forças do mercado"». O resultado dessa privação é a «imposição autoritária de uma monocultura capitalista».[285]

Tanto o neoliberalismo como o populismo desejam governar em nome e nos interesses do povo, mas sem considerar a legitimidade de visões alternativas da sociedade. Isso acontece sobretudo na Europa, mas, mesmo quando querem a destruição da União Europeia, a maioria desses novos movimentos populistas europeus de direita não tenta destruir a democracia. Tentam apenas reduzir o seu alcance e limitar o seu potencial emancipatório. No entanto, o regresso do fascismo à Europa surge na forma da radicalização, nalguns países, das genealogias mais autoritárias do populismo. Isso não acontece na maioria dos populismos europeus; mas na Grécia, a Aurora Dourada baseia-se profundamente no passado fascista. A crise financeira do país e a insistência da Alemanha e da União Europeia em implementar medidas severas de austeridade neoliberais têm gerado reações populistas que evocam os fantasmas do fascismo europeu do período entre as duas guerras mundiais. O partido neofascista Aurora Dourada usa abertamente um logótipo semelhante a uma suástica. Os seus apoiantes têm perpetrado ataques físicos violentos (incluindo assassínios) contra imigrantes e opositores políticos e o seu programa partidário inclui o antissemitismo e a negação do Holocausto. Sentimentos semelhantes estão a aumentar na Hungria, onde o partido nacionalista, anti-imigração e antissemita Jobbik é uma das formações políticas mais importantes no país.[286]

Do outro lado do Atlântico, a bem-sucedida campanha presidencial de Donald Trump reposicionou os Estados Unidos como um centro mundial do populismo de direita. Com a sua insistência na discriminação étnica e religiosa, Trump adotou o racismo de uma forma explícita, superando a reformulação mais estratégica da Frente Nacional em França e do Partido da Liberdade austríaco.

Numa reação ao liberalismo, mas também à esquerda, a Europa e os Estados Unidos estão a assistir ao regresso de uma forma de populismo de direita que o devolve à clássica versão autoritária do populismo latino-americano. Mas isso está a acontecer sem a reprodução da dimensão socialmente inclusiva do último. Os populistas europeus e americanos de direita substituíram a crítica populista latino-americana da desigualdade social por uma proposta jingoísta de exclusão de minorias étnicas, religiosas e imigrantes da nação. Num contexto de crescente desigualdade social, os líderes populistas europeus e americanos da direita salientam a necessidade de libertar os cidadãos de formas tradicionais de representação democrática. Para eles, os líderes representam uma personificação do povo «real», por contraposição com todos os habitantes do país. Na Europa, por exemplo, em países como a Inglaterra, a Holanda, a França e a Itália, essas opiniões contrárias às minorias transcendem a abordagem dos movimentos populistas e são cada vez mais aceites por partidos conservadores e até sociais-democratas.

Na América Latina, os populismos de direita e de esquerda defendem geralmente a integração regional. Isso não acontece com o populismo de direita na Europa e nos Estados Unidos. Embora o populismo surgisse nos anos 40 do século XX como uma resposta anticomunista à esquerda que combinava a redistribuição social e o capitalismo estatal, nos anos 90 transformou-se numa nova tentativa antiesquerdista de combinar lideranças verticais com a economia de livre mercado. Os seus programas de austeridade eram geralmente apresentados como respostas à crescente disfunção e recessão económicas. Na realidade, esses programas não conseguiram resolver esses dois problemas e contribuíram para uma minimização da capacidade do Estado de diminuir as disparidades sociais na América Latina. Os recentes populismos latino-americanos associados à esquerda na Bolívia, na Venezuela e no Equador são claramente resultados desse ciclo populista «esquerda-direita». Como uma reação ao populismo da direita, eles fundem Estado e movimento, impondo formas de clientelismo que promovem o líder como o verdadeiro provedor do povo. Mesmo quando as disparidades sociais são diminuídas, a bipolarização política prevalece.[287] Em contrapartida, as recentes experiências populistas europeias e americanas lembram os primeiros exemplos do populismo clássico, embora numa forma muito menos inclusiva do que o peronismo ou o varguismo no Brasil. Até há pouco tempo, os estudiosos do populismo garantiam-nos que um país como a Alemanha (uma grande potência no Ocidente) estava de certo modo imune ao populismo, como se fosse um paradigma a seguir.[288]

Na realidade, a Alemanha é também um exemplo importante de uma forma euro-americana mais alargada de populismo xenófobo.

O novo populismo da direita europeia — na sua forma radical (Grécia, Hungria) ou em doses relativamente mais pequenas (França, Itália, Áustria, Alemanha e Holanda) — é surpreendentemente suscetível aos seus fundamentos pré-democráticos. A mesma lógica parece motivar as aventuras do populismo americano no século XXI. Na melhor das hipóteses, esse populismo é ainda ambivalente em relação às instituições democráticas. Na pior, quer destruí-las. Sobretudo na Europa, a possibilidade do regresso do populismo às suas bases antidemocráticas suscita a seguinte pergunta: o populismo europeu de direita reformular-se-ia, minimizaria os seus credenciais democráticos recentemente adquiridos e reatualizaria o reprimido passado fascista? Adotando posições racistas e neofascistas contra o pluralismo democrático e os direitos das minorias, os populistas de direita da Grécia e os seus congéneres húngaros — juntamente com muitos outros partidos anti–União Europeia — apresentam tipos europeus de populismo efetivamente dispostos a fazer regressar o populismo ao fascismo. Voltar ao fascismo ditatorial significaria a dissolução do populismo como este se tem apresentado desde 1945; em suma, como um autoritarismo democrático.

O populismo clássico rejeitou não só formas fascistas ditatoriais mas também níveis elevados de violência política, racismo e antissemitismo, juntamente com a guerra e o militarismo. É verdade que Perón acolheu muitos nazis e outros fascistas, e Vargas também perseguiu minorias no Brasil, mas Perón também permitiu que os judeus argentinos se tornassem membros plenos da nação desde que se declarassem judeus peronistas. As campanhas de Vargas contra as minorias assemelharam-se mais às tendências iliberais contemporâneas da democracia americana (por exemplo, as medidas de Franklin Delano Roosevelt contra americanos japoneses) do que às leis racistas do fascismo de estilo nazi. O populismo implicou a rejeição dos modos fascistas. Embora o passado fosse caracterizado pela violência, o futuro seria diferente. Como disse Perón em 1945 antes de ser eleito: «Não se vence com a violência. Vence-se com inteligência e organização… o futuro pertence-nos.» Da mesma forma, Eva Perón afirmou ter feito uma distinção clara e categórica entre o regime peronista e a ditadura de Franco durante a sua visita a Espanha, quando explicou a Carmen Polo, a mulher do ditador espanhol, a diferença essencial entre a vontade do povo expressa pelo peronismo e a imposição da violência que Franco representava: «Eu tolerei aquilo algumas vezes até já não aguentar mais e disse-lhe que o marido dela não era um governante pelos votos do povo mas por causa da imposição de uma vitória. A gorda não gostou nada.»[289]

O peronismo e outros populismos latino-americanos bipolarizaram as suas sociedades, mas não empreenderam níveis elevados de repressão e violência política.

Tendências autoritárias semelhantes na democracia dominaram as últimas duas décadas de populismo latino-americano; o populismo combinou formas verticais de democracia com formas verticais de liderança. Por exemplo, o caso da Venezuela de Chávez e Nicolás Maduro complica geralmente a formação de conceitos típicos ou ideais. Os seus regimes populistas reforçaram o exército e o militarismo popular, envolvendo por vezes o antissemitismo. Embora inicialmente o comandante Chávez tivesse participado num golpe de estado (como fizera Perón em 1930 e 1943), mais tarde ele aceitou plenamente as eleições democráticas, apesar de restringir outros processos democráticos. Em geral, o populismo latino-americano abandonou o fascismo e adotou efetivamente as formas autoritárias de democracia que o definiam tão bem. Não sabemos ainda se as formas europeias ou americanas de populismo neoclássico de direita estão igualmente comprometidas com a democracia formal, como aconteceu de um modo geral na maioria das histórias do populismo latino-americano de esquerda e de direita. O fascismo paira sempre sobre a história passada e presente do populismo, sobretudo na Europa. Ao contrário da maioria das versões latino-americanas do populismo, firmemente baseadas na democracia formal, o populismo europeu corre o risco de fazer regressar o fenómeno populista às suas origens pré-populistas ou até fascistas. Desfazendo a reformulação pós-fascista do fascismo, os populismos europeus mais extremistas parecem voltar-se cada vez mais para o neofascismo.

O populismo é o oposto da diversidade, da tolerância e da pluralidade na política. Afirma representar uma maioria imaginária e rejeita as opiniões de todos os que considera parte da minoria. Sobretudo à direita, inclui quase sempre as minorias étnicas e religiosas entre os seus inimigos e sempre a imprensa independente. Perón falava em nome do povo e considerava-se o oposto das elites. Como Le Pen, Wilders, Trump e muitos outros líderes contemporâneos, o general argentino situava a sua própria pessoa contra a política do costume. Ele representava a antipolítica e imaginava o seu próprio papel em termos messiânicos. A sua missão era transformar radicalmente a Argentina, dando-lhe uma nova base histórica numa altura de crise terminal.

Se Perón foi o expoente do populismo do século XX, a nova corrente de direita representa uma nova vaga de populismo para o novo século. Desta vez, porém, o populismo retoma alguns temas fascistas que Perón e o populismo clássico tinham rejeitado. A direita populista americana — e os seus congéneres europeus como Marine Le Pen da França, a Liga Norte italiana, ou a AfD e o PEGIDA da Alemanha — regressou à xenofobia de uma forma que o líder latino-americano nunca teria imaginado.

Se a rejeição do racismo foi um dos elementos fundamentais da versão peronista de uma democracia autoritária que se distanciou das ideias fascistas e xenófobas do passado, atualmente o racismo parece estar novamente no centro da política. Nascido no contexto do início da Guerra Fria, o populismo representa uma terceira via entre a esquerda tradicional e a direita tradicional. Contesta a lógica e a ideia da democracia a partir de dentro. Do fascismo ao peronismo e do lepenismo ao trumpismo, o populismo continua a ser uma resposta vigorosa e um contestatário importante de formas emancipatórias de política não só convencionais mas também mais radicais. Representa um desafio igualmente formidável para qualquer teoria crítica e historicamente informada da democracia.

3

O Populismo entre a Democracia e a Ditadura

A ditadura é uma das bases do populismo moderno, mas o populismo não é a ditadura. No contexto do início da Guerra Fria, esse paradoxo manifestou-se na rejeição do governo ditatorial pelo populismo moderno, que, por sua vez, criou uma nova forma de democracia autoritária. A experiência ditatorial fascista foi um fator decisivo no surgimento dos regimes populistas, e o populismo foi parcialmente definido em termos da sua oposição à ditadura. A «ditadura fascista», um tipo histórico específico de moderna ditadura de massas, é por isso crucial para a genealogia do populismo. Algumas abordagens do populismo realçam as mais recentes contradições e continuidades entre o populismo e as ditaduras da Guerra Fria e, nestas páginas, estabeleço um diálogo com essas perspetivas. Ao contrário delas, saliento a necessidade de compreender a natureza ambivalente e antagonista do populismo em termos da sua firme rejeição da versão de governo ditatorial do fascismo pré-Guerra Fria.[290] O populismo foi uma forma de democracia antiliberal e autoritária muito antes do surgimento das agora clássicas ditaduras da Guerra Fria no Brasil, Paquistão, El Salvador e muitos outros países; e definia-se e continua a definir-se pela sua rejeição contextual da ditadura. Ao mesmo tempo, o populismo partilha ainda alguns elementos ditatoriais, aproveitados sobretudo dos resquícios da experiência fascista global com a ditadura de massas que terminou depois da Segunda Guerra Mundial.

O populismo como ideologia, movimento e regime pode ser democrático *e* extremamente anti-institucional? Um estilo de política anti-institucional com tantas parecenças com a ditadura pode tornar-se o seu contrário? Ou melhor, considerar as incongruências do populismo só nos pode ajudar se, como defendo, as respostas a essas duas perguntas forem positivas, tendo sempre feito parte da experiência do populismo moderno. Responder a essas perguntas, portanto, implica compreender de que modo e por que razão essas contradições aparentes se tornaram parte do populismo quando este se constituiu finalmente como uma forma de regime depois de 1945. Além disso, as respostas estão implícitas nas complexas e diversas ligações entre o populismo e a ditadura que existiram em contextos diferentes; ou seja, a questão teórica levantada pelas afinidades entre o populismo e a ditadura tem de ser enquadrada historicamente. Surpreendentemente, muitos estudiosos do populismo, sobretudo os que oferecem as definições mais simplistas, ou os que estudam o populismo apenas como um movimento na oposição, não abordam a questão fundamental do que acontecia quando o populismo chegava ao poder. No entanto, isso é essencial para compreender a história e a teoria do populismo. Na verdade, não é possível ter uma ideia completa do populismo sem analisar de que modo e por que motivo ele exercia o poder.

O anti-institucionalismo é um aspeto fundamental das ditaduras fascistas e do populismo moderno no poder. Evidentemente, ambos tentaram ultrapassar a sensação de que o liberalismo estava em crise, que para eles era uma crise de representação democrática. Por exemplo, os ditadores fascistas e os líderes populistas rejeitavam o papel mediador das instituições e pretendiam estabelecer uma relação orgânica direta entre o líder e o povo. Mas quais são as diferenças entre o populismo e a ditadura? A diferença principal reside nas suas posições opostas em relação à violência política, ou mesmo em relação à perseguição política e à morte política. Enquanto as democracias populistas estão mais próximas na prática de defender a necessidade da violência para consolidar o poder quando este é monopolizado mas não exercido pelo Estado, as ditaduras, sobretudo as fascistas, costumam não só monopolizar a violência mas também exercê-la extensivamente sobre os seus cidadãos, muitas vezes à revelia do Estado de direito. Esta dimensão anti-institucional do governo ditatorial, que é crucial para o desencadeamento da violência política, contrasta fortemente com a posição do populismo em relação à violência.

As ditaduras e as instituições

O que é a ditadura moderna? Como se distingue da tirania e do despotismo (isto é, as categorias usadas para nomear formas ilegítimas de governo através da repressão e da violência em contextos anteriores ao surgimento e consolidação da democracia moderna) e por que é que essa distinção na história dos conceitos é tão importante para a compreensão histórica do populismo? Definida simplesmente, a ditadura moderna é uma forma de governar a nação que conjuga a violência e o consentimento popular com um ditador que governa em nome do povo. Na prática, porém, a opinião do ditador está acima das leis e dos processos institucionais. As ditaduras modernas mantêm alguns procedimentos legais, mas estes podem ser substituídos a qualquer momento pela vontade dos ditadores.

Como sugere Andrew Arato, a ditadura afirma-se como o oposto da democracia moderna. Ao contrário das tiranias clássicas, as ditaduras modernas são sistemas ideológicos com garantias absolutas de «transição» para uma nova ordem. Por outras palavras, representam uma alternativa clara à democracia constitucional. A ditadura romana tinha uma natureza temporária como uma instituição da república, ao passo que as constituições modernas não consideram a possibilidade de uma ditadura mais ou menos permanente. Como indica Arato, existe um fosso enorme entre os significados antigo e moderno do termo *ditadura*. Embora a tradição antiga implicasse muitas vezes a instituição legal de um magistrado extralegal, isso acontecia como um parêntesis na política normal. O ditador moderno, pelo contrário, subverte a ordem democrática constitucional e combina atividades ilegais ou extralegais com reivindicações de soberania popular (isto é, os ditadores alegam que o povo deseja que eles, de preferência a líderes eleitos, permaneçam no poder mais ou menos para sempre). O pensador Carl Schmitt, defensor do governo ditatorial ou autoritário, argumentou, antes de se tornar ele próprio um nazi, que a ditadura era a melhor forma de identificação entre o poder executivo e o povo na era da democracia moderna. Ao contrário das formas mais antigas, as novas ditaduras resolviam o conflito entre a representação e a delegação, a legitimidade e a legalidade, os processos eleitorais e a governação direta da nação em nome do povo. A ditadura moderna juntava velhos e novos conceitos, encarnando a soberania popular na pessoa do ditador e deixando de distribuir o poder entre os três ramos de governo. Assim, o termo *ditadura*, no sentido moderno, surgiu da necessidade de concetualizar a nova realidade do governo autoritário e o surgimento de «governos extraordinários» que alteravam a ordem das coisas. Esses governos eliminavam a democracia e combinavam o desrespeito pelo Estado de direito, níveis elevados de repressão, a eliminação ou subjugação da imprensa e a rejeição de eleições livres com o consenso popular e, de um modo mais geral, a transgressão de instituições como a separação dos poderes e a liberdade de expressão.[291]

Todas as ditaduras modernas são capazes de implementar uma «política anti-institucional» altamente ideológica e de adotar formas de violência revolucionária radical contrárias «a formas existentes de normalidade (definida pela legalidade, democracia eleitoral ou burocracia)». Assim, algumas ditaduras modernas, que Hannah Arendt julgava erradamente estarem excluídas das formas não-totalitárias de ditadura, usam a linguagem violenta e a violência efetiva para desumanizar e classificar o Outro de abjeto. Por outras palavras, as ditaduras não-totalitárias podem participar na violência anti-institucional radical sem se assemelharem a formas fascistas e totalitárias de ditadura. Ao mesmo tempo, as ditaduras fascistas são também capazes de apoiar durante algum tempo a política institucional, mas só até certo ponto, porque o desencadeamento pelo Estado da violência, e não a restrição weberiana da mesma, é uma dimensão fundamental da ideologia fascista. O corolário dessa violência define o anti-institucionalismo da ditadura fascista. Sobretudo nas ditaduras modernas de tipo fascista, podemos observar uma inversão do objeto de análise das normas penais do Estado. O Estado não pode ser entendido primeiramente como o legislador mas como o agente que viola a lei. Arato lembra que as ditaduras fascistas e não-fascistas podem ser igualmente anti-institutionais.[292]

A ditadura de massas pode ser simultaneamente não-totalitária e extremamente violenta e ideológica. O caso da ditadura da Guerra Suja na Argentina (1976–83) ilustra perfeitamente essa ideia. A Guerra Suja não foi uma guerra verdadeira, mas uma militarização ilegal da repressão do Estado. A sua violência extrema não foi um exclusivo da Argentina da Guerra Fria mas ocorreu também no Chile, na Guatemala, na Indonésia e em muitas outras formações ditatoriais. Todas elas rejeitaram processos democráticos, e todas se envolveram em repressão e matanças generalizadas. Na ditadura argentina dos anos 70, a ideologia incentivou a burocracia da repressão e a violência. Os tecnocratas do governo não contestavam os métodos radicais induzidos pela ideologia. Como os campos de concentração dos regimes nazis, os da Argentina eram organizados pelo poder administrativo do Estado especificamente como locais de violência ritualizada. Nos centros de detenção clandestinos da Argentina, não eram impostos quaisquer limites à violência ditatorial. Nesses campos, a ditadura estava totalmente protegida do escrutínio público, impondo «o domínio total». Os campos tinham um *ethos* fascista e constituíam um universo politicamente criado onde imperava a violência. Constituíam um mundo acima da lei, construído para realizar e reconfigurar as exigências ideológicas da teoria fascista e a sua tendência anti-institucional para vitimizar os supostos inimigos do povo argentino.[293]

Como a da Argentina, a maioria das ditaduras da Guerra Fria distinguia-se do populismo contemporâneo no que dizia respeito à sua ideia do político, que era bastante singular no caso do segundo. Mas o populismo moderno podia ser igualmente anti-institucional? O anti-institucionalismo populista rejeitava claramente a valorização ditatorial da violência e da repressão, e essa rejeição constituía uma condição *sine qua non* para a legitimidade e sustentabilidade dos regimes populistas. Mesmo as chamadas ditaduras moderadas, como a do general Juan Velasco Alvarado no Peru (1968-1975) e a *dictablanda* do general Marcos Pérez Jiménez (1952–58) na Venezuela ou as mais violentas mas ainda relativamente contidas como a da última fase do regime de Franco em Espanha (anos 60) e a ditadura militar no Brasil (1964–85) não usaram o monopólio do Estado sobre a violência, e a consequente limitação do seu uso, apenas como uma metáfora política.[294] Usaram também essas estratégias para incutir as memórias globais e locais de formas recentes de repressão, tortura e violência estatal nas mentes do povo. O populismo moderno, pelo contrário, não se baseava teoricamente na violência mas em decisões eleitorais tomadas pela maioria dos cidadãos. Mesmo quando líderes populistas como o general Juan Domingo Perón ou, mais tarde, o comandante Hugo Chávez e muitos outros tinham tentativas de golpes de estado nos seus currículos, eles rejeitavam mais ou menos a violência típica das ditaduras de massas. O próprio Perón foi inicialmente o líder de uma ditadura militar mas acabou por recorrer a eleições e outros processos democráticos para ratificar o seu governo, e essa mudança distinguiu-o no que diz respeito ao uso da violência extrema do Estado contra a oposição. A maioria das histórias do populismo mostra que este, sobretudo quando estava no poder, combinava, e ainda combina, uma grande medida de política anti-institucional (exibindo até alguns padrões totalitários) com uma pequena medida de violência anti-institucional.

As dimensões anti-institucionais do populismo foram não só um produto mas também uma negação do passado fascista. O populismo clássico estava associado à teoria fascista, mas também propunha explicitamente a extinção do fascismo e a criação de uma democracia não liberal e anticomunista de «terceira via». O populismo está mais ligado ao fascismo do que a outras formas de ditadura da Guerra Fria, que eram muitas vezes explicitamente antipopulistas. Mas o populismo não é de todo uma forma de fascismo; ou seja, não é ditatorial no sentido anti-institucional fascista. Apesar de recentes tentativas historiográficas de minimizar a importância do último, historiadores do fascismo como Paul Corner têm realçado a centralidade dos aspetos repressivos e ditatoriais do fascismo. E essa centralidade da violência repressiva assinala uma fronteira importante, uma barreira epistémica, entre o populismo e o fascismo.[295]

Enquanto o fascismo rejeitava claramente os processos democráticos, as versões populistas da democracia pós-1945, como o peronismo na Argentina ou o varguismo no Brasil, não só rejeitavam a política anti-institucional fascista (e a sua consequente política da violência) mas aceitavam também as eleições livres, e, em geral, a representação eleitoral tal como esta era normalmente entendida em democracias liberais. Nesse sentido formal, e desde o seu surgimento no pós-guerra, o populismo não pode ser considerado uma forma de ditadura. Mas o populismo propunha uma rejeição do «demo-liberalismo», que geralmente confundia a legalidade com a legitimidade, ignorando algumas liberdades políticas ao mesmo tempo que salientava ou até alargava os direitos sociais e políticos, que às vezes incluíam a participação dos eleitores no processo eleitoral.

Podemos falar de uma forma populista de totalitarismo? Evidentemente, os observadores antifascistas do pós-guerra achavam muitas vezes que a rejeição populista da democracia liberal lembrava as dimensões totalitárias da ditadura fascista. Esse foi o caso, por exemplo, de antifascistas como o sociólogo italiano Gino Germani e o escritor argentino Jorge Luis Borges.[296] Essa é também a opinião de muitos observadores europeus ou norte-americanos atuais que confundem as experiências passadas e presentes do fascismo e do populismo. Contextualmente, a maneira como esses intérpretes reagem a declarações de peronistas, lepenistas ou trumpistas, que lembram sinistramente as formas ditatoriais de liderança fascista, é compreensível. Isso acontece sobretudo relativamente a afirmações populistas antigas e atuais que fundem o líder com a vontade sagrada do povo e a totalidade da nação.

O líder surge duplamente como uma figura divina e o herói nacional do povo. Por exemplo, Eva Perón, a mulher do general, elevou-o a uma totalidade que englobava a nação e o povo: «Eu não fiz nada; tudo é Perón. Perón é a Pátria, Perón é tudo, e todos nós estamos a uma distância astronómica do Líder da nacionalidade. A Pátria está salva, porque está nas mãos do general Perón.»[297]

Os elementos fascistas da forma ditatorial de liderança são muito evidentes neste exemplo de autoperceção populista da política como o governo direto, desde a «distância astronómica» entre o líder e os seus súbditos à ideia do líder messiânico como um salvador transcendental do povo e da nação. O líder é o destinatário, mas também o salvador e o anunciador, de um futuro de salvação nacional. Isso aplica-se à maioria dos populistas, desde Perón a Trump e desde Chávez a Le Pen. E, no entanto, os líderes populistas têm sido eleitos e reeleitos, e os seus regimes quase nunca têm abolido as eleições livres.

Para recapitular alguns dos meus argumentos principais, as formas populistas são significativamente autoritárias. Mas ao contrário do fascismo clássico, que usa e abusa da democracia para gerar a ditadura, o populismo não destrói a representação democrática nem se apresenta totalmente como acima do Estado de direito. No passado e no presente, muitos observadores antifascistas e antipopulistas ignoraram a natureza dupla da ideia populista e pós-fascista da representação e a natureza igualmente dupla da interação entre o líder e os seus seguidores. O populismo também defende um «Estado duplo», em que o líder tem um lugar extraordinário. Mas ao contrário do que acontecia no fascismo, o líder populista não se situa completamente acima de processos e instituições formais.

O populismo não pode ser considerado ditatorial quando, sobretudo depois de 1945, tem realçado explicitamente a legitimidade política da representação democrática. O populismo moderno não é uma forma de ditadura de massas por causa de três razões históricas interligadas: 1) a rejeição populista, contextualmente determinada, da violência ditatorial fascista; 2) o facto de o líder não estar completamente acima da lei e de o seu comando não ser plenamente equiparado à mesma ou ao Estado; e 3) a questão da representação eleitoral e o conceito duplo de soberania popular proposto pelo populismo. Estas três razões são eminentemente ideológicas e não apenas uma questão de estilo ou estratégia.

Em suma, a flexibilidade da ideologia autoritária populista em termos de programas de esquerda, neoliberais e de extrema-direita, o seu personalismo radical, o seu culto do líder e as suas ideias antidemocráticas sobre os seus inimigos não devem ser confundidos com indeterminação ideológica. O populismo pode fazer muitas coisas — aumentar ou diminuir a participação democrática; criar uma nova classe capitalista ou fortalecer os poderes corporativos tradicionais; combater ou defender o racismo —, mas a sua ideia de democracia permanece manifestamente semelhante. É uma democracia gerida por um líder que não só fala em nome do povo, mas também ocupa simbolicamente o seu lugar. Quando o populismo se transforma em regime, o líder age em nome do povo. O conjunto inclui também a ideia de que os inimigos do povo representam o antipovo — isto é, aqueles que ao não reconhecer a natureza unitária e delegatória do líder e do movimento não são verdadeiros membros da nação. Para os populistas, isso acontece porque os inimigos ou são membros das elites, cidadãos apenas mal informados ou traidores da vontade popular da nação. Depois de 1945, quando estas ideias exclusivistas do líder, da nação e do povo (ideias que até então tinham sido parte integrante do fascismo) foram conjugadas com processos eleitorais, surgiram os primeiros regimes populistas na história. A partir de então, as aventuras do populismo moderno do pós-guerra têm sido muito diversas. Olhemos agora para a diversidade do populismo na história e no mundo.

Democracia, neopopulismo e neoliberalismo

O populismo moderno do pós-guerra foi uma reformulação do fascismo, sobretudo no que diz respeito à representação política. Quando concebeu a sua teoria da ditadura, Carl Schmitt propôs dois tipos ideais: o comissarial e o soberano. Enquanto o primeiro se apresenta para corrigir as coisas num tempo de emergência, o segundo impõe mudanças drásticas, ou até revolucionárias, no sistema político.[298] Embora Schmitt frisasse que sobretudo nos tempos modernos essa tipologia se desintegrava em histórias reais que combinavam os dois tipos de ditadura, podia-se alegar que as ditaduras de massas fascistas eram muito mais soberanas do que comissariais, no sentido de que criavam uma nova, e supostamente histórica, ordem política.

O populismo também se apresentou como uma mudança histórica, mas na prática constituiu um regresso à «normalidade» democrática. O populismo está muito longe da lógica representativa da ditadura de massas. Nas teorias de representação fascistas, o líder, o povo e a nação fundem-se para criar uma equação unitária. O líder não é simplesmente eleito no sentido democrático liberal. Acredita-se que ele representa permanentemente a «vontade do povo». Em suma, a ditadura está na base do modelo fascista de representação. Em contrapartida, depois de 1945 o populismo tem adotado uma visão muito mais ambivalente das formas perenes de representação. No populismo, a democracia impõe limites aos seus próprios desejos de representação absoluta, apesar de ter existido uma tendência duradoura de Vargas a Hugo Chávez para centralizar cada vez mais o poder na presidência. Nas ditaduras fascistas, o poder, sem a mediação de qualquer meio de verdadeira representação eleitoral, é totalmente delegado no líder. O fascismo elimina o sistema democrático de representação eleitoral, enquanto o populismo tem praticado a democracia desde 1945. Assim, enquanto Hitler, os Chineses ou os fascistas argentinos propunham destruir a democracia, o populismo recuperou a sua legitimidade depois da queda do fascismo, embora de um modo autoritário. As ditaduras de massas fascistas eliminaram a representação eleitoral, enquanto líderes populistas como Perón ou Vargas voltaram a legitimá-la num sentido antiliberal e corporativo.

Enquanto numa democracia populista o líder pode deixar de ser o chefe do executivo, quer através de limitações constitucionais quer, mais simplesmente, através da derrota em eleições, essa situação não ocorre nas ditaduras fascistas. Líderes populistas como Perón na Argentina e, mais recentemente, o comandante Hugo Chávez na Venezuela exemplificam bem essa situação. Quando se depararam com limites constitucionais, ambos convocaram eleições para rever a Constituição; Perón em 1949 e Chávez em 2007.[299] Quando o líder populista ignora os processos democráticos, o populismo nega a sua rejeição da ditadura e torna-se uma ditadura. Foi isso que aconteceu, por exemplo, com o presidente populista peruano Alberto Fujimori e o seu *autogolpe* de 1992.[300] Quando o líder não admite a possibilidade de se afastar perante restrições condicionais, o populismo desfaz-se e, de certo modo, deixa de ser populista.

Ao contrário do fascismo, quando o populismo tenta minimizar os controlos constitucionais, nunca defende a ideia de um executivo unitário com a eliminação total da política eleitoral multipartidária e da separação dos poderes. Até mesmo Fujimori, depois do seu autogolpe, convocou eleições para legitimar os seus atos e a sua liderança. Eventos semelhantes têm ocorrido em África e na Ásia, onde o populismo prospera em consequência dos insucessos económicos, sociais e políticos atribuídos à democratização. Por exemplo, como explica Danielle Resnick, líderes populistas africanos como Jacob Zuma na África do Sul (2009-18), Abdoulaye Wade no Senegal (2000–12) e Michael Sata na Zâmbia (2011–14) só podiam ter surgido nos novos espaços democráticos de «contestação e debate» inaugurados nos anos 90. Como noutros lugares onde têm predominado os sistemas multipartidários, os políticos populistas africanos têm recorrido à mobilização eleitoral para se afirmarem como a voz do povo e depois resolver o défice efetivo de participação popular.[301] Essa ideia participativa e eleitoral de legitimidade democrática teria sido impensável para líderes como Franco e Mussolini. Sobretudo na África do Sul e na Zâmbia, e, ao contrário de muitos outros países no continente, onde têm prevalecido regimes mais autoritários ou ditatoriais, os líderes populistas africanos têm agregado eleitorados populistas e étnicos. Alguns estudiosos definem mesmo o populismo africano como «etnopopulismo», associando assim a experiência africana a países latino-americanos como a Bolívia. Em África, o populismo surgiu como uma reação ao neoliberalismo e à política tecnocrática dos anos 90. O etnopopulismo africano tem crescido em países onde a identidade étnica não é «unidimensional» e pode por isso ser combinado com conceitos mais latos e inclusivos do povo. Como aconteceu na Europa e na América Latina, em África essa inclusão populista tem criado inevitavelmente elementos marginais ao sistema constitutivo que se transformam no antipovo. Consequentemente, como sustentam Nic Cheeseman e Miles Larmer, os líderes populistas africanos puderam «transformar narrativas de marginalização política existentes baseadas na identidade étnica e na condição económica numa narrativa de exclusão comum». Líderes como Sata, conhecido por «King Cobra» por causa das suas medidas severas contra inimigos políticos, combinam muitas vezes abordagens plebiscitarias com a xenofobia, o antielitismo e a demonização dos estrangeiros. Sata tinha uma visão apocalíptica do seu partido como uma arca de Noé. O seu lema era «entrem no barco», e, embora se concentrasse nas prioridades dos pobres urbanos, também afirmava representar a vontade do povo como um todo. Sata estabeleceu uma aliança importante com a Igreja Católica, e, numa altura de crise económica, não pôs em questão o capitalismo nem «a liberalização económica em geral, mas afirmou que os investidores estrangeiros (sobretudo da Índia e da China) não defendiam os interesses dos zambianos comuns». Ele acusou as elites e os estrangeiros de se apropriarem da riqueza do povo.[302]

Da mesma forma, Wade no Senegal combinou um discurso antielitista com apelos a mudanças sociais. Zuma, por outro lado, e como os Kirchner na Argentina com o Partido Peronista, contestou o passado neoliberal do seu próprio partido, ao mesmo tempo que enfrentava várias acusações de corrupção. Zuma combinou uma forma vertical de liderança com a condenação antitecnocrata das elites, acusando-as de serem inimigas do povo. Como no caso de Morales na Bolívia, a identidade étnica zulu de Zuma constituiu um aspeto importante da sua estratégia populista, mas ele não transformou o Congresso Nacional Africano num partido exclusivista. Pelo contrário, nalguns casos aumentou mesmo o seu alcance inclusivo, especialmente em relação à juventude.[303]

Mas se líderes como Zuma, Wade e Sata têm muito em comum com formas de populismo de esquerda como o chavismo ou o estilo de liderança de Morales na Bolívia, Alberto Fujimori, do Peru, foi um neopopulista que aderiu ao neoliberalismo. Há muito vistos como contradições, o neoliberalismo e o populismo têm uma sinergia importante, combinando ideias populistas do povo, dos inimigos oligárquicos e da nação com programas de austeridade neoliberais e políticas económicas pró-mercado. Enquanto Carlos Menem, da Argentina, reformulou o movimento peronista como uma frente neoliberal nos anos 90, no Peru e na Colômbia, o populismo neoliberal juntou-se a uma campanha agressiva contra as duas guerrilhas de esquerda do país. Menem e Collor de Mello, no Brasil, e Abdalá Bucaram, no Equador, apelaram a ideias apocalípticas de refundação neoliberal em tempos de crise económica e social. Fujimori e Álvaro Uribe, na Colômbia (2002–10), também recorreram ao poder do mercado como uma força social para os pobres, juntamente com o tropo clássico do populismo como uma reação a um contexto de efetiva e iminente guerra civil. Todos estes presidentes mobilizaram a maioria dos cidadãos em apoio das suas formas lidernaças carismáticas e, por vezes, messiânicas. Contra a esquerda e outros inimigos, recorreram a estratégias plebiscitárias para converter a representação democrática na delegação populista do poder ao executivo. Com a exceção de Collor e Bucaram, usaram também a guerra como um meio de reforçar os seus pontos de vista políticos. Uribe e Fujimori apresentaram cuidadosamente os seus conflitos internos com as guerrilhas como guerras «tudo ou nada», com as guerrilhas apresentadas como alheias ao povo, ao líder e à nação. Menem e Fujimori também tentaram aumentar o seu prestígio político participando na primeira guerra do Iraque (Menem) e na curta guerra entre o Peru e o Equador em 1995 (Fujimori).

O académico israelita Dani Filc tem realçado as semelhanças do líder israelita de direita Benjamin Netanyahu (1996–99, 2009–presente) a Bucaram, Menem e Fujimori. Embora Netanyahu normalmente não seja incluído nos estudos sobre populismo, Filc considera o líder israelita um exemplo típico de populismo neoliberal. Na minha opinião, líderes como Netanyahu são simpatizantes do populismo da mesma forma que os regimes e movimentos de direita do período entre as duas guerras mundiais foram simpatizantes dos fascistas. Eles aproximam-se ou partilham mesmo importantes padrões anti-institucionais e a ideia da política como uma guerra «tudo ou nada» contra muitos inimigos, mas não insistem tanto no culto do líder e na lógica das elites contra o povo. Netanyahu não inspira um forte culto de personalidade comparativamente a Menem ou Berlusconi, mas tem usado frequentemente estratégias e linguagem populistas. O mesmo se poderá dizer de líderes esquerdistas como Lula no Brasil (2003–11). Lula, que formou coligações multipartidárias, foi claramente diferente de líderes como Chávez ou os Kirchner no que diz respeito às principais características do populismo, incluindo o mito radical do líder e da sua personificação do povo, as características teológicas do populismo e os seus aspetos político-religiosos, bem como os ataques do populismo à imprensa. Todos estes líderes de esquerda e de direita foram, ou continuam a ser, simpatizantes ocasionais do populismo, usando ou afastando-se frequentemente de estratégias populistas.

Da mesma forma que os estudiosos do fascismo se referem a uma lógica de fascistização, ou a um campo gravitacional que abrange movimentos de direita que não eram tipicamente fascistas, os líderes supramencionados exibiam algumas características populistas ao mesmo tempo que evitavam conscientemente outras. A sua experiência não pode ser simplesmente confundida com os exemplos mais típicos do populismo analisados neste livro.[304] No entanto, de entre todos esses líderes, Netanyahu é o que mais se aproxima da matriz populista.

Dani Filc considera «Bibi» Netanyahu um exemplo perfeito da relação do populismo com a guerra e a política de base étnica. Na sua opinião, o líder israelita é um emblema do populismo étnico exclusivista. O conceito exclusivista de cidadania de Netanyahu preservou, mas também subverteu, o estilo relativamente inclusivista do partido de direita Likud dos anos 60 e 70 do século XX. Embora o fundador do partido, Menachem Begin, combinasse a inclusão de cidadãos judeus de origem não-europeia com a exclusão de cidadãos árabes, ele realçava também que a minoria árabe tinha os mesmos direitos civis que todos os outros cidadãos. Netanyahu, pelo contrário, acusa frequentemente os cidadãos israelitas árabes de representarem uma ameaça para a segurança nacional sem no entanto lhes privar do direito de voto. No início da sua carreira, nos anos 90, Netanyahu apresentava-se como alguém que não pertencia às elites partidárias e estava de certo modo relacionado com os setores mais pobres da sociedade israelita. Neste contexto, o académico israelita Uri Ram alega que o líder do Likud combinou com êxito o antielitismo populista com «o tradicionalismo populista judaico» e a inclusão contínua de minorias judaicas, colonos e nacionalistas seculares e religiosos. Essa combinação representava uma nova visão do povo de Israel, simultaneamente inclusiva e exclusiva.

Em 1999, Netanyahu identificou tipicamente os seus oponentes como «as elites», que odeiam o povo. O coletivo incluído no seu uso da primeira pessoa do plural «nós» era entendido como vítima. As elites estavam contra o povo: «Elas odeiam-no. Elas odeiam os Sefarditas e os Russos. Elas odeiam toda a gente que não é como elas, toda a gente que não está com elas: os Etíopes, os Sefarditas, os Marroquinos e as pessoas religiosas. Elas odeiam-nos.» Para ele, as elites opunham-se ao povo, representando a «esquerda» que para «Bibi» se havia esquecido do que significava ser judeu. Netanyahu não incluía as elites empresariais na sua ideia do inimigo. Para ele, as elites políticas e a esquerda eram geralmente difíceis de distinguir. Como explica Filc, *a esquerda* era um termo particularmente vago que podia englobar simultaneamente os Asquenazes que discriminavam os Mizrahim, os funcionários públicos e os sindicatos, os regimes comunistas na Europa, os judeus liberais, os académicos, os média, os trabalhadores estrangeiros e os árabes. Segundo Filc, «O líder do Likud defende o conceito populista da oposição povo puro/elites corruptas. "Nós" é o verdadeiro povo judaico». Da mesma forma, Zeev Sternhell alega que o atual Partido Likud confunde as suas próprias políticas com os «direitos históricos», e considera esses direitos superiores aos direitos humanos. Sternhell é um dos principais especialistas no fascismo — historiador, sobrevivente do Holocausto, sionista e antigo oficial e veterano de guerra do exército israelita, foi também vítima de uma bomba acionada em 2008 por um extremista de direita israelita. Para Sternhell, as posições do Likud confirmam opiniões iliberais generalizadas sobre o que significa um mandato eleitoral. «O que eles estão a dizer de facto é, "nós somos a maioria, e podemos fazer o que queremos".» Essa atribuição de um livre-trânsito à maioria levou a apelos de exclusão das minorias. Nas eleições de 2015, Netanyahu avisou os Israelitas de que os Árabes estavam a votar em grande número, como se o exercício de um direito legítimo pelos cidadãos árabes pusesse em perigo a sua ideia de democracia. O que ele realmente queria dizer era que os cidadãos palestinianos israelitas (20 por cento dos eleitores israelitas em 2015) não faziam parte da maioria étnica coletiva que o líder populista favorecia. Para ele, os Árabes israelitas são claramente uma espécie de antipovo que não cabe no seu conceito unitário de liderança, nação e etnia. Avigdor Lieberman, um líder populista israelita e aliado de extrema-direita de Netanyahu, disse que o líder «também sabe que se os Árabes estão a votar em massa, só um Lieberman forte é capaz de os deter». Lieberman afirmou também que os israelitas árabes «desleais» deviam ser decapitados. Para a líder da oposição israelita, Tzipi Livni, e numa transcrição do *Jerusalem Post*: «O primeiro-ministro tentou transformar a Esquerda israelita no inimigo do Estado e essa posição é "imperdoável". Livni afirmou que a manobra levara Netanyahu à vitória, mas avisou que a mesma era também um gesto que conduz ao ódio e ao medo.» Quando Netanyahu nomeou Lieberman ministro da Defesa em 2016, Ehud Barak, antigo primeiro-ministro israelita, alertou para o perigo do fascismo em Israel, afirmando que o país tinha sido «infetado pelas sementes do fascismo». Curiosamente, Barak parecia reiterar a análise de Zeev Sternhell, que afirmava que «A democracia israelita está cada vez mais corroída». Ele também avisou que existiam indicadores de fascismo. Sternhell lembrava aos Israelitas que «A democracia exige a aceitação da decisão da maioria, mas não permite o reconhecimento da retidão ou da legitimidade moral da maioria». No seguimento dessa ideia, que inclui um aspeto fundamental do populismo, eu diria que o populismo de direita é uma explicação mais adequada do que o fascismo para compreender o partido de Lieberman e as notáveis semelhanças entre ele e outros políticos israelitas de direita e a direita xenófoba europeia. Como acontece noutros lugares, o populismo em Israel baseia-se na combinação de processos democráticos com conceitos antidemocráticos e antipluralistas do povo.[305] Como argumentou Filc, «O medo constrói-se na fronteira que separa o "nós" (o povo verdadeiro) do "eles" (o inimigo estrangeiro, os Palestinianos e os seus aliados internos, que podem variar com o tempo»).[306]

Durante a segunda década do século XXI, líderes como Recep Tayyip Erdoğan na Turquia exploraram constantemente a política do medo. No caso de Erdoğan, fizeram-no contra cidadãos turcos curdos e outras minorias políticas como um meio de consolidar executivos fortes, minimizar o papel de instituições do Estado como a magistratura e reforçar as suas maiorias eleitorais étnicas e religiosas.

Se Erdoğan, Netanyahu e Lieberman, mas também Donald Trump e a «direita alternativa» republicana nos Estados Unidos, não são originais no seu entendimento da democracia como um domínio exclusivo da maioria eleitoral «silenciosa» e étnica, as suas preocupações com as minorias eleitorais que exercem os seus direitos aproximam-nos de líderes autoritários como Alberto Fujimori, no Peru. Em geral, os populistas neoliberais invocavam constantemente o nome do povo para governar por decreto, mas também convocavam eleições para ratificar até as suas decisões mais antidemocráticas. O autoritarismo e as eleições eram ambos cruciais para políticos que governavam como se estivessem a fazer campanha. Como explica Kurt Weyland, «Fujimori, Menem e outros líderes neopopulistas como Collor mantiveram a estratégia política populista que tinham usado nas suas campanhas eleitorais. Eles faziam depender constantemente o seu governo de uma ligação aparentemente direta à sua base popular não organizada; passando por cima dos partidos estabelecidos e organizações de interesses; atacando a classe política e outras elites estabelecidas; usando sondagens, (a ameaça de) plebiscitos e outros instrumentos populistas para vencer a oposição; fortalecendo a sua liderança personalista; concentrando o poder e reforçando os elementos maioritários de determinações constitucionais; e transgredindo normas políticas liberais e desrespeitando regras institucionais».[307]

Situações populistas semelhantes surgiram em países europeus de Leste como a Polónia e a Ucrânia, que combinaram líderes populistas com rigorosas reformas de mercado neoliberais.[308] Na Itália, Silvio Berlusconi, *playboy*, bilionário, magnata dos média e dono do AC Milan, uma das equipas de futebol mais apreciadas da Itália, apareceu no contexto de uma crise de representação política. Berlusconi apresentou-se como um homem fora do sistema que defendia as necessidades dos italianos comuns. Como anticomunista, afirmou que entrara na política para combater «o mal». Depois de se tornar o primeiro-ministro italiano, desrespeitou a divisão dos poderes, descreveu o sistema judiciário como um «cancro» e impôs uma forma plebiscitária de poder.

Os nomes adotados pelas formações políticas de Berlusconi, *Forza Italia* e *Il Popolo della Libertà*, os instrumentos personalistas do berlusconismo, combinavam *slogans* de futebol com o conceito unitário de Berlusconi e dos seus seguidores como o povo que defendia a liberdade. Nesse conceito não havia qualquer lugar legítimo para opositores. Eles opunham-se ao povo e à liberdade? Era essa precisamente a ideia de Berlusconi. Também conhecido por Il Cavaliere, o líder populista italiano, que dominou a política italiana na última década do século XX e primeira deste século, era um admirador de Margaret Thatcher e Ronald Reagan. Nos seus mandatos como primeiro-ministro (1994–95, 2001–6 e 2008–11), adaptou o neoliberalismo ao contexto italiano. Isso gerou impaciência entre os tecnocratas europeus e a imprensa pró-mercado. Da mesma forma, Carlos Menem da Argentina também tentou aplicar medidas de austeridade neoliberais no âmbito da cultura política do peronismo. Como no caso da Itália, isso implicou algum menosprezo pelas instituições democráticas, no meio de escândalos pessoais e corrupção. Como Menem e Fujimori, Berlusconi reforçou os laços com a direita, incluindo setores identificados com ideias nacional-socialistas. Isso limitou a aplicação frontal e plena de medidas de austeridade muito duras como as impostas no Reino Unido de Margaret Thatcher ou no Chile do general Augusto Pinochet. Berlusconi formou coligações com os pós-fascistas da Alleanza Nazionale e a xenófoba Liga Norte. Como Menem, que se apresentava sempre como *un vivo*, Berlusconi cultivou o ideal da sua pessoa como um homem do povo, como o *furbo*, ou o espertalhão que sabe tudo e está sempre pronto para uma piada. Tipicamente, ele fazia o sinal de «cornos» com a mão por trás das cabeças dos outros, incluindo o ministro dos Negócios Estrangeiros espanhol durante uma reunião em Espanha em 2002. Esses gestos, além das suas afirmações de que protegeria a democracia contra a esquerda, de que representava a ordem e a segurança e de que baixaria os impostos e protegeria o ecossistema, juntamente com a sua crítica aos imigrantes, a sua defesa periódica de Mussolini e a garantia de que representava a verdadeira «liberdade», tornaram Berlusconi um dos populistas neoliberais mais bem-sucedidos no mundo. A sua ideia de liberdade aplicava-se sobretudo a si próprio e à sua liberdade de ser o candidato que era, e representava, o que o povo queria ser. Como argumenta a teórica política Nadia Urbinati, Berlusconi apresentava uma versão invertida da política que justapunha «a imbecilidade do público maioritário... ao espetáculo apresentado por uma minoria». Berlusconi promovia o seu populismo como a verdadeira democracia do povo contra o antipovo das elites e da esquerda, que ele considerava antidemocráticas porque resistiam à opinião popular e à soberania dos que votaram nele e nos seus aliados de direita.[309]

Líderes como Berlusconi e Menem identificavam-se com a tradição neoliberal na política, mas reformulavam-na em termos populistas. O seu convívio público com celebridades da televisão e do futebol, mas também com *vedettes* e prostitutas, transmitia uma mensagem política sobre quem eles eram e quem representavam. Por outras palavras, o seu estilo representava a sua «transgressão» da política do costume. Eles projetavam o seu *glamour*, promiscuidade sexual e misoginia como a fusão de tradições populares e de elite. Os menemistas ficaram famosos pela sua fusão culinária de «piza com champanhe»,[310] uma metáfora que usavam para explicar as suas tentativas de modernizar a velha política das elites misturando tradições populares com sensibilidades de celebridades da classe alta. O berlusconismo também misturava expectativas populares autoritárias com o mundo refinado da cultura das celebridades. Para esses líderes, o liberalismo deixara de ser um palavrão, mas a sua visão e prática do liberalismo eram equiparadas às suas variantes económicas mais desumanizadoras.

Apesar de ter beneficiado imenso com o velho sistema político italiano, Berlusconi combinava um voluntarismo exagerado com a projeção da sua liderança messiânica e do seu movimento como uma refundação da história e da política italiana. Da mesma forma, Menem, o «discípulo» de Perón, explicou que estava a fazer as coisas que Perón teria feito no novo contexto do consenso neoliberal de Washington. Nas eleições, ele pediu aos Argentinos que o «seguissem». No seu discurso de tomada de posse de 1989, o líder explicou que vinha pelo povo e falava pelo povo. A sua originalidade residia no facto de ele relacionar as medidas de austeridade com a soberania popular. Ao defender políticas de mercado livre, ele invocava a pátria, Deus e o povo. Alegava que essas medidas eram necessárias para defender «a unidade nacional e o interesse sagrado da Argentina e da América Latina». Menem achava que os Latino-americanos podiam ser plenamente integrados no seu tipo de populismo neoliberal. Ele queria associar esse novo populismo ao passado peronista: «O mandato do nosso general era realizar a nossa doutrina, os nossos princípios, a começar com a nossa ideologia, e realizar a nossa doutrina e os nossos princípios significa reposicionar a Argentina no contexto de todas as nações no mundo do ponto de partida de um povo unido.» Para ele, essa realização implicava um novo sentido para a democracia que ele entendia também em termos de um estilo: «Nós estamos aqui para implementar um novo estilo na vida política da nação e espero que ele se propague por toda a América Latina. As regras que emanam do povo devem permanecer com o povo e servir apenas o povo.» O neoliberalismo de Menem deu um novo sentido a conceitos populistas de democracia. Ele queria atualizar o velho peronismo mas manter ao mesmo tempo a «unidade do povo argentino».[311]

Menem impôs «medidas severas de austeridade» numa altura que ele definiu como uma «emergência» económica nacional. A Argentina tinha passado por uma grande crise e pela «hiperinflação», e Menem admitiu que o seu programa ia ser doloroso para o povo. Mas disse também que agia em nome do povo e com um sentido nacionalista. O país seria submetido a uma «cirurgia importante» que iria «arrancar pela raiz todos os males intoleráveis e ancestrais». Menem adotou o neoliberalismo «em nome da justiça social».[312]

A maioria dos peronistas concordava na altura que Menem representava uma continuidade histórica com Perón e Evita. Néstor Kirchner, governador da província da Patagónia, apoiou a privatização menemista da principal companhia petrolífera da Argentina e afirmou até que, ao escutar o povo da sua província da Patagónia, Menem era o melhor presidente argentino depois de Perón. Cristina Kirchner defendeu a privatização como uma questão de «moralidade». No início do século XXI, Néstor Kirchner e Cristina Kirchner negaram o seu passado menemista e apresentaram-se como líderes de uma nova era diametralmente oposta ao menemismo, que tinha traído «as bandeiras da pátria». No entanto, quando Menem infletira o peronismo para a direita neoliberal, Cristina Kirchner apoiara-o e afirmara abertamente que tinha votado no presidente, que «abominava... o feminismo» e que a Argentina já não corria o risco de ser destruída pelo «famigerado *trapo rojo* [trapo vermelho] dos anos 70». Quando alguns anos depois, no início do século XXI, tentou encarnar a esquerda populista, ela pôs em questão a chamada esquerda que adotava a cor vermelha, quando a verdadeira esquerda era representada pelos argentinos que vestiam as cores nacionais. Depois sugeriu também que não existiam diferenças entre a esquerda trotskista do século XXI e os agentes militares da repressão da Guerra Suja. Para ela, não havia qualquer espaço legítimo quer à direita, quer à esquerda além do kirchnerismo. A história estava ao serviço dos líderes que mudavam de posição, mas os contextos mundiais também eram importantes. Se durante a época do neoliberalismo havia apenas uma maneira de entender o peronismo, quando este se desviou para a esquerda, deixou de haver outro espaço legítimo para ela. Desse ponto de vista, a direita e a esquerda não-peronistas não tinham alternativa senão seguir os líderes do povo e da nação.

Na segunda década deste século, os Kirchner nacionalizaram a companhia petrolífera que Menem tinha privatizado, e o próprio Menem apoiou o kirchnerismo a partir do senado.[313] Mas além destes típicos momentos populistas nas transformações de líderes como Menem e os Kirchner, o que deve ser realçado é a fluidez do próprio populismo: desde as suas formas clássicas às suas versões neoliberais e esquerdistas, o populismo redefiniu-se em relação ao liberalismo e à ditadura. Essa redefinição assinalou as suas profundas diferenças com o fascismo.

O líder e o povo

O fascismo foi uma revolução contra a democracia. Em contrapartida, depois de 1945, o populismo reformou o *statu quo*, promovendo uma forma autoritária de democracia. Este tipo de democracia tinha uma natureza dupla. Ao falar em nome do povo num contexto não-revolucionário, o populismo moderno oferecia uma alternativa democrática e anticomunista. O populismo tentou democratizar a política antiliberal numa altura em que o fascismo já não podia ser considerado suficientemente legítimo.

Para o general Perón, o fascismo não podia ser copiado. Para uma nova época, era necessária uma nova verdade. Perón propunha uma nova forma de democracia «orgânica»: «O que é um governo orgânico? É uma agregação de forças solidamente unidas que tem à cabeça um homem de Estado, que não precisa de ser um génio nem um sábio mas antes um homem a quem a natureza conferiu uma condição especial para abarcar um panorama completo que outros não veem.»[314] A natureza orgânica do movimento conduziria à supremacia política a longo prazo: «A nossa aspiração não é governar durante seis anos mas garantir sessenta anos de governo.»[315] Mas era claro para todos que essa supremacia seria conseguida através de vitórias em eleições plebiscitárias que confirmariam a natureza dupla do líder, que era ao mesmo tempo um representante eleito e um guia quase-transcendental do povo. O «verdadeiro indicador de poder» não podia ser entendido sem o «condutor » e o verdadeiro êxito na política não podia existir sem ele.[316] E acrescentava: «É essencial que o guia encontre os seus próprios moldes, para mais tarde os preencher com um conteúdo que estará diretamente relacionado, de acordo com a sua eficiência, com o óleo sagrado de Samuel que o guia recebeu de Deus.»[317]

Da mesma forma, o líder colombiano Gaitán queria substituir uma «simulação» democrática por uma «verdadeira democracia». Em 1945, ele apelou a uma «restauração moral e democrática» para substituir a «nação política» pela nação do povo. A democracia derrotara o fascismo e, com essa derrota, a «vitória da violência» foi substituída pelo triunfo da «civilização cristã». Gaitán invocou Deus para dizer que a divindade sabia, tal como ele e os seus seguidores, o que era melhor para a Colômbia.[318] No entanto, o líder não era entendido exclusivamente como um semideus cujo poder derivava apenas do sagrado. O poder do líder emanava das suas relações «umbilicais» com o povo e da sua luta comum contra os inimigos da nação.

Na Venezuela, o líder populista Rómulo Betancourt, profundamente crítico em relação ao fascismo e ao comunismo, apresentou a sua própria terceira via. Antigo comunista convertido ao anticomunismo, Betancourt explicou que renunciara ao seu comunismo do período entre as guerras a favor da sua própria opção democrática nacional. Essa renúncia foi provocada pelas condições económicas do país, mas foi também «uma reflexão» determinada por uma profunda identidade venezuelana e latino-americana fruto da «minha atribuição quase biológica à minha terra e ao meu povo». O seu movimento era para aqueles que «tinham uma profunda fé na Venezuela». O seu partido era «o Partido do Povo», e os seus opositores a «antipátria». Em 1948, Betancourt declarou: «Eu estive, estou e estarei com o povo e contra os seus inimigos históricos.» Ao invocar a história, Betancourt referia-se no fundo a uma luta trans-histórica épica entre o bem e o mal. Só o partido e o governo do povo, que defendiam «a justiça social e a libertação nacional», podiam representar a «verdadeira democracia». O populismo era definido pela sua rejeição das ditaduras históricas. O partido «devolvera» ao povo a sua «soberania usurpada». Este modelo deslegitimava politicamente os adversários, que apesar disso podiam participar no processo democrático. Na realidade, os inimigos eram apenas vagamente definidos. Eram «históricos» porque sempre se haviam oposto ao povo. Entre os inimigos incluíam-se quase sempre os comunistas e os imperialistas, mas também os oligarcas e a classe política.[319] Em 1946, Gaitán disse aos venezuelanos que o regime de Betancourt era apenas a primeira fase, a conquista da liberdade política, mas que a democracia seria apenas formal se não fosse acompanhada da «conquista da liberdade económica e social». Também para Gaitán, os inimigos do costume eram os fascistas, a plutocracia, a oligarquia e a política convencional. A política era uma guerra, e ele era «o capitão das multidões colombianas» ou, como também disse em 1947, um «soldado» que se oferecera para «uma missão na frente de batalha». Para Gaitán, «O povo era superior aos seus líderes», e os líderes só podiam representar «a voz do povo para o povo». Do outro lado da equação líder-povo estava o antipovo — os que voltavam «as costas» ao povo.[320] Da mesma forma, para Perón o «drama argentino» era uma luta entre o povo e o «antipovo». A existência deste último implicava que a luta fosse «ideológica», mas, para o líder populista, a natureza transcendental da luta também implicava que aquele fosse um momento decisivo na história da emancipação argentina. Para um líder que tinha sido expulso do seu próprio país e que se encontrava no exílio quando proferiu essas palavras, esse momento extraordinário não implicava, porém, abandonar os processos eleitorais, mas antes exigir o seu restabelecimento. O peronismo apelava mais uma vez à participação do povo na luta contra as restrições sociais e económicas à democracia. Mas sem reconhecer qualquer contradição, Perón também afirmava: «Os nossos inimigos são na realidade os inimigos do povo.»[321]

O peronismo agia em nome do povo e de uma nação unida, defendendo plenos direitos eleitorais para os cidadãos. Como outros populistas, os peronistas consideravam as eleições democráticas a principal forma de derrotar o inimigo. Mas as ligações entre o líder e o povo também dispensavam formas eleitorais, transcendendo contextos específicos e até a nação. A luta por uma terceira via ultrapassava os dois imperialismos, as duas «forças espúrias que surgiram depois da Segunda Guerra Mundial». Para Perón, o que estava em jogo era não só o destino «da Argentina ou do seu povo mas também o destino do mundo e de todos os seus povos».[322] Esta ideia de um confronto mundial «tudo ou nada» com as forças do mal foi reproduzida muitas vezes nos anos seguintes.[323] Enquanto o general Perón entendia a sua ligação ao povo como identificada com a sua própria pessoa como homem militar, o comandante Hugo Chávez identificava-se como peronista: «Eu sou profundamente peronista de todo o coração, porque o general Perón foi um soldado da América Latina e do povo.» Ele apresentava-se também como um «soldado do povo» que obedecia apenas ao povo. Segundo Chávez, «Os que não são chavistas não são Venezuelanos».[324]

Essas ligações entre o líder e o povo obedeciam a um ideal da política como uma fonte do que Andreas Kalyvas designou por «política do extraordinário». No caso do populismo, isso significava promover o seu próprio momento político como algo que transcendia os tempos mais normais, tal como estes geralmente funcionavam na história.[325]

Essas ligações também transcendiam questões de representação, determinadas políticas ou ideias. Como explicou Gaitán, nenhum líder podia efetivamente impor paixões, pensamentos ou decisões ao povo. O líder não era um homem que pudesse afetar as massas da mesma forma que um artista dava vida eterna a objetos mortos: «O líder dos grandes movimentos populares é aquele que possui a sensibilidade e flexibilidade para captar e sintetizar num determinado momento os estímulos que existem nas agitadas subcorrentes da alma coletiva.» O líder era, em suma, uma «antena» que reunia no topo o que emanava da base. Ele depois sintetizava as reivindicações populares, da ética à estética.[326] Uma grande preocupação com os pobres, e uma mistura de igualitarismo, nacionalismo e demonização retórica do inimigo criavam uma comunidade organizada que combinava a aclamação, a delegação e instituições e processos democráticos mais tradicionais. Como os peronistas, os Colombianos e os Brasileiros assistiram à transformação de ideias de democracia liberais e fascistas naquilo que os seus líderes populistas (Gaitán e Vargas) entendiam como uma forma orgânica de democracia que conduzia as massas além do liberalismo e do comunismo.

O fascismo na história representou uma rejeição teórica e prática da ideia da representação democrática ou de qualquer possibilidade democrática, cujo resultado natural foi o estabelecimento da ditadura. Depois de 1945, essa ideia de representação ditatorial foi superada, e os líderes ditatoriais como Perón destruíram a ditadura a partir de dentro.

O peronismo foi o primeiro regime na história a engendrar essa transição da ditadura para a democracia autoritária delegatória.[327] O fascismo tinha sido derrotado. Perón percebeu muito bem que a nova ordem, a sua tão proclamada terceira via entre o capitalismo e o comunismo, tinha de ser enquadrada como uma democracia. Na sua «mensagem ao mundo» em 1947, Perón afirmava que não era aceitável que «a humanidade fosse destruída num holocausto de hegemonias de direita ou de esquerda».[328]

Crucial para a terceira via peronista era perceber como praticar uma política iliberal de forma democrática. Perón tinha então à sua disposição todas as tradições, e aproveitou elementos da esquerda e da direita. No fundo, procurou dar continuidade à tradição do anti-Iluminismo no contexto da Guerra Fria. Perón era o homem forte, o caudilho, que personificava uma nova forma de política no poder. Ele encarnava não só o povo e a nação mas uma nova síntese ideológica do pós-guerra para conquistar o poder em nome do povo e, na prática, para governar no lugar deste. Tendo em conta a centralidade dos líderes autoritários para qualquer versão completa do populismo, é surpreendente como para alguns estudiosos do populismo, «a característica autoritária do homem forte não é inerente ao populismo». Esta opinião baseia-se no duplo estereótipo de que a América Latina é essencialmente uma região de homens fortes e de que estes estão naturalmente ausentes da Europa e dos Estados Unidos. Na realidade, a América Latina não detém em exclusivo o conceito de liderança do populismo. Este é um fenómeno mundial e não latino-americano.[329]

As mesmas tentativas personalistas, mas num contexto do século XXI, foram feitas por líderes como Donald Trump e Marine Le Pen. A campanha presidencial de Le Pen em 2017 tratou claramente de afirmar a encarnação da nação francesa na sua pessoa, como mostrava o seu vídeo de campanha, devidamente intitulado «Em Nome do Povo». Contra a direita e a esquerda, Le Pen afirmava que era a única candidata do povo francês. Era através da sua própria pessoa que o seu governo seria «francês em Primeiro Lugar». Le Pen repetia o *slogan* de Trump da «América em Primeiro Lugar». Este *slogan* foi usado pela primeira vez nos Estados Unidos por simpatizantes do fascismo nos anos 30 do século XX. Se este legado fascista não causou problemas a Trump, Le Pen por sua vez negou qualquer papel no Holocausto para os colaboradores franceses dos nazis, que na verdade permitiram a deportação de Judeus para os campos de concentração. Nos casos tanto de Le Pen como de Trump não havia qualquer diferença entre a sua ideia de dar «primeira» prioridade ao país e a eles próprios. Eles eram líderes autoritários populistas dos quatro costados. Mas na história do populismo, essa política do homem forte populista surgiu inicialmente depois de 1945, com o primeiro regime populista.[330] Nesse sentido, e hiperbolicamente, Trump tornou-se o Perón americano. O facto de o país mais poderoso do mundo se tornar um centro mundial do populismo foi surpreendente para muitos observadores, mas também nos Estados Unidos o aumento da desigualdade e a fusão de neoliberalismo e tecnocracia foram demasiado evidentes para poderem ser ignorados.

O Tea Party e o trumpismo representaram ambos uma reação americana autoritária a esses padrões mundiais. Naturalmente, o extremismo de Donald Trump fazia lembrar o de líderes republicanos do passado como Barry Goldwater e Richard Nixon — e de candidatos independentes como George Wallace. Trump repetiu explicitamente a invocação de Nixon da «maioria silenciosa». Para Nixon e Trump, essa maioria era manifestamente branca, mesmo que as afirmações de ambos não fossem tão explícitas como a de alguns dos seus seguidores mais segregacionistas. Sobretudo para muitos apoiantes do trumpismo, a maioria não incluía as costas Leste e Oeste do país. Em 1964, Goldwater manifestara uma animosidade igualmente clara contra as zonas urbanas e a Costa Leste. Ele chegou mesmo a afirmar que o país ficaria melhor se serrassem e separassem a Costa Leste e a deixassem flutuar para o mar.[331]

Mais do que noutras histórias do populismo, a raça tem sido crucial para o populismo americano. No entanto, para muitos historiadores do fascismo e populismo mundiais, o trumpismo era algo completamente novo e decididamente uma nova ameaça para a democracia. O seu lugar no topo do programa político republicano, e a sua conquista da presidência, anunciaram um novo tipo de supremacia americana — em linha com uma corrente de populismo de direita xenófoba que se tem expandido por todo o mundo.

Durante a sua campanha, ao misturar o racismo, a discriminação religiosa e a retórica anti-imigração e anti-integração, Trump apresentou-se no palco mundial como um novo líder para o clube populista internacional. A sua retórica incluiu também apelos à prisão ou expulsão da sua adversária, Hillary Clinton. O cântico «prendam-na» foi um tema predominante da campanha, como foram os apelos rituais dos trumpistas à violência contra Hillary em eventos de campanha. Num debate presidencial, o próprio Trump ameaçou-a com a prisão no caso de ele vir a ser presidente, e também já tinha sugerido que Hillary devia ser «deportada».[332] Os apelos para que adversários políticos e outros sejam presos por aclamação têm uma longa história. Tanto os fascistas (sempre) como os populistas (frequentemente) usaram a prisão para lidar com a oposição.

No seu estilo de liderança, Trump é menos parecido com anteriores candidatos republicanos e mais próximo de líderes como Marine Le Pen na França, Recep Tayyip Erdoğan na Turquia e Nicolás Maduro na Venezuela. Todos estes líderes poderosos, por sua vez, lembram figuras históricas como o general Juan Perón na Argentina e Getúlio Vargas no Brasil, que converteram ideias fascistas em formas populistas de autoritarismo eleitoral.

Líderes como Perón enviavam opositores para a cadeia. Faziam questão de apresentar todos os que não lhes agradavam — adversários políticos, os média ou magistrados — como inimigos e não como interlocutores ou setores da sociedade com direito a opiniões diferentes. No entanto, nem todos os populistas são iguais, mesmo que surjam no mesmo contexto. Perón, por exemplo, recordou uma conversa com Vargas, que lhe disse que ele devia seguir uma política de conciliação durante a sua segunda presidência nos anos 50. Perón respondeu que Vargas estava errado porque «Na política primeiro precisamos de domínio, e depois a conciliação surge como resultado». Na mesma altura, e a respeito da consciência «internacional» do povo, Perón afirmou que ele sabia que «o meu povo queria o que eu queria».[333]

A ideia do líder como o agente proverbial, que sabe tudo e decide ignorar o que não sabe, foi particularmente influente na teoria e prática do trumpismo. A ideia peronista de um líder que pensa e decide pelo povo, e cuja legitimidade é assegurada mas não criada pelos votos, foi também invocada por Donald Trump muitos anos depois, quando alegou que havia uma ligação direta entre a intuição natural, a predestinação, a ação e a legitimação. Ele explicou: «Sou uma pessoa muito instintiva, mas o meu instinto costuma revelar-se certo.» O seu ego oferecia-lhe uma verdade que era um conhecimento natural que emanava do líder encarnado no povo. Trump afirmou: «Acontece que sou uma pessoa que sabe como a vida funciona. Eu disse que ia ganhar as eleições e ganhei as eleições.» No populismo, o triunfo da vontade era confirmado por meios eleitorais. E quando chegava finalmente o momento da formação de um regime, ter o poder de decisão era em si uma forma de legitimação ou, como disse Trump: «Não posso estar a sair-me tão mal, porque sou o presidente e vocês não.» Trump identificava a democracia com o momento da sua eleição como líder do país. Mas eleições como a sua não eram apenas outro capítulo na história eleitoral do país. Num discurso perto do fim da sua campanha vencedora, Trump afirmou que defendia o povo contra a «estrutura de poder mundial» e contra os média nacionais e as elites políticas: «Estas não são apenas mais umas eleições quatrienais. São uma encruzilhada na história da nossa civilização que determinará se nós, o povo, recuperaremos ou não controlo sobre o nosso governo.» Segundo esta ficção, era o líder que, ao devolver o poder ao povo, o retirava dos seus inimigos. O trumpismo é a mais recente repercussão de uma longa história de reivindicações democráticas absolutas de líderes populistas que aspiram a personificar a vitória da civilização.[334]

Da mesma forma, os líderes populistas clássicos latino-americanos apresentavam a sua política como um combate pela verdadeira representação do povo no contexto de uma guerra apocalíptica civilizacional entre o bem e o mal. A ideia da personificação conduzia à proclamação da indispensabilidade do líder, mesmo ao ponto de a eleição do líder representar a última oportunidade para a nação. A sensação de emergência era um resultado da projeção de posições «amigo-inimigo» e estratégias militares para os adversários. Como afirmou Trump: «Para eles é uma guerra, e para eles absolutamente tudo é permitido. Esta é uma luta pela sobrevivência da nossa nação, acreditem em mim. E esta será a nossa última oportunidade para a salvar no dia 8 de novembro — lembrem-se disso.» Trump disse aos seus seguidores que a sua eleição assinalava «o nosso dia de independência». Perón também associara a sua liderança à longa história de conquistadores militares que foram, como ele, guias do povo: «A história do mundo através dos exemplos de Alexandre, Júlio César, Frederico ou Napoleão, mostra que a vitória pertence àqueles que sabem erguer e conduzir o povo.» Perón relacionou a sua própria eleição com uma segunda «Independência», afirmando: «Deus colocou-me na Terra para a independência e a liberdade do povo argentino.»[335]

O líder estava predestinado a servir o povo transformando-se no povo. A ideia de que o corpo do líder já não importava ou, por outras palavras, que a sua liderança substituía as necessidades pessoais pelos desejos do povo, foi levada à sua conclusão lógica absoluta por Vargas, que se suicidou em nome do povo e contra os seus inimigos internos e externos. No seu famoso testamento, escrito mesmo antes do seu suicídio pessoal e político em 1954, Vargas definiu-se como um «escravo» do povo brasileiro. Ele deu o primeiro passo no «caminho da eternidade». Estava a sair da «vida para entrar na história». O seu «holocausto» iria manter o povo unido, e o seu «nome tornar-se-ia a bandeira da vossa luta». Assim como dera ao povo a sua «vida», oferecia-lhe então «a sua morte».[336] Muito mais tarde, as mortes de Néstor Kirchner (2010) e de Hugo Chávez (2013) também foram geralmente interpretadas pelos seus sucessores como sacrifícios políticos. Como no caso de Vargas, e mais tarde Eva Perón, os mitos que os envolveram foram usados para acrescentar outra camada de legitimidade à natureza dupla da soberania populista.

É verdade que as mortes de Kirchner e Chávez não foram políticas, no sentido de que a insuficiência cardíaca e o cancro são por definição apolíticos. Mas as suas mortes foram geralmente apresentadas como atos sacrificiais de líderes dedicados que colocam os interesses do povo antes ou acima das necessidades físicas dos seus próprios corpos. Quando Eva Perón morreu de cancro, o regime peronista anunciou oficialmente: «O secretariado de informação da Presidência cumpre a sua obrigação extremamente dolorosa de informar o povo da República que às 20 horas e 25 minutos faleceu a Señora Eva Perón, Líder Espiritual da nação.» Depois da sua morte, todos os dias, todos os programas de rádio anunciavam: «São 20h25, a hora em que Eva Perón passou à imortalidade.» No seu famoso último discurso, Eva Perón disse a uma multidão que daria de bom grado a sua vida pelo povo. «Eu sei que Deus está connosco» e contra a «arrogante oligarquia», acrescentou. Ela pediu ao povo para permanecer «fiel a Perón» e lutar contra os inimigos internos e externos. E terminou a sua vida política proferindo estas palavras: «Eu nunca quis nem quero nada para mim. A minha glória é e será sempre o emblema de Perón e a bandeira do meu povo.

Mesmo quando abandono o que me resta da vida, sei que vocês tomarão o meu nome e o levarão como uma bandeira para a vitória.»[337]

Muitos anos depois, provavelmente com o famoso discurso de Eva Perón em mente, Ernesto Laclau, o intelectual mais importante do kirchnerismo, descreveu o luto por Néstor Kirchner como «talvez a maior manifestação de pesar coletivo na história da Argentina». Mas afirmou também que, depois da sua morte, Kirchner transcendera a mera natureza simbólica para se tornar algo mais transcendental. Acrescentou que a viúva de Kirchner ocupava então o lugar de Néstor Kirchner: «Cristina não está sozinha... Ela é seguida por todo um povo.» Para Laclau, a «personificação do poder» em Cristina Kirchner oferecia «mais garantias democráticas do que a diluição do poder». Os Kirchner representavam «a concentração de um nome» numa série de processos de alterações democráticas.[338]

O legado do líder transcendia a sua vida e tornava-se uma só unidade com o povo e o novo líder. As referências constantes a um Chávez transcendental que olhava pela Venezuela a partir do céu assumiram um tom mais exagerado, mas a lógica era a mesma. O próprio Chávez dissera que, precisamente porque personificava o povo, mesmo na morte, ele permaneceria com o povo: «Eu sou como o eterno retorno de Nietzsche... Venho de muitas mortes... Mesmo depois de partir continuarei convosco nestas ruas e sob este céu... Chávez é agora todo um povo invencível.» Depois da morte de Chávez, o seu sucessor, Nicolás Maduro, afirmou tipicamente que Chávez passara a ser «a criança, o homem e a mulher. Somos todos Chávez».[339]

Mesmo a partir do Além, o populismo colaborava com a ressurreição política.

Em termos de estilo e ideologia populistas, estes líderes morreram como viveram — em nome do povo e numa luta total contra os seus inimigos internos e externos reais e imaginários. Todos os populistas afirmam falar em nome das massas e contra as elites, como afirmou Trump: «Eu sou a vossa voz.» Na prática, porém, eles substituem as vozes dos cidadãos pela sua própria voz. Contra uma pluralidade de vozes americanas, a direita americana mostrou ao mundo que a América e o trumpismo estavam a escrever um novo capítulo na longa história mundial de desafios autoritários à democracia.

Apesar das suas bases fascistas, esse capítulo populista americano era muito diferente do fascismo. Não propunha a política como ditadura. Com o populismo moderno, a política de massas iliberal regressou à política da representação eleitoral. Essa política teve muitas manifestações populistas — populismos clássicos na América Latina; o populismo de livre mercado; neopopulismos de esquerda na América Latina, Europa e outros lugares; o populismo de extrema-direita; entre outros — mas, historicamente e em geral, elas usaram o nome do líder primordial e absoluto para imaginar e atualizar uma democracia que superava a política de representação mais tradicional.

A democracia em nome do pai

Como ideologia, o populismo na história misturou muitas vezes o conceito vertical do político com um conceito de inimigos irredutíveis, uma identidade nacional singular e até uma forma única de pensar. As ideias podiam ser controladas ou mesmo reduzidas à opinião variável do líder. Os conceitos teológicos eram conjugados com conceitos unitários do povo, líder e nação. Cristina Kirchner criou mesmo um «Secretariado do Pensamento Nacional» em 2014. Maduro instituiu «o Vice-Ministério para a Suprema Felicidade Social do Povo» em 2013. Maduro queria ir além do «Estado-providência», implementando formas de desenvolvimento social no seio do capitalismo, e também associar o trabalho social ao céu, a partir de onde, supostamente, Chávez continuava a vigiar.[340] Quando as duas instituições foram criadas, os nomes dos falecidos líderes Kirchner e Chávez eram obsessiva e ritualmente invocados. A felicidade e o pensamento não podiam ser dissociados dos nomes que tinham encarnado o povo. O Secretariado do Pensamento Nacional da Argentina juntou políticos e intelectuais que eram próximos, colaboravam frequentemente ou recebiam fundos da administração argentina. Invocou também ligações entre populistas a nível mundial convidando líderes importantes do partido Podemos e organizando um fórum internacional em 2015 sobre o pensamento do ilustre teórico do populismo, Ernesto Laclau.

Laclau, o teórico mais importante da democracia populista, tornou-se sem querer um filósofo do poder. Com o tempo, o seu nome acabou por ser sinónimo da política populista e do próprio conceito de populismo. Como constatou Beatriz Sarlo, os populistas argentinos não adotaram a sua obra e vocabulário lacaniano-schmittiano altamente especializado, mas ele foi enaltecido como o teórico preeminente do populismo na Argentina do início do século XXI.[341] O próprio nome de Laclau passou a representar muitas reivindicações. Ao traduzir Laclau para o público em geral, muitos intelectuais populistas adotaram a teoria do simbólico de Laclau e simplificaram a sua teoria da democratização alcançada através da política de nomear o líder. Por exemplo, o Secretariado do Pensamento Nacional adaptou a ideia da rutura antagonista-populista de Laclau às tradições mais antigas na história argentina, estabelecendo uma fronteira clara entre o nome kirchnerismo e a «barbárie». Nesse contexto apocalíptico, a simplificação que radicalizava a teologia política de Laclau, o poder dos Kirchner opunha-se a um «poder real e tradicional» mais sinistro. As «formas eternas de poder» tinham sido atacadas por um nome que provocou uma «refundação da política».[342]

Nunca alcançando a elevação hiperbólica pelo Secretariado do nome Kirchner, e também nunca aceitando o cargo público que lhe foi oferecido pelos Kirchner, mesmo assim, nas suas aparições publicas, Laclau satisfazia a necessidade de defender um momento populista que para ele e muitos admiradores se fundira com as suas próprias teorias do populismo para se tornar a única via para a democracia.

Na sua obra académica, o próprio Laclau alegava que os momentos de transformação populistas eram intrínsecos ao nome do líder. Ele afirmava, por exemplo, que só o líder podia representar plena e puramente a homogeneidade democrática que ele defendia:

> A construção de uma subjetividade popular só é possível com base na produção discursiva de significantes tendencialmente vazios. A chamada «pobreza» dos símbolos populistas é a condição da sua eficácia política — como a sua função é levar à homogeneidade equivalente uma realidade muito heterogénea, só o podem fazer reduzindo ao mínimo o seu conteúdo particularista. No limite, esse processo chega a um ponto em que a função homogeneizadora é realizada por um nome puro: o nome do líder.[343]

Nas suas aparições públicas na Argentina, ele realçava a centralidade do nome Kirchner. Laclau foi entrevistado pela última vez para uma série de entrevistas psicanalíticas de um jornal argentino intitulado *Políticos no Sofá*, em que ele defendeu os Kirchner, além da sua abordagem teórica. Nos seus últimos anos, Laclau teve dificuldade em conciliar a sua crítica do poder com uma nova defesa dos regimes estabelecidos na Argentina e na Venezuela. Ele tornara-se um intelectual institucional do governo populista, mas era também cada vez mais um defensor sintomático dos seus atos mais duvidosos. Por outras palavras, não foi capaz de estabelecer uma distinção entre o populismo como o seu ideal de democracia e as ambíguas realidades democráticas do populismo peronista como regime. Em resposta à pergunta do que achava do facto de os Kirchner se terem tornado milionários — uma pergunta que na Argentina se tornou deveras importante devido à suspeita incapacidade dos Kirchner explicarem como ou porquê se haviam tornado bastante mais ricos durante as suas presidências —, Laclau disse em tom de brincadeira que também queria ser rico. Ele também apoiou o «Futebol para Todos»,[344] um programa no qual o governo de Kirchner investira fundos públicos consideráveis para tornar a visualização do futebol profissional gratuita «para o povo». Aparecendo ao lado da estrela do futebol Diego Maradona, Cristina Kirchner defendeu o programa como um «ato de democratização». A promoção da visualização do desporto profissional como uma afirmação da democracia era uma coisa, outra completamente diferente era declará-la um ato contra a ditadura. A presidente alegou que antes de Kirchner o futebol tinha desaparecido como muitos cidadãos argentinos durante a Guerra Suja dos anos 70. Falando para o povo, afirmou que a televisão privada tinha «sequestrado os vossos golos... como eles tinham sequestrado 30 000 argentinos». Era este o contexto do apoio de Laclau ao programa «Futebol para Todos».[345]

Laclau, o teórico dos desfavorecidos, deu por si na posição incómoda de elogiar o poder. Tendo em conta a complexidade do seu próprio modelo teórico, a sua simplificação e adaptação do mesmo para enquadrar as ambiguidades do kirchnerismo são desconcertantes. Este foi um processo de construção no sentido de que ele também usou o seu modelo para falar em nome do povo. Este construtivismo radical distanciava-se bastante da abordagem historiográfica que definira o início da sua carreira académica como historiador. O que tornou isso possível, como explica Arato, foi que para Laclau o povo é construído a partir de um segmento dos cidadãos, que depois se transforma no todo. Assim, o líder é essencial para fornecer ao povo inventado o «significante vazio» do nome do líder. Nesse sentido, Arato alega que Laclau «defende explicitamente não só a construção do "povo" de uma forma completamente voluntarista, mas também o preenchimento do espaço vazio do poder pela liderança encarnando um agente que não existe».[346]

Laclau foi enaltecido universalmente, desde a Espanha à Argentina e outros lugares, sentindo necessidade de apoiar os seus anfitriões políticos mesmo quando participava em conferências académicas na Argentina. Mas Laclau também foi capaz de aceitar algumas críticas ao kirchnerismo como insuficientemente bipolarizador, por exemplo, quando afirmou que o kirchnerismo «tinha uma vocação populista», mas ficava aquém do populismo nos seus atos. Laclau criticou a ausência de uma demarcação clara entre amigos e inimigos no kirchnerismo, sobretudo no sentido de estabelecer uma «fronteira interna» que dividiria efetivamente o campo «popular» do outro campo. Ele lembrou que o peronismo clássico tinha feito isso, como Evo Morales e Hugo Chávez, na Bolívia e na Venezuela, respetivamente, onde os líderes também eram indispensáveis. Laclau defendia um poder executivo forte contra o parlamentarismo.[347] No seu ensaio «O Legado de Néstor Kirchner», defendeu que Kirchner se opusera aos reacionários, representando a vontade popular contra o *statu quo*. Kirchner representara uma escolha entre «a Argentina corporativa do passado ou a Argentina popular». Segundo Laclau, «É no limiar deste confronto que o nome de Néstor Kirchner ficará para sempre como um sinal liminar e revolucionário. Deixará de ser uma bandeira para as lutas, foi transformado em algo mais importante, num símbolo para a nossa consciência».[348]

Depois da morte de Laclau em 2014, a presidente Cristina Kirchner disse que os críticos de Laclau se baseavam «na estupidez e ignorância». Eles ignoravam que a Argentina tinha sido dividida em duas desde a sua independência em 1810. No seu último livro, em que ele reflete sobre o seu próprio passado marxista mas sem analisar suficientemente a dimensão das suas próprias tentativas de fundir o peronismo e o marxismo, Laclau interpreta a história argentina depois de 1955 através do prisma do peronismo, opondo-o radicalmente à ditadura e minimizando as suas tendências ditatoriais, militaristas e neofascistas. Na sua opinião, o peronismo foi a base para a criação de uma nova esquerda «nacional e popular e completamente diferente da esquerda liberal tradicional». O que não aparecia nesta interpretação era a persistência de uma esquerda não liberal e não-peronista e, de um modo mais geral, das complexidades da história argentina. O que aparecia, era a teoria do populismo de Laclau como a única forma de política e a ideia consequente de que o populismo de esquerda da Argentina representava homogeneamente a democracia no país.[349] Essa redução da história à experiência, e da história à teoria, também se aplicava a acontecimentos mais recentes. Para Laclau, Kirchner, como Chávez ou Morales, representara o seu próprio pensamento através da reflexão sobre os seus atos políticos. No entanto, para muitos adeptos populistas, o seu pensamento teórico permanece associado às vozes do povo e dos seus líderes populistas.

Numa conferência pública sobre Laclau na Argentina, o ministro da Cultura defendeu que Laclau era um «pensador decisivo que se afastara do meramente académico e sabia escutar as grandes tradições populares latino-americanas». Para estes políticos, Laclau também falava em nome do povo. A conferência teve lugar no monumental Centro Cultural Kirchner em Buenos Aires, um facto de grande importância simbólica segundo Chantal Mouffe, a teórica e viúva de Laclau, que salientou a «identificação com Néstor» do próprio marido.[350] O Centro Kirchner foi o momento mais simbólico da inscrição do nome Kirchner na paisagem política e real da Argentina. Mas não foi o único, apenas maior do que muitos outros. Os sítios, símbolos e objetos com o nome Kirchner proliferaram na Argentina mesmo antes de o líder ter morrido, incluindo edifícios nacionais, ruas, uma esquadra da polícia, um aeroporto, um gasoduto, cafetarias, autoestradas, o «Centro de Estudos Néstor Kirchner», estádios, o campeonato nacional de futebol de 2011, túneis, bairros, centros culturais, estações de autocarros, hospitais e pontes.[351]

No que diz respeito a continuidades com a antiga tradição peronista, o mais simbólico desses sítios de designação populista era a residência de estudantes Néstor Kirchner, situada na Rua Carlos Menem na província de La Rioja. O reducionismo de uma ideologia centrada nos desejos políticos do líder levou à imposição do nome do líder um pouco por todo o país. Havia um precedente peronista para isso. No tempo de Perón, duas províncias (Chaco e La Pampa) receberam o nome de Juan e Eva Perón. Quando Eva Perón morreu, a cidade de La Plata adotou o seu nome. Uma obsessão semelhante com os nomes próprios é partilhada por líderes como Trump e Berlusconi. Vários murais típicos em Itália reproduziram o nome de Berlusconi milhares de vezes e incluíam as palavras «Estamos todos com Silvio», querendo com isso dizer que todos os italianos eram de certo modo pequenos Berlusconi e que o corpo do rei, como diria Hobbes, continha o povo. Trump também projeta o seu nome como um reflexo da sua ideologia. A sua mistura de negócios e populismo foi antecedida pela sua obsessão comercial em dar o seu nome a torres, casinos, vinhos, carne de vaca e roupas. Ele lançou a sua campanha na famosa Trump Tower, uma das muitas torres com o nome de Trump que proliferam em Nova Iorque. Uma delas é o arranha-céus chamado «Trump World Tower», um símbolo da alteração pelos milionários da linha do horizonte da cidade situado na United Nations Plaza. O facto de Trump ter situado o seu edifício de luxo nas proximidades do edifício das Nações Unidas adquiriu novos significados quando Hillary Clinton lançou a sua própria campanha presidencial no «Four Freedoms Park» da Roosevelt Island. Esse monumento ao antifascismo de Roosevelt está virado para as Nações Unidas e para o edifício Trump. Em 2015 e 2016, esses edifícios de marca comercial em Nova Iorque, uma cidade vista como um ícone mundial do cosmopolitismo e da diversidade cultural, tornaram-se plenamente politizados como símbolos de um líder que se opunha à globalização e ao multiculturalismo.

Nascido e criado em Nova Iorque, Trump representava uma visão do populismo urbano que opunha as Nações Unidas e as minorias a tradições de segregação e discriminação. A propósito, vale a pena recordar que a empresa que Trump herdou do pai também tinha sido alvo de graves acusações de discriminação racial de afro-americanos. Numa das suas canções, o cantor antifascista Woody Guthrie, autor do hino de inclusão americano «This Land is your Land» e inquilino dos Trump no início da década de 50, referia-se ao pai do presidente: «Acho que o Velho Trump sabe exatamente quanto ódio racial / Ele fomentou naquele cadinho de sangue de corações humanos / Quando traçou aquela linha de cor / Aqui no seu complexo familiar Beach Haven / Beach Haven não é a minha casa! / Não, só não consigo pagar esta renda!»[352]

Foi precisamente nos anos do pós-guerra que um novo populismo moderno iniciou a sua ascendência na política americana, primeiro com o macarthismo e mais tarde com as candidaturas presidenciais de Barry Goldwater e do governador do Alabama George Wallace. Wallace, o candidato da «lei e da ordem», criticara o seu antecessor por ter sido «brando na questão dos pretos». Em 1963, atacou um governo que na sua opinião desejava transformar os políticos na categoria de um «patrão do povo» e era «o oposto de Cristo. Ele declarava a necessidade de manter a «segregação hoje! Segregação amanhã!». Wallace defendia o racismo «em nome do maior povo que já pisou esta Terra». Com «povo», ele queria dizer os americanos brancos. Noutra tirada famosa, Wallace alegara que Nova Iorque não era propriamente um exemplo para o resto do país: «Em Nova Iorque não podes andar no Central Park à noite sem medo de ser violado, assaltado ou levar um tiro.»[353]

Foi precisamente esta ideia do Central Park como o lugar que indicava o que estava mal com o país que deu pela primeira vez notoriedade política ao então jovem populista «em potência». O contexto foi o caso dos «Cinco de Central Park» em 1989. Como explicou a CNN, «O caso envolvia cinco rapazes adolescentes de cor que foram injustamente acusados e declarados culpados de agredir e violar uma mulher no Central Park. Trump comprou anúncios de página inteira que apareceram em vários jornais de Nova Iorque dizendo: "Reponham a Pena de Morte. Reponham a Nossa Polícia!"». Os homens injustamente acusados «foram depois ilibados em 2002, quando outro homem confessou o crime e um teste de ADN corroborou a sua confissão». Em 1989, em referência a esse caso, Trump argumentava: «O anúncio é basicamente muito forte e direto, diz para se repor a lei e a ordem. E não estou a referir-me apenas a Nova Iorque, estou a referir-me a tudo.» E acrescentava: «Talvez o ódio seja o que precisamos se quisermos fazer alguma coisa.» Esta combinação precoce de «lei e ordem» e argumentos racistas pode ser considerada um ensaio populista e seria mais tarde a imagem de marca da sua bem-sucedida candidatura à presidência. Seguindo uma antiga tradição que o jurista argentino Roberto Gargarella chama pertinentemente de «populismo penal», Trump apelou a medidas duras contra o crime supostamente baseadas na vontade do povo. Os líderes populistas imaginam que o povo os deseja como seus principais legisladores e juízes. Trump justificava-se realçando o amplo apoio do povo às suas ações, mas na prática, evidentemente, o «povo» nunca foi consultado.[354]

Embora o populismo americano ao longo da sua história tivesse combinado a sua política de ressentimento com a ideia do povo trabalhador como uma «maioria silenciosa» branca que potencial ou implicitamente rejeitava as realidades urbanas cosmopolitas e as minorias que viviam e trabalhavam nelas, nem todos os populismos adotaram esse tipo tipicamente americano de exclusão populista. Por outras palavras, nem todos os populistas identificam o *demos* com o *ethnos*, o povo e a raça, mas todos identificam o povo com os trabalhadores e os produtores e o anti-povo com os que não trabalham ou não trabalham o suficiente. Este «produzismo» é um elemento fundamental da ideia populista do povo.

Geralmente, os líderes populistas personificam através do nome o povo unido, que eles colocam em oposição ao antipovo — as elites e os traidores que eles combatem. Num discurso de 2013 proferido simbolicamente na Piazza del Popolo (Praça do Povo), em Roma, Berlusconi rebatizou-a retoricamente de Praça Povo da Liberdade, uma referência ao seu próprio partido. Ele garantiu que o seu discurso era por uma nova Itália, e que falava por aqueles que não tinham representação política. Segundo Berlusconi, ele e os seus apoiantes eram o legítimo povo italiano. Ele disse aos «que estão comigo... todos nós, juntos, representamos os italianos de boa vontade, bom senso e boa-fé. Nós representamos a Itália que trabalha e produz. A Itália de mulheres e homens que querem continuar livres. Nós somos o povo da liberdade». Berlusconi acrescentou: «Nós somos a melhor Itália e somos a maioria da Itália.» Depois concluiu o seu discurso de um modo tipicamente populista. Citou Gandhi, descreveu as suas propostas económicas neoliberais, identificou a sua pessoa com o partido e a liberdade e declarou que estava a abraçar simbolicamente cada apoiante. Os apoiantes responderam gritando repetidamente que Berlusconi era o seu único amor e cantando o hino

«Meno male che Silvio c'è», ou «Ainda Bem que Existe o Silvio». O hino foi apresentado pela primeira vez num anúncio de televisão em 2008, em que um grupo etnicamente homogéneo de italianos representando diferentes classes de trabalhadores, com os jovens em destaque, entoava repetidamente o refrão «Pelo menos existe o Silvio». A estética «anos 90» do anúncio combinava uma pirosice melódica com imagens de multidões abraçando uma grande bandeira italiana, mas o próprio Berlusconi estava ausente do quadro. A invocação do seu nome sugeria que ele era mais uma equação parental omnisciente do povo e da nação do que um cidadão comum. O povo seguia e invocava o nome do líder para garantir que não houvesse outra forma legítima de representação política além de Berlusconi. Noutros discursos, os berlusconistas representavam o seu *slogan* «Estamos todos com Silvio» usando máscaras de Berlusconi.[355] Do ponto de vista de Il Cavaliere, não havia qualquer lugar legítimo para a suposta minoria dos que não apoiavam a sua fusão multiclassista de país e povo. A mensagem era que eles representavam o mau senso, a má-fé e até a opressão.

O general Perón também defendera que o povo era constituído pelos «homens humildes de todas as condições. Eles são a única classe de argentinos que reconhecemos: a classe de pessoas que trabalham». Também para Perón, os que não trabalhavam, os que por inferência não reconhecia como Argentinos, estavam ligados à oposição política. Eles eram o antipovo — «antiperonistas... antirrevolucionários e retrógrados da reação».[356] Neste caso, o adversário surge mais uma vez como o inimigo da liberdade; uma liberdade que para Perón estava sob o ataque permanente do *demoliberalismo*.

Mais tarde, para Menem, Fujimori e Berlusconi, o inimigo da liberdade era a esquerda. Da mesma forma, Trump e Marine Le Pen acusaram os seus inimigos de seguirem ideologias datadas e de apresentarem propostas que enfraqueceriam a democracia, enquanto Cristina Kirchner identificou todas as pessoas que a acusavam de intolerância com a extrema-esquerda, a extrema-direita e a ditadura militar. Enquanto Perón, George Wallace e muitos outros populistas da Guerra Fria negavam perentoriamente que eram fascistas, os novos populistas como Marine Le Pen, Trump ou Erdoğan apresentam os seus próprios inimigos como nazis ou fascistas «totalitários».[357]

Numa tirada famosa, Wallace admoestou os manifestantes que o acusavam de ser fascista afirmando: «Eu estava a matar fascistas quando vocês rufiões ainda andavam de fraldas.» Mesmo quando era líder da ditadura em 1944, Perón publicou no principal jornal da oposição uma explicação pormenorizada da razão pela qual «o governo argentino não é fascista». O guia, que ainda não tinha sido eleito, exprimia apesar disso «a sua fé nas instituições democráticas» e realçava o facto de o regime gozar de um apoio popular extremamente elevado. Para o peronismo, se o povo apoiava o regime, isso significava que aqueles que se opunham ao mesmo eram inimigos da nação como um todo, representando uma «época nefanda» em que a democracia existia apenas na «aparência» mas não na realidade.[358] O chavismo também reproduziu as ideias peronistas clássicas do povo e do regime como uma unidade e do antipovo como a oposição. Para o comandante Chávez, o projeto da oposição era «um inimigo do povo venezuelano».

Chávez criticava a «democracia das elites», dizendo que a «democracia representativa é contrarrevolucionária. Um governo fechado dentro de quatro paredes expropria a soberania do povo e é contrarrevolucionário». Em 2009, depois de vencer um referendo sobre a sua reeleição, e ao anunciar a sua nova candidatura à presidência em 2012, Chávez justapôs a vitória da verdade do povo e a dignidade da pátria às mentiras da oposição. Jurou nunca regressar à «indignidade do passado», à qual a oposição queria voltar. Prometeu «abrir os portões do futuro» e associou algumas vezes a oposição aos tempos pré-históricos, proclamando que «o homem do futuro é Chávez».[359]

Para o populismo, tanto de esquerda como de direita, a democracia precisava de se afastar da sua versão representativa liberal. Um aspeto importante dessa ideia do inimigo como os que se opunham à liberdade e à democracia era que, enquanto esses líderes populistas afirmavam a recuperação de um passado dourado fictício e se identificavam, às suas nações e aos seus povos, com o presente e o futuro, os inimigos eram sempre caracterizados como resquícios de um passado decadente que já não correspondia à vontade do povo. Em suma, eles eram inimigos associados a um sistema político ultrapassado que se opunha à verdadeira democracia. Os média independentes tornaram-se o exemplo perfeito de um regime de verdades de base empírica e uma ideia de pesos e contrapesos que os populistas puseram em causa. Nesse contexto, a uma profunda desconfiança e, às vezes, demonização da imprensa independente juntava-se uma estratégia populista de usar e manipular os média independentes — para publicitar os seus espetáculos políticos mas também para impor o seu conceito ideológico da política como uma luta pelo poder dos média, sobretudo pelos média independentes. Os média independentes eram, por conseguinte, apresentados como um inimigo fundamental do líder do povo. Neste caso, o populismo estava também a seguir e a reformular a experiência do fascismo.

Da propaganda clássica ao novo panorama mediático

Na transição para a política de massas democrática, as versões clássicas do populismo seguiram o exemplo do fascismo. Eles partilhavam uma conceção dos média como o principal instrumento de propaganda. No populismo, o papel principal dos média era estetizar a política, o que implicava uma reformulação de orientação democrática do que tinha sido a propaganda personalista fascista. Ao contrário do fascismo, a versão populista da política como espetáculo coexistia com processos eleitorais e nunca os substituía completamente. Existem limites para a aclamação populista nos média. A propaganda peronista do pós-guerra, por exemplo, baseava-se no poderoso conceito de Juan e Eva Perón como os pais do povo, mas também salientava o facto de o seu regime ser repetidamente reeleito. Vários meios de comunicação social foram usados durante o peronismo, incluindo jornais, filmes, rádio e revistas. A repetição compulsiva das palavras e imagens do líder, pelo próprio e por muitos outros «pequenos Peróns», substituía a necessidade de oferecer explicações complexas de programas ou ideias. Do ponto de vista do líder populista, a doutrina existia para corrigir ou erradicar os não-crentes. Os feitos do líder eram mais importantes do que a teoria abstrata. Perón afirmou que «A doutrina é o objetivo final porque está encarnada na alma coletiva da comunidade». Mas na verdade, a doutrina existia para afirmar uma crença sólida em tudo o que Perón tinha dito ou feito. Ele realizava constantemente a ideologia do movimento através do controlo das suas próprias palavras e imagens e, progressivamente, dos média nacionais.[360]

Da mesma forma, nos anos 90 os líderes populistas atacavam os meios de comunicação social, usando os média estatais e, no caso de Berlusconi, o seu próprio império mediático, para transmitir uma mensagem clara e controlada. Como Perón e muitos outros, estes líderes populistas neoliberais demonizavam os média independentes, nalguns casos sugerindo até que os mesmos eram os seus principais inimigos. E como qualquer inimigo, os média podiam ser vencidos pela democracia populista, como afirmou Carlos Menem depois da sua vitória presidencial de 1995. Situações semelhantes ocorreram com líderes populistas como Chávez e Erdoğan. Algumas das suas tentativas de controlar palavras e imagens, e de silenciar a imprensa independente, foram bastante «tradicionais». Mas tudo mudou quando novos canais de comunicação, incluindo as redes sociais, se tornaram disponíveis. A maioria dos líderes populistas tem-se revelado exímia na utilização de tecnologias modernas para estabelecer relações diretas com os cidadãos, dispensando a mediação da imprensa. Isso tem sido útil sobretudo, mas não exclusivamente, para os líderes na oposição.

Na sua candidatura vencedora à presidência, Trump foi capaz, de forma surpreendente e bem-sucedida, de combinar a atenção permanente da imprensa independente com meios mais diretos de comunicação eletrónica, sobretudo o Twitter. Referindo-se à imprensa, Trump afirmou: «Eles estão a tentar desesperadamente suprimir a minha votação e a voz do povo americano.» Como os estratagemas populistas de Trump o concebiam como a personificação da nação e do seu povo, ele podia entender as reações críticas dos média aos seus atos contra as mulheres, imigrantes e outras minorias apenas como tentativas de limitar a soberania americana. Nesse sentido, a campanha de Donald Trump executou perfeitamente a cartilha populista. Se os líderes populistas que ainda não chegaram ao poder se definem em termos da sua hostilidade em relação aos média independentes, ao mesmo tempo que os usam para difundir as suas mensagens, quando estão à frente do governo geralmente abstêm-se da utilização instrumental dos média para ataques enérgicos e explícitos à autonomia dos mesmos. Até mesmo a possibilidade de uma derrota eleitoral deve ser atribuída a uma conspiração antidemocrática mais ampla das elites dos média para «manipular» o sistema e suprimir a vontade do povo, personificada na candidatura do líder populista. A atração de Trump deveu-se em parte às poderosas mentiras que circulavam entre ele e os seus apoiantes. A crença destes últimos nas mesmas era aparentemente insensível a refutações empíricas produzidas por média de investigação que Trump considerava uma elite inimigo do povo.

Os populistas exageram a importância dos média colocando-os no centro da política. Como alegamos com Pablo Piccato e Fabián Bosoer, os populistas encaram a política como um espetáculo, uma batalha cultural entre os que defendem os interesses do «verdadeiro» povo da nação e os média, as elites e as minorias que defendem interesses antinacionais. A liberdade de expressão é aceitável desde que signifique que o líder está a dar voz ao «homem comum».[361] Com base numa visão pós-fascista da democracia, em que o autoritarismo e a demonização substituem a tolerância e o diálogo aberto, Trump culpou a existência de uma imprensa livre pela crítica política. Foi por isso que passou a encarar a imprensa independente como um adversário preeminente da sua própria política. Os blogues na Internet e outros média não tradicionais permitiram a Trump dar plena visibilidade aos mensageiros da direita. Ele retomou o conceito pré-moderno da imprensa como transmissores de ideias preconcebidas, nomeando o diretor-geral do *Breitbart*, o website supremacista branco da «direita alternativa», diretor da sua campanha. O *New York Times*, o *Washington Post*, a CNN e outros meios de comunicação eram frequentemente os principais alvos dos seus ataques.[362]

Para os Argentinos, Trump estava a trilhar um caminho familiar. Durante dez anos, os antigos presidentes Néstor Kirchner e Cristina Fernández de Kirchner lançaram uma ofensiva contra meios de comunicação social críticos, escolhendo o *Clarín*, um dos jornais do país mais importantes, como o seu alvo principal. Eles culparam o jornal por todos os problemas que tinham no governo, distribuindo até *t-shirts* e meias com o *slogan* «O *Clarín* está a mentir» e declarando constantemente que o *Clarín* era corrupto. Passando da demonização à prática, usaram o fisco argentino para assediar o jornal com auditorias, e, por fim, leis antimonopólio que beneficiavam meios de comunicação social dos seus amigos. Nas primeiras duas décadas do século XXI, foram usados métodos semelhantes em países como a Venezuela e o Equador.[363]

A agressão populista contra a autonomia da imprensa não significa que os populistas se recusam a usá-la como mais um instrumento para promover a sua política. Criticar a imprensa atrai a atenção da mesma. Quando os populistas chegam ao governo, o diálogo entre os que estão no poder e a oposição tende a ser substituído por uma atenção redobrada à imprensa como inimiga preeminente do governo, do líder e da nação.

Consequentemente, em versões recentes e atuais do populismo, a estratégia de acusar a imprensa de agir como agente de distribuição de propaganda dos inimigos do líder tem sido combinada com a utilização de novas tecnologias de informação na Internet, sobretudo o Twitter, que realçam as ligações entre os líderes autoritários e os seus «seguidores». Como constata Beatriz Sarlo, se a política é cada vez mais complexa e multipolar, a política, tal como funciona nas redes sociais, tende a ser vista em termos binários. Nesse sentido, as redes sociais e o populismo são perfeitos um para o outro.[364] Os populistas estão predispostos a encarar os jornalistas independentes como altamente suspeitos, e até como inimigos, e as novas tecnologias permitem-lhes contornar a imprensa para se relacionarem diretamente com os seus apoiantes. Este acesso sem precedentes e sem mediação aos seus seguidores permite aos líderes populistas distinguir-se dos políticos e realçar a sua hostilidade em relação à política do costume. As novas tecnologias não favorecem o debate ou o acesso livre a ideias, mas minimizam significativamente a importância de instituições democráticas fundamentais como uma imprensa livre. A ideia de que a voz direta e incontestada do líder representa a verdade coaduna-se com a fantasia de que os média tradicionais nada têm a oferecer ao público senão mentiras.

A participação dos média e dos cidadãos na política está essencialmente interligada. Para o populismo, essa relação sinergética deve estar subordinada ao seu imperativo político. Como afirma Silvio Waisbord, um estudioso dos média argentino, uma forte suscetibilidade aos média faz parte do ADN do populismo. A sua principal contradição está relacionada com a dupla necessidade de representar a maioria do povo e uma estrutura piramidal de comunicação que confirma a palavra do líder.[365] Sobretudo porque é tão eficaz em fugir ao escrutínio do jornalismo independente, o populismo afirma que é a voz da «maioria silenciosa». Em teoria, a voz enaltecida do líder promove a participação do povo na política. Na prática, a voz do povo é um monólogo do líder livre de interferências jornalísticas.

A utilização eficaz dos novos média pelo populismo realçou ambiguidades ideológicas, mas também as deixou incontestadas. Nesse sentido, os princípios do populismo eram afirmados através e por essas tecnologias, como eram os dogmas liberais. O chamado ciclo noticioso de vinte e quatro horas, de natureza acrítica e irrefletida, não foi inventado pelo populismo, mas este aproveitou-se dele para vencer o neoliberalismo. O resultado foi uma ausência geral de propostas e programas pormenorizados. Como argumenta Jean Comaroff,

> Nas recentes condições liberais, quando as velhas coordenadas de esquerda, direita e centro parecem profundamente desorientadas, é cada vez mais difícil distinguir esses rostos populares, em qualquer sentido completo. A política ambígua dos líderes populistas na América Latina contemporânea, por exemplo, pode não ser inédita, uma vez que se baseia nos legados de figuras como Perón e Bolívar. Mas parece também exibir uma amálgama cada vez maior e mais confusa do progressista e do protofascista, assumindo a sua forma atual em determinadas circunstâncias históricas — entre elas, o advento de políticas de desregulamentação a nível mundial, a extensão de meios de comunicação eletrónicos para esferas da vida cada vez mais vastas e pessoais e a transição de uma política de classes para movimentos de base identitária e novas teologias de todos os tipos.[366]

Um regime mediático que promoveu a identidade, a nação e o sagrado foi um fator decisivo para o sucesso do populismo.

Os novos usos populistas da tecnologia, incluindo o poder do líder de identificar e «suprimir» indesejáveis que interferem com a sua mensagem, não aumentam o acesso do público à democracia, mas produzem opiniões contraditórias. Essas mensagens sintéticas não exigem, e até impedem, análises e explicações, tornando ainda mais fácil misturar *slogans* e políticas e escarnecer ou demonizar os inimigos sem ter de enfrentar o debate ou o escrutínio. Quanto ao populismo via Twitter, a participação significativa dos cidadãos nas decisões de um líder é uma miragem. Como constatou Umberto Eco, tanto no fascismo como no «populismo da Internet... os cidadãos não intervêm; são apenas chamados a desempenhar o papel do povo».[367]

Como no fascismo, o espetáculo populista do povo não deve ser confundido com o populismo em geral. O estilo e a estética não podem ser simplesmente equiparados a uma conceção de ideologia política. O populismo acrescentou novas tecnologias de comunicação ao seu repertório, mas a sua abordagem fundamental à política não mudou. Por outras palavras, num novo panorama mediático, o populismo adaptou a sua estratégia de comunicação, mas o resultado — substituir uma diversidade de vozes por uma única — é igual ao que se verificava antes de essas tecnologias inovadoras existirem.[368] Afirmando um conceito de soberania baseado na legitimidade conferida por eleições, um líder detentor da verdade e de uma forma vertical de propaganda para o sacralizar foi sempre crucial para a visão populista da democracia.

Os deuses do populismo

O populismo partilha com os outros grandes ismos do século passado — liberalismo, comunismo e fascismo — a ideia da soberania popular como a principal fonte de legitimação do político. Por outras palavras, em todos estes ismos, a liderança é definida teoricamente como a representante do povo pelo povo. Assim, o populismo, o fascismo, o liberalismo e o socialismo real concordam que o povo é a principal força legitimadora da representação política. Evidentemente, estas filosofias políticas têm divergido historicamente no que diz respeito às suas teorias e práticas de representação. O fascismo e o socialismo real afirmam que a natureza popular da liderança tem bases míticas e teleológicas. Eles não precisam de eleições para confirmar o governo revolucionário ditatorial. O populismo, por outro lado, está mais próximo do liberalismo na sua insistência em formas eleitorais de representação. Ao contrário do fascismo, ou do socialismo real, o liberalismo e o populismo opõem-se retoricamente à ditadura. Em todas estas formações ideológicas políticas, e nas suas ramificações contextuais, o líder e o sistema são legitimados porque o povo os deseja, segundo declaram os seus intérpretes. Na prática, discordam quanto ao modo de tornar isso possível, porque fundamentalmente o liberalismo e o populismo concentram-se na representação eleitoral enquanto o fascismo e o socialismo real dispensam processos eleitorais para confirmar a legitimidade do líder, que, não obstante, é apresentado como o representante supremo e permanente do povo.

Mas embora o populismo e o liberalismo da Guerra Fria partilhassem historicamente uma metodologia de representação política baseada em meios democráticos, pertenciam a tradições ideológicas e intelectuais significativamente diferentes.

Em teoria, todos estes ismos políticos modernos equiparam a democracia à participação popular. Mas o ideal da expansão democrática defendido pelo liberalismo e pelo comunismo baseava-se na tradição do Iluminismo, enquanto as versões fascistas e populistas eram explicitamente anti-iluministas. No fascismo, e também nalgumas versões do populismo, a soberania popular era entendida como uma rejeição dos legados da Revolução Francesa. Assim, se nos concentrarmos na teoria, o populismo pode ser considerado mais próximo da ditadura do que tem sido na prática. E no entanto não podemos compreender as ideias sem considerar as suas experiências políticas na história. Os dois aspetos influenciaram-se e alteraram-se recíproca e constantemente, transformando o populismo pós-fascista moderno primeiro numa reformulação e depois numa rejeição do fascismo.

Mais especificamente, a constante interação entre realidades democráticas e tendências autoritárias levou o populismo do pós-guerra a apresentar uma dupla fonte de legitimação: o líder é o líder por causa da representação eleitoral, mas a teologia política populista também exige uma crença firme no líder como uma figura carismática e transcendental cuja legitimidade ultrapassa a representação eleitoral.

Perón era representado como uma figura divina. Ele afirmava muitas vezes trabalhar em conjunto com Deus ao espalhar ou, como disse em 1953, «pregar» a palavra. Como muitos líderes populistas de regimes que surgiram depois dele, Perón usou o sagrado para validar a sua própria pessoa e liderança. Segundo Perón, ele estava «também a ajudar Deus» a revelar a sua própria misericórdia e grandeza.[369] No peronismo, a religião formal e a religião política eram simplesmente fundidas, mas as esferas de Deus e do líder não. O guia era o líder político, não Deus.

O cristianismo era enaltecido pelo peronismo, mas não através da Igreja. Neste caso, a conjugação retórica levou na realidade à peronização do cristianismo. Como afirmou Eva Perón, a famosa mulher de Perón, quando anunciou a chegada de um Natal peronista em 1946: «Eu venho do povo, como o general Perón, e fico contente por ter chegado a este Natal do bom *pan dulce* [pão doce] de Perón e da *sidra* de Perón, a todas as casas que Perón devolveu à sua elevação cristã.»[370] Como expliquei noutra obra, as dimensões religiosas da doutrina populista peronista estavam inicialmente ligadas à suposta natureza religiosa da liderança de Perón. A determinada altura, a ideologia peronista reconheceu um fundo de verdade nesses exageros. A fusão constante do profano e do sagrado era continuamente levada aos seus limites. Como disse Eva Perón ao seu conselheiro íntimo, o padre clérico-fascista Virgilio Filippo, e outros em 1951, Perón era o Deus dos Argentinos.[371] Como os líderes fascistas, Perón funcionava como uma analogia temporal com o sagrado. Era ele que carregava a cruz em nome da nação e do povo.

A ideia de soberania popular estava no centro dessas teologias populistas. Na prática, essas formas duplas de representação geravam conceitos unitários do povo, opiniões intolerantes, ataques à liberdade de expressão e até a ideias plebiscitárias e delegatórias de democracia, mas não conduziam à extinção da própria democracia. Nesse contexto, o líder populista é líder por causa da fé que o povo deposita supostamente na sua liderança. Os líderes funcionam como a personificação da vontade popular, e não só porque são eleitos pelo povo. Esta lógica de identificação extrema atravessa o universo populista e a sua história. A transformação do líder no povo torna-o uma figura transcendental diferente de qualquer outro ser humano e, ao mesmo tempo, homogéneo e próximo do povo. Em França, o *slogan* da Frente Nacional equiparava literalmente a líder ao povo: «Le Pen, le peuple». Na Colômbia, a declaração de Gaitán, «Eu não sou um homem, sou um povo», ficaria famosa.[372] O líder é sacralizado e a sua teoria de representação é em parte uma forma de representação da vontade do povo através da apropriação popular da pessoa do líder. O povo possui o líder, segundo o mesmo. Deste ponto de vista, a sua própria pessoa deixa de ser importante, o que explica a facilidade e ansiedade com que os líderes populistas se referem a si mesmos na terceira pessoa. O general Perón afirmou:

«Eu sou homem apenas por uma causa. Não estou interessado em Perón nem nunca estive interessado [em Perón], ou interessei-me por ele apenas na medida em que Perón podia servir a causa.»[373]

Como já vimos, o caso de Hugo Chávez é particularmente sintomático. Ele afirmou mesmo: «Sinto-me encarnado no povo.» Multiplicou o seu nome e projetou-o na nação e no seu povo. Ele não estava apenas a falar em nome do povo, o seu nome era o nome do povo: «Chávez é a Venezuela.»

Em 2012, Chávez disse aos Venezuelanos que eles eram «o povo de Chávez». Explicando essa ideia trinitária de líder, povo e nação, Chávez referia-se muitas vezes aos três componentes da sua nação como indistintos: «Eu já não sou Chávez, Chávez tornou-se um povo [*Chávez se hizo un pueblo*].» Disse também que «Chávez se tornou a essência da nação». Este processo de transubstanciação significava que cada venezuelano era um pequeno Chávez, na medida em que eram todos componentes do povo nacional do líder. «Eu não sou Chávez, vocês são Chávez, somos todos Chávez, eu já não sou eu próprio. Na verdade, Chávez é um povo.» Como Perón, Gaitán e muitos outros, Chávez estabeleceu uma relação clara entre ele próprio, a história da nação e Deus. Ele pediu a Cristo para lhe dar a sua coroa e a sua cruz. Em 2012 afirmou também: «Estou convencido de que Deus ajuda Chávez e os seus amigos.»[374]

O Movimento Chavista considerava-se manifestamente uma religião política radical com as suas próprias orações e recitações. Na construção da liderança de Chávez, havia uma síntese entre o *libertador* Simón Bolívar e Jesus. Carlos de la Torre explica: «O seu movimento político, a nova Constituição e até a Venezuela foram rebatizados de "bolivarianos".» Chávez invocava constantemente «Jesus como "o meu comandante-chefe" e como "o Senhor da Venezuela"». De La Torre lembra que a fusão do líder populista com a religião formal foi mesmo personificada pelo próprio líder na televisão nacional em 2012: «Chávez comparou a sua agonia com o cancro à paixão de Cristo. Imitando a invocação de Cristo ao Pai quando se sentiu abandonado na cruz, Chávez rezou em voz alta: Dá-me vida… Cristo, dá-me a tua coroa de espinhos. Dá-ma para que eu sangre. Dá-me a tua cruz… Dá-me vida porque ainda preciso de fazer coisas para este povo e para a pátria. Não me leves. Dá-me a tua cruz, os teus espinhos, o teu sangue. Eu carregá-los-ei, mas dá-me vida. Cristo, meu Senhor. Amém.»[375]

Quando Chávez morreu em 2013, Nicolás Maduro, o seu proclamado «filho» e «apóstolo», queria embalsamá-lo, como Perón fizera com o corpo de Eva Perón. Mas em vez de mencionar Evita, Maduro associou o falecido líder a outros famosos líderes mumificados, como Ho Chi Minh, Lenine e Mao. O objetivo de mumificar o líder era estabelecer a sua posição única relativamente aos restantes cidadãos mortos, que tinham sido enterrados de forma mais tradicional De qualquer maneira, a falta de planeamento adequado invalidou essa opção, e Chávez foi enterrado como qualquer outro venezuelano.

A tentativa venezuelana de mumificar o líder é um exemplo sintomático de como no imaginário populista o líder pertence ao povo, mesmo na morte. Defendendo o futuro embalsamento de Chávez, Maduro disse: «O corpo do nosso supremo comandante permanecerá embalsamado no Museu da Revolução. Permanecerá de uma maneira especial para que possa ser exibido numa vitrina de cristal e o povo tê-lo para sempre.»[376]

Quando entrou para a política em 1994, Berlusconi afirmou ter sido «nomeado por Deus».[377] Noutra altura alegou também: «Eu sou o Jesus Cristo da política... Sacrifico-me por toda a gente.» Na Argentina, Cristina Kirchner argumentava que era importante temer Deus, mas também temê-la um «bocadinho».[378] O líder, ao ser o líder, prevenia uma situação apocalíptica. Acima de tudo, a ideia sagrada do líder combinava a representação eleitoral com ideias messiânicas de predestinação. Por exemplo, Donald Trump equiparou os seus eleitores nas primárias republicanas e a sua própria candidatura à vontade do povo americano. Afirmou mesmo que ia uni-los numa única voz. Ele substituiu de facto a voz do povo pela sua, mas o resultado foi uma apropriação do povo pelo líder. Coletivamente, o povo permanecia um interveniente passivo, por quem ele iria «lutar» e «vencer». Trump falava em nome de uma «maioria silenciosa» que não se podia defender nem mesmo exprimir. Ele disse às «pessoas que trabalham arduamente mas já não têm uma voz – eu sou a vossa voz».[379]

Trump combinava conotações messiânicas típicas da tradição política americana com o elogio retórico da violência contra membros da oposição. Um ilustre apoiante de Trump, que era senador republicano na altura, apresentou a escolha de Trump como uma questão de vida ou morte para o Partido Republicano. A ideia do líder como alguém que está de certo modo mais próximo de Deus do que os outros mortais foi reformulada na campanha presidencial de 2015–16. Trump disse aos líderes religiosos que a conquista da presidência ia levá-lo ao céu. No trumpismo, o sagrado era misturado com o ideal do empreendedorismo americano representado pelo carisma e «poder cerebral» do líder populista. Trump apresentava-se como o líder de uma nação e de um povo de vencedores, mas também aceitava Deus como o verdadeiro detentor da propriedade.[380]

Trump estabeleceu planos de significado paralelos entre os seus próprios negócios imobiliários, o sagrado e a política do presente e do futuro da América. A norte do Rio Grande, o populismo do século XXI reformulou uma antiga combinação populista americana de individualismo extremo, religião, racismo, anti-institucionalismo, materialismo e «trabalho árduo» com uma nova forma de predestinação política e empresarial. Trump afirmou-se como a personificação da nação e do espírito do capitalismo. Ele queria ser visto como um mito vivo. Como lembrou Chiara Bottici, a eminente estudiosa do mito político, o *slogan* de Trump «Make America Great Again» reiterava o «mitologema da "grandeza-declínio-renascimento"» do fascismo. Essa narrativa permitia ao líder populista «identificar os presumíveis causadores do declínio, declará-los culpados e assim canalizar e incitar a hostilidade contra eles».[381] Neste caso, velhos mitos fascistas foram recombinados com uma tradição americana populista de direita e xenófoba que queria uma sociedade governada pelos ricos. Era nesse contexto que, como sugeriu Judith Butler, Trump se aproximava da situação fascista.[382] Na verdade, o populismo de Trump não estava na prática muito longe de uma ideia elitista e neoliberal de uma classe dirigente cujo poder deriva da sua riqueza, mas fundia-se com velhos mitos políticos fascistas da liderança sagrada e ideias populistas de soberania popular, juntamente com a exclusão do antipovo.

Nesse aspeto, Trump aproximava-se do populista italiano Silvio Berlusconi. Uma parte da atração de ambos era o facto de combinarem a apresentação de si mesmos como «homens do povo» com o mundo seleto do bilionário. Essa atração era embelezada com conotações religiosas. De acordo com este conceito, o líder é mais especial do que o seu povo, como se isso estivesse divinamente predestinado. Se isso parece religioso, é porque de facto o é. As formas sagradas pertencentes ao domínio da fé religiosa são um elemento crucial da teologia política populista.

Ao contrário do que acontecia com o fascismo, a fé dos populistas é confirmada por resultados eleitorais. Mas como os fascistas, os populistas adotam formas religiosas (linguagem e rituais) e defendem a ideia do líder como uma figura divina que tem sempre razão. Para Chávez, a perceção de si mesmo como uma figura divina associava-o a Jesus e implicava uma ideia radical do inimigo como ímpio. Da mesma forma, na Turquia, como sugere o académico turco Ertug Tombus, Erdoğan misturou duas teologias políticas (a religião formal e o populismo), sobretudo depois da tentativa de golpe de estado de julho de 2016. Enquanto Tombus realça as ligações entre as ideias fascista e populista do político, além do carácter transnacional de ambas, alguns estudiosos das nações muçulmanas recorrem à apresentação de um Outro «populista islâmico». Mas o populismo é realmente tão diferente na política islâmica para podermos falar de um populismo islâmico?

Populismo islâmico?

Em muitos estudos da política e do Islão, o populismo torna-se uma forma de distinguir uma grande parte do mundo do Ocidente. O populismo, afirmam esses estudos, é uma consequência natural da fragilidade democrática da política no Islão. Os autores desses estudos referem-se geralmente a uma forma «islâmica» e compacta de política, em que a tendência para o populismo é naturalizada e torna-se quase inevitável. Na minha opinião, a fusão dessas duas teologias (o Islão ou, nesse sentido, qualquer religião, e o populismo) não justifica a criação da nova categoria do «populismo islâmico». O emprego do termo *populismo islâmico* mistura geralmente as experiências muito diferentes de países como a Turquia, Egito, Irão, Marrocos, Tunísia e Indonésia. Enquanto o populismo turco nasceu de um sistema multipartidário, outros países como a Indonésia e o Egito apresentavam contextos autoritários e democráticos muito diferentes.

«Populismo islâmico» é um termo errado que inflaciona a política populista e identifica o populismo com qualquer crítica islâmica às elites ou, nalguns casos, com a política de massas em países muçulmanos. Mesmo que a fusão de temas islâmicos e populistas seja uma manifestação singular da política populista em países muçulmanos, o termo *islâmico* não explica formas de populismo que muitas vezes se assemelham mais a contextos «não-muçulmanos» em casos europeus, africanos ou latino-americanos do que a contextos «muçulmanos». Como acontece com o termo *islamofascismo*, *populismo islâmico* ofusca as continuidades do populismo na história mundial e as histórias convergentes do Islão político em todo o mundo. Além disso, os usos públicos do termo «populismo islâmico» exemplificam esforços para apresentar o populismo como uma perversão ou deformidade da «verdadeira» democracia normativa. Neste caso, a inferência é que os muçulmanos não são capazes de gerir governos plenamente democráticos, uma alegação com uma muito longa e sangrenta história colonial.[383]

Em geral, o uso do termo evita as distinções cruciais entre formas de populismo à esquerda e à direita do espectro político (incluindo também o Médio Oriente) e tende a realçar e até confirmar pressupostos estereotipados sobre o Islão e o Ocidente, confundindo muitas vezes a domesticação e a sincronização populista da religião com as efetivas religiões formais.

O estudioso do populismo Vedi R. Hadiz, que defende o uso do termo, fornece apesar disso uma periodização muito específica do conceito e defende que uma das convergências do populismo e da política islâmica é a identificação comum do conceito da *umma*, ou uma comunidade de crentes muçulmanos que entende o povo como um todo. Mas como ele também constata, de forma astuta, a *umma* adquire geralmente uma conotação nacional e não universal. É precisamente essa dimensão nacional que mostra os modos peculiares como uma ideia transnacional da teologia política é adotada e realizada em determinados períodos e países.

No seu excelente estudo do populismo na Argélia, o académico argelino Lahouari Addi insiste precisamente na persistência da ideia do populismo na Argélia desde a independência do país durante a Guerra Fria até aos anos 90, mas chama também a atenção para as suas variantes contextuais muito diferentes. As formas argelinas de populismo, seculares ou islâmicas, têm mais em comum umas com as outras do que com outros exemplos transnacionais. O mesmo se poderá dizer, evidentemente, da experiência peronista na Argentina e de outros casos nacionais que fazem parte das mesmas histórias nacionais. Mas se na Argentina o peronismo incluía correntes diferentes, desde o anti-imperialismo e corporativismo ao populismo neoclássico e ao neoliberalismo, na Argélia o populismo foi adotado e reformulado por correntes diferentes e até opostas. Todas elas afirmavam ser a personificação do povo, mas o populismo argelino, em vez de ser apenas uma estrutura controlada pelas chefias, mobilizou os cidadãos, aumentando a sua participação política ao mesmo tempo que redefinia quem eram os inimigos comuns do povo. Como argumenta Addi de forma convincente, o conteúdo do populismo mudava em períodos históricos diferentes, mas a ideia mítica do povo persistia. Na época das lutas anticoloniais pela independência, o seu conteúdo era inclusivo e convinha ao inimigo comum do povo, isto é, o poder colonial. Depois da independência, o populismo foi concebido como um meio de conservar o poder. A participação popular foi significativamente reduzida, e os representantes do povo eram os que «falavam indefinidamente em seu nome». Ao mesmo tempo, esses líderes definiam quem pertencia ou não ao povo. Esta situação acabou por fazer com que os governantes fossem rejeitados por aqueles em cujo nome governavam. O governo da FLN unificou o povo, excluindo progressivamente a sua participação efetiva no processo político. Addi sublinha que a crise de um populismo autoritário pode criar ou conduzir a outra. De uma forma bastante sugestiva, a análise histórica do populismo no poder feita por Addi explica também o populismo do movimento político Frente Islâmica de Salvação (FIS), que se desenvolveu nos finais da década de 80. Este foi um produto da história argelina e da sua cultura política populista, especialmente o seu populismo secular, e não de ideias islâmicas genéricas ou essencialistas. Consequentemente, Addi mostra que em 1988, numa altura de crise económica e social, quando o país ensaiava um processo político democrático com eleições multipartidárias, o partido

FIS, que se opunha radicalmente ao poder das elites populistas dirigentes, já reivindicava o «agonizante populismo da FLN» através de outro reformulado em tons religiosos. O FIS recuperou o populismo num momento muito diferente da história argelina, apresentando-se «como um movimento com a ambição de cumprir o programa político e as "promessas" da FLN». Desde o seu momento secular na história ao seu momento religioso, o populismo argelino exibiu características semelhantes, incluindo a ideia mítica do povo, o voluntarismo, o culto do Estado, a «consolidação moral dos seus valores políticos», a ideia da personificação do povo e a negação do conflito no seio da sociedade. Para Addi, o caso argelino mostra que os usos políticos do Islão não são novos mas têm sido reformulados em momentos diferentes. O Islão era «um recurso político», mas a natureza do conflito argelino em torno da democracia não era religiosa mas essencialmente política. Este aspeto importante devia também limitar os usos muitas vezes anistóricos do conceito do populismo islâmico.

Em suma, Addi mostra como as formas argelinas de populismo foram afinal impedimentos ao aprofundamento da democracia. No entanto, como na Tailândia, Argentina e outras sociedades não-muçulmanas, a versão FIS de democracia populista foi derrotada em 1992 por uma ditadura militar antipopulista.[384] Independentemente da religião invocada, na Argélia e na Argentina, mas também em países tão diferentes como a Turquia, Israel, Egito, Indonésia, Itália, Hungria, Estados Unidos e Venezuela, a vontade do povo era usada alternadamente com a vontade de Deus.

O populismo machista

No início do século XXI, os ideais de sexualidade dos populistas tornaram-se mais explícitos, e menos decorosos, do que no passado. Embora Perón também tivesse representado o ideal da masculinidade argentina como um aspeto fundamental do peronismo, estabelecera demarcações precisas entre os géneros. Ele realçara o importante dever cívico das mulheres como mães, cuja tarefa era educar os homens. O peronista nacionalista Oscar Ivanissevich fornece-nos um bom exemplo. Ele declarou: «O peronista é uma pessoa com um sexo definido que admira a beleza com todos os seus sentidos.»[385] O ideal de beleza peronista definia-se por uma visão tradicional e barroca da cultura que assimilava avidamente elementos populares contemporâneos que às vezes também o transformavam. Alguns líderes populistas de direita mais recentes têm enunciado uma versão estereotipada e ainda mais reacionária do papel e da imagem das mulheres na sociedade.

Como Berlusconi e os populistas neoliberais latino-americanos dos anos 90 do século XX, os presidentes Carlos Menem na Argentina e Abdalá Bucaram no Equador, Trump propôs um modelo de liderança *machista* que combinava o sexismo, a misoginia e o poder do dinheiro. Da mesma forma, surgiram opiniões autoritárias sobre o género e a sexualidade no populismo latino-americano de esquerda, como a de Correa no Equador, enquanto outros populismos de esquerda e de direita não adotaram simplesmente essas formas de discriminação ou, como a Argentina na primeira década do século XXI, rejeitaram-nas. Seria problemático explicar essas diferenças, como fazem alguns estudiosos genéricos do populismo, através de estereótipos de um Norte «emancipado» ou progressista por contraposição com uma América Latina «patriarcal».[386]

A repressão sexual ou de género, como as tentativas altamente repressivas de proibir as mulheres muçulmanas de usar o véu islâmico nalguns países europeus, por exemplo, aparece de várias formas na maioria dos populismos de direita. Desde Trump a Berlusconi e a Menem e Bucaram, alguns exemplos importantes do populismo de direita têm promovido estereótipos femininos e distinções de género muito tradicionais e até repressivos, enquanto em países como a Argentina ou a Bolívia os populistas de esquerda têm apoiado alterações legislativas importantes para promover a igualdade de género e sexual. Em todo o caso, o carácter machista de líderes populistas que misturam um capitalismo e empreendedorismo agressivos com atitudes de género repressivas parece ultrapassar regiões e continentes. O populismo de Trump, Berlusconi, Bucaram e muitos outros defende a soberania popular, a delegação do poder e uma abordagem altamente repressiva dos géneros.

As referências constantes e vulgares a órgãos sexuais masculinos e femininos e a objetivação constante das mulheres (os líderes contam as suas «conquistas» femininas e realçam o tamanho dos seus órgãos sexuais, entre outras coisas) são proferidas como exemplos da sua denúncia da política do costume. Num debate durante as eleições primárias republicanas, Trump «garantiu» e até se gabou do tamanho do seu pénis. Numa gravação de 2005 publicamente divulgada, e que passou a definir a ideologia machista-populista de Trump, o porta-bandeira republicano «gabava-se em termos vulgares de beijar, apalpar e tentar ter relações sexuais com mulheres». Ele achava que a sua condição especial de celebridade lhe conferia o direito de se comportar com as mulheres como ele queria e sem o consentimento destas. Como comentou Joseph Biden, vice-presidente do país quando a gravação foi divulgada, «Esse tipo de comportamento é um abuso de poder. Não é lascivo. É agressão sexual». Nas suas próprias palavras, Trump enaltecia a sua imagem machista definida pelo seu desejo irreprimido de fazer o que queria às mulheres: «como ele era "uma estrela"... podia "agarrá-las pela rata" sempre que quisesse».[387]

Outro ícone do populismo machista, Silvio Berlusconi, fez referências vulgares ao corpo da chanceler alemã, Angela Merkel, e gabava-se constantemente das suas proezas sexuais. Berlusconi achava que era «melhor ter a paixão de mulheres bonitas do que ser gay». Menem definiu-se como apenas «meio libertino», dizendo que não tinha tido muitas relações extraconjugais, «apenas o normal» para os homens. O líder filipino, Rodrigo Duterte, associou a sua ligação ao povo às suas proezas sexuais: «Se consigo amar cento e um milhões [de Filipinos], consigo amar quatro mulheres ao mesmo tempo.» Como autoproclamado homem do povo, afirmou que «É assim que os homens falam». A ideia de que falar em nome do povo significava impor a discriminação sexual e de género levou-o a insultar o embaixador americano com comentários homofóbicos e a afirmar que também quisera violar um missionário australiano que tinha sido violado e assassinado num motim numa prisão em 1989. Em 2016, Duterte voltou a afirmar que a sua ligação ao povo o protegia de qualquer crítica quando chamou a Barack Obama, então presidente americano, «filho da puta». O líder filipino descreveu a contestação por um líder americano dos seus atos como presidente, sobretudo as suas graves violações dos direitos humanos, como uma usurpação colonialista não só da soberania nacional mas também dos laços intrínsecos que ele tinha com o povo: «Quem é esse homem? Eu não tenho mestre, exceto o povo filipino, absolutamente ninguém.»[388] Ao contrário da maioria dos líderes populistas, Duterte usou retórica sobre a prática da violência que invocava analogias entre ele, o fascismo e o Holocausto. Ao afirmar que «Hitler massacrou 3 milhões de Judeus... há 3 milhões de toxicodependentes. Sim. Teria todo o gosto em massacrá-los», escamoteava assim o facto de o nazismo ter sido responsável pela morte de seis milhões de judeus e associava os seus atos ao precedente de violência fascista e às suas conotações apocalípticas. Em 2016, Duterte disse aos jornalistas que os seus críticos sugeriam que ele era «um primo de Hitler». Depois comentou que «Se a Alemanha teve Hitler, as Filipinas teriam...», e apontou para si mesmo. «Vocês conhecem as minhas vítimas», acrescentou, «gostava de que fossem todos criminosos para acabar com o problema do meu país e salvar a geração seguinte da perdição».[389]

Embora excessivo na sua abordagem à violência, comparativamente aos padrões estabelecidos por Chávez, Trump, Menem e Bucaram, Duterte mostrou que partilhava as atitudes destes em relação à sexualidade e as suas opiniões muito conservadoras sobre os direitos reprodutivos e a família. Em suma, todos estes líderes têm o populismo machista em comum.

Bucaram comparou os seus «grandes tomates» aos órgãos genitais mais pequenos dos políticos na oposição. Nomeou também Lorena Bobbitt (que se tornou famosa por ter castrado o seu marido americano abusador) convidada honorária do presidente. Esta vulgaridade e obsessão machista com os órgãos sexuais não são ocasionais e mostram bem uma tendência peculiar do populismo recente. Chávez também recorreu a imagens fálicas quando propôs, numa reunião da ONU em 2006, que «precisamos de um *Viagra* político» contra a impotência política. Anteriormente já tinha dito à «elite» para tomar *Viagra* contra o povo. O líder e o seu povo representavam uma forma de virilidade que ofuscava as distinções entre a vida pública e a vida privada. Em 2000, disse à mulher, no seu programa da televisão nacional, para estar pronta para ter relações sexuais à noite: «Marisabel, prepara-te, hoje à noite vou dar-te o que é teu.»[390]

Carlos de la Torre explica que esses líderes apresentam a sua virilidade como uma forma de resistência contra as «elites efeminadas». Nas suas referências objetivadoras à fealdade e beleza feminina, afirmam exprimir o que todos os homens pensam mas não podem dizer. Os seus atos e corpos, segundo esses líderes, afirmam a masculinidade do povo («o povo», neste contexto, inclui apenas os seus seguidores masculinos). O resultado é a consolidação de estereótipos. De la Torre comenta que essa «apologia de uma cultura popular machista aceita e reproduz uma cultura autoritária baseada na subordinação das mulheres». Líderes como Bucaram, ao «encenarem sonhos sexuais masculinos como seduzir senhoras da alta sociedade ou dançar com modelos atraentes na televisão, estava a democratizar simbolicamente o acesso de todos os homens, sobretudo os homens comuns, aos privilégios sexuais dos homens da elite. Dessa forma, ele estava a alargar o pacto de domínio autoritário masculino».[391]

A subordinação das mulheres e este tipo de machismo populista não têm sido frequentes noutros casos de populismo, mas têm prevalecido na Argentina, na Itália, no Equador, nas Filipinas e nos Estados Unidos, onde Trump misturou essas ideias e estilos com propostas e comentários racistas sobre os muçulmanos e hispânicos, o menosprezo pelo Estado de direito e pela separação dos poderes, e um profundo antagonismo em relação a outros candidatos e ao jornalismo independente. Estas características associam o autoritarismo populista ao passado fascista. Trump, como muitos dos seus antecessores, transmitia a mensagem que os seus seguidores esperavam. Como eu e Pablo Piccato defendemos, os apoiantes de Trump partilhavam com «os primeiros partidários do fascismo uma desconfiança profunda em relação ao outro, a pessoas com origens étnicas e religiões diferentes. Os apoiantes de Trump querem um país em que todos são iguais, acreditam nas mesmas coisas, falam da mesma maneira, comem e bebem as mesmas coisas. Querem regressar a um país sem diversidade, que nunca existiu exceto nas imagens reacionárias do passado. Essa ideia deriva de um medo antigo da diferença e de um nacionalismo que na Europa causou tanta destruição. Contra uma democracia significativa, onde todas as pessoas que vivem no país podem participar, os apoiantes de Trump querem uma versão igualmente reduzida da América».[392]

A grande diferença entre a inflamada retórica populista da direita americana e europeia contra os muçulmanos e o fascismo real é a ascensão ao poder deste último e a sua efetiva eliminação física de um presumível inimigo. Segundo um historiador italiano do fascismo, o populismo de Trump parecia uma versão mais «pacífica» do fascismo. Poderíamos dizer o mesmo do PEGIDA e do lepenismo.[393] Na ditadura fascista, o tratamento do inimigo não é de todo pacífico, e ocorre com o menosprezo total pelo Estado de direito. Quando os políticos fascistas chegam ao poder, passam das declarações racistas para a repressão do outro. O fascismo não fala apenas do inimigo, elimina-o do processo político. Trump é um exemplo perfeito das continuidades mas também das diferenças entre o populismo e o fascismo. Como candidato, ele nunca defendeu nem sugeriu uma visão ditatorial dos Estados Unidos. Por outras palavras, representava uma versão populista autoritária da democracia.

A candidatura presidencial de Donald Trump foi única na história mundial, não por causa da natureza idiossincrásica e histriónica do comportamento de Trump, mas no sentido de que ele presidiu a partir do centro ao que costumava ser a política das margens. Ele conseguiu isso ao afirmar-se como líder populista de um partido que costumava situar-se à direita do centro político, mas também ao trazer para o sistema americano uma política que normalmente recebe apoios massivos noutras regiões do mundo como a América Latina, Israel, os países árabes, Áustria, Hungria e as Filipinas. Se as tradições populistas e racistas que antecederam e se opuseram aos movimentos dos direitos civis foram predominantes na sua formação americana, as forças do fascismo e do populismo também fizeram parte da genealogia mundial de Trump. Talvez o próprio Trump ignorasse essas procedências autoritárias, mas no entanto representava-as de uma forma quase absoluta — colocando o racismo no centro da sua política, defendendo a exclusão religiosa e propondo a deportação em massa de imigrantes. Este novo populismo americano já deixou a sua marca na história do país e do mundo. Mais uma vez, a democracia transformou-se a partir de dentro. Os projetos autoritários de democracia continuarão a surgir no mundo, precisamente porque, como nos conta a história do modo e dos motivos pelos quais o fascismo se transformou no populismo, eles sempre existiram.

EPÍLOGO

O Regresso do Populismo

«Depois de terem arrasado o jardim e profanado os cálices e os altares, os Hunos entraram na biblioteca do mosteiro a cavalo e esmagaram os livros incompreensíveis e censuraram-nos e queimaram-nos, talvez temendo que as letras escondessem blasfémias contra o seu deus, que era uma cimitarra de ferro.»

Jorge Luis Borges, *Os Teólogos* (1949)

I

O populismo moderno do pós-guerra teve um ponto de partida fascista, mas o populismo não é o fascismo. Na realidade, depois de 1945, sobretudo na América Latina, e, mais tarde, no resto do mundo, o fascismo transformou-se muitas vezes em populismo — não o contrário. Como mostrou este livro, embora em geral o populismo fosse historicamente constituído como uma rejeição do fascismo, representou também a sua reformulação democrática. Historicamente situado algures entre o fascismo e o liberalismo, o populismo, quando finalmente se tornou regime, recorreu frequentemente aos vestígios do primeiro para contestar o segundo. Ao mesmo tempo, continuou a participar em processos eleitorais democráticos. Esse pós-fascismo recuperou de facto o compromisso com a democracia que os primeiros fascistas tinham adotado antes de destruírem o sistema democrático. O resultado foi um novo autoritarismo que transformou a tradição ditatorial do fascismo clássico numa *forma antiliberal e intolerante de democracia*.

O populismo não pode ser entendido sem uma apreciação da sua história complexa, e as teorias do populismo sofrem quando se baseiam em definições simplistas de um populismo diminuído por limites apertados. Geralmente destituídas de perspetivas globais, essas teorias ignoram a natureza versátil dos populismos que têm surgido continuamente desde a Segunda Guerra Mundial, mas também a grande importância histórica e teórica dos momentos em que os populistas alcançaram o poder e estabeleceram regimes. O meu objetivo tem sido devolver o populismo à sua história heterogénea, do Sul ao Norte dominante.

Historicamente, o populismo pós-fascista foi uma reformulação de uma ideia autoritária de democracia, sendo a sua conversão em regime baseada num imaginário fascista. Na segunda década do nosso novo século, uma nova incursão populista parece abranger grande parte do mundo. O populismo regressou em força, e em lugares inesperados. Para muitos, isso tem sido um choque terrível, mas o regresso do populismo faz parte de uma história mais geral de conceitos autoritários de democracia que sempre colidiram com manifestações mais igualitárias da democracia. Agravando o choque, esse novo populismo tem ocupado grande parte do terreno do centro geopolítico, ameaçando assim uma ideia mais aberta e diversa de democracia. Isso também não é novo, mas as mais recentes vitórias políticas do populismo — e potenciais repercussões geopolíticas — não têm precedentes. Para gáudio de muitos e horror de tantos outros, o populismo mora hoje na Casa Branca.

II

Mas quão americano é o novo populismo americano? Encarando-o a partir da tão negligenciada perspetiva do Sul, alguns nos Estados Unidos reconheceram finalmente como a América é semelhante ao resto do mundo. Na verdade, com a eleição de Donald Trump, os Estados Unidos tornaram-se rapidamente o epicentro do populismo mundial, um facto que contribui para legitimar todos os outros populismos. Assim como Roma e Berlim se tornaram modelos para os fascistas, a campanha xenófoba de Donald Trump também depressa se tornou um modelo — e uma fonte de validação — para populistas em todo o mundo. Líderes populistas de direita como Silvio Berlusconi, Marine Le Pen, Nigel Farage e Geert Wilders, mas também alguns populistas posicionados entre a direita e a esquerda, como Cristina Kirchner, elogiaram o trumpismo e os seus eleitores por se oporem a formas tradicionais de representação democrática e à sua cultura supostamente de «elite» e excessivamente «liberal» e «cosmopolita». Em França, Le Pen clamou que a vitória de Trump «tornou possível o que antes tinha sido apresentado como impossível. Esta é realmente uma vitória do povo contra as elites». Para ela, a vitória de Trump fazia parte de «uma revolução mundial».[394]

E no entanto o populismo americano não tem sido efetivamente a força motriz por trás do populismo mundial. É antes a encarnação mais recente do populismo e talvez a mais impressionante. Mesmo no contexto da história americana, Trump é uma manifestação da longa história de racismo e xenofobia que acompanhou não só os avanços dos movimentos dos direitos civis mas também as muitas vagas de imigração para a América quando a recessão económica (ou apenas as vicissitudes da economia globalizada) afligia o resto do mundo. A vitória de Trump fez aumentar a intolerância à diferença que há muitos anos tem dominado o Partido Republicano e o seu movimento Tea Party. Trump deslocou essa tradição ainda mais para a direita.

Globalmente, o populismo representou uma reação autoritária a uma prolongada crise da representação democrática. Para os seus aderentes, o populismo substituiu a razão pela fé num líder divino, que supostamente sabia o que o povo sentia, temia e queria. Nesse sentido, «representava-os» muito melhor do que qualquer líder ou instituição democrática convencional. Além disso, a ideia de verdade foi reformulada como uma questão de fé ideológica, muitas vezes visceral, e não como uma função da observação, do discernimento racional e da corroboração. Com o seu conceito trinitário de soberania (nação, líder, povo), o populismo constituiu uma ameaça teológica especial para ideias mais seculares da democracia.

Do ponto de vista da história mundial, os centros metropolitanos estão cada vez mais parecidos com as margens, ou as periferias, do mundo. Isso verifica-se sobretudo nos Estados Unidos, um país que teve sempre uma atitude ambígua para com a relação entre a política e o sagrado, apesar da sua doutrina formal de separação entre o Estado e a Igreja.

Nenhuma iniciativa contínua ou movimento político foi alguma vez capaz de resolver a questão do populismo americano ideologicamente. Refletiram sempre a força e a atração intermitentes da política populista autoritária ligada a determinados acontecimentos sociais, económicos e políticos. Nos Estados Unidos, existe pouca memória histórica ou institucional que relacione conscientemente os populistas de hoje com os seus primeiros antecessores, ou que empreste alguma perspetiva à questão fundamental da ligação próxima do populismo americano a uma ideia predominantemente branca da nação, sobretudo, mas não só, depois de 1945. A história do primeiro movimento populista da América dos finais do século XIX só é conhecida hoje, de forma significativa, por meia dúzia de académicos e os seus alunos, enquanto os populistas americanos mais recentes não são geralmente encarados em termos das suas ligações a outros populismos do pós-guerra.

A partir de 2017, o populismo americano tornou-se o pós-fascismo mais influente do novo século. Depois de várias décadas de rejeição e entendimento do populismo como alheio à sua própria cultura política, os Estados Unidos assumiram agora o papel de líder mundial do populismo, detido pela Argentina desde 1945. A ideia de Perón como o homem incontestado do povo foi um elemento crucial não só do peronismo mas na criação do populismo moderno do pós-guerra. O extraordinário culto de personalidade de Trump reitera esta dinâmica. O populismo baseia-se na ideia do líder como uma figura transcendental. Ele é a voz do povo e sabe melhor do que o povo o que este realmente quer. O general Perón também se considerava a personificação divina do povo. A sua mulher, Eva Perón, explicou que «Perón é um Deus para todos nós, pois não concebemos o céu sem Perón. Perón é o nosso sol, Perón é a água. Perón é a vida do nosso país e o povo argentino».[395] O tempo dirá se a América suportará uma ideia tão elevada, e até mística, de um líder nacional redentor.

III

O populismo está genética e historicamente associado ao fascismo. Poder-se-ia mesmo alegar que é herdeiro do fascismo — um pós-fascismo para tempos democráticos, que alia um compromisso mais restrito com a democracia a impulsos antidemocráticos e autoritários.

A identificação do povo, líder e nação como uma entidade única foi evidentemente crucial para o fascismo. Ao contrário do populismo, porém, o fascismo inicialmente aproveitou, mas depois dispensou desdenhosamente, os processos democráticos. Quando estava no poder, não era significativamente mediado ou restringido pela legitimidade conferida por genuínas eleições multipartidárias. Tanto na ditadura fascista como na democracia populista, o líder é concebido como o representante e a personificação do povo, ou como a personificação do povo, da nação e da história da nação. Embora tanto a ditadura de massas fascista como o regime democrático populista apresentem a imagem de um líder que potencialmente sabe melhor do que o povo o que este realmente quer, os dois são, no entanto, profundamente diferentes.

Desde que isso não interferisse com as eleições, os líderes populistas do pós-guerra representavam regimes democráticos multipartidários não liberais ou até antiliberais. Mas a fé no líder populista implicava muito mais do que a conquista do voto popular (por mais estreita que fosse a margem eleitoral). Essa fé também se formava com base na personificação do povo pelo líder. Essa dualidade é uma característica fundamental da teoria populista e da sua prática histórica. A aura do líder antecedia e transcendia o momento eleitoral, projetando uma ordem mítica que se opunha ao liberalismo. A prática da democracia pelo populismo no pós-guerra, portanto, foi não só uma reação mas também uma crítica à ordem liberal. Depois da era ditatorial do fascismo clássico, o populismo clássico voltou a ligar a democracia eleitoral ao anticomunismo e ao antiliberalismo. O populismo democrático foi uma realização inesperada, mas ainda assim historicamente condicionada, da antiga e reacionária tradição anti-iluminista. Como o fascismo, nasceu de uma tradição iliberal que penetrara importantes setores da sociedade civil. Foi uma experiência em política democrática e uma reação no seio do iliberalismo à forma ditatorial da política.[396]

Como formas secularizadas do sagrado, o fascismo e o populismo propõem uma trindade política de líder, nação e povo como a sua principal fonte de legitimação. Ambos representam uma teologia política que vai muito além do modo como o sagrado anima sempre a política. Nesses movimentos, não existe qualquer contradição entre o povo e a nação e a representação do povo na pessoa do líder. Ambas as ideologias acreditam na personificação como representação, o que significa, efetivamente, que o cumprimento da vontade do povo é inteiramente delegado ao líder. O mito trinitário da representação baseia-se na ideia de que, de alguma forma, um único líder é igual à nação e ao seu povo — uma fusão de uma pessoa e dois conceitos. No fascismo, essa ideia de personificação não precisa de qualquer mediação racional ou processual, como a representação eleitoral.

Para os fascistas italianos, o seu movimento e regime constituíam uma «democracia autoritária» porque «O *demos*, isto é, todo o povo, circula no Estado». Da mesma forma, Hitler defendera em 1935 que o «Estado é a única organização da vida popular». Os fascistas faziam a distinção entre a democracia como o governo do povo e o liberalismo como uma forma datada e problemática de representação — tecnocrática, ineficiente, alheada do «povo» e da vontade nacional, bem como sujeita à apropriação e manipulação por interesses particulares, geralmente a «elite». A ditadura foi a consequência prática dessa distinção. O populismo aceitou a ideia de que o liberalismo reprimia a verdadeira vontade do povo, mas também a reformulava. A ditadura foi então abandonada, mas os vestígios fascistas do populismo afetaram o modo como a democracia foi praticada e reconsiderada. O novo ataque populista contra a representação tinha sido previsto por muitos fascistas. Como alegou o líder fascista romeno Horia Sima, a vontade do povo podia exprimir-se num determinado momento em partidos políticos ou em «democracia, mas nada a impedia de encontrar também outras formas de expressão».[397]

O fascismo foi igualmente concebido na Argentina da malograda ditadura de Uriburu (1930–32). O ditador argentino explicou que o fascismo representava uma aproximação aos princípios republicanos em detrimento dos democráticos. A república era mais relevante do que a própria democracia. «A palavra Democracia com D maiúsculo já não tem significado para nós... Isso não significa que não sejamos democratas mas, de forma mais sincera, o quanto esperamos que a dada altura uma democracia de letra minúscula, mas orgânica e verdadeira, substitua a demagogia deslocada que tanto nos prejudicou.» Na sua procura global de formas de expressão popular que pudessem substituir a democracia eleitoral, Uriburu identificou a sua escolha com o modelo ditatorial fascista.[398]

Com o populismo, por outro lado, a democracia eleitoral tornou-se uma parte fundamental da equação política depois de 1945. Ele próprio um ex-homem forte ditatorial antes de 1945, Juan Perón passou a acreditar que uma forma «orgânica» de democracia eleitoral devia substituir o *demoliberalismo* na época do pós-guerra. A vontade do povo podia então também ser representada em eleições. O líder tornava novamente orgânica a vontade popular. Caso contrário, essas «massas inorgânicas» eram «passíveis de ser manipuladas por agitadores profissionais estrangeiros».[399] No sentido populista, a agência das massas tinha de ser comunicada através de eleições. Mas depois de essa agência ter sido convertida em votos, o líder passava a ser o único que podia transmitir a vontade do povo. Sem os seus líderes, as massas ficariam desorientadas ou, pior do que isso, podiam tornar-se apoiantes insinceros da vontade do antipovo.

Na sua forma clássica do pós-guerra, o populismo tornou-se uma quimera entre duas tradições distintas de representação: a eleitoral e a ditatorial. Essa combinação constituiu a nova modernidade populista. O facto de os primeiros populistas latino-americanos da Guerra Fria terem combinado as duas formas de representação política teve que ver com o contexto e a ideologia. A natureza dupla do populismo acabou por incorporar tradições democráticas e ditatoriais, o Iluminismo e o anti-Iluminismo, a representação eleitoral e a teologia política. O resultado dessa sinergia do pós-guerra não foi a ditadura de massas mas uma nova forma autoritária de democracia.

Os primeiros regimes populistas nasceram nas periferias latino-americanas, mas em menos de um século o populismo mudou-se para Washington, DC. Isso foi o resultado de um processo histórico longo e verdadeiramente internacional, em que um fascismo ditatorial derrotado se transformou radicalmente num populismo democrático. No início do século XXI, o populismo pareceu surgir do nada. Mas na verdade tinha-se deslocado gradualmente para o centro do palco mundial a partir das margens. Como mostrei neste livro, compreender o populismo que recente e tardiamente se impôs nos Estados Unidos, e também na Europa, exige o conhecimento da sua história nas periferias.

Numa manifestação mundial de antipolítica, os líderes populistas substituíram tipicamente os políticos tradicionais, mas fizeram-no sem oferecer aos cidadãos qualquer forma significativa de tomada de decisões. Em nome da luta contra as elites, a liderança política mudou, mas ironicamente o elitismo persistiu. O poder continuou na pessoa do novo líder, sem nunca chegar aos cidadãos; pelo menos não de uma forma sistémica e contínua. Os líderes populistas ocuparam o lugar da velha política, personificando o povo e pensando e decidindo por ele. A ideia de um líder que é mais inteligente e muito melhor do que o seu povo define a história do populismo no poder. Historicamente, o populismo sem liderança continua a ser uma forma incompleta. Desde o *peronismo* ao *trumpismo*, essa ideologia de democracia autoritária emanou e divergiu do fascismo, dependendo do local onde se implantava, mas os princípios fundamentais permaneceram os mesmos: os populistas precisam desesperadamente de inimigos do povo para confirmar a ficção de que falam e agem em nome da comunidade nacional.

Conhecer a sua complexa história ajuda-nos a explicar a persistência do populismo moderno e a sua formidável capacidade de diminuir a tolerância democrática e contestar formas pluralistas de soberania popular. Os antigos desafios do populismo a formas igualitárias de democracia continuam hoje a ameaçar o futuro dos nossos tempos democráticos.

AGRADECIMENTOS

Este livro é um resultado e, de muitas formas, uma síntese, de duas décadas de investigação histórica cumulativa sobre o fascismo e o populismo. Depois de já ter publicado cinco livros sobre estes temas, pretendo que esta nova obra seja uma abordagem histórica mais global, que, apesar de recorrer a fontes primárias, também se baseia substancialmente em obras importantes de muitos outros colegas e estudiosos do fascismo e do populismo. Agradeço a todos, mas sinto-me particularmente grato aos que participaram comigo em conversas cosmopolitas além fronteiras e oceanos ao longo dos anos. Em primeiro lugar, pelos seus comentários e leituras, agradeço a Andrew Arato, Ben Brower, Luis Herrán Ávila, Sandra McGee Deutsch, Pablo Piccato, Paul Gillingham e Nadia Urbinati. *Muchas gracias también* a Fabián Bosoer e Carlos de la Torre pelas suas leituras. Quero também agradecer a Paul Corner, António Costa Pinto, Geoff Eley, Oz Frankel, Valeria Galimi, Aaron Jakes, Andreas Kalyvas, Natalia Mehlman Petrzela, Raanan Rein, Alberto Spektorowski, Ertug Tombus, Enzo Traverso, Jeremy Varon, Angelo Ventrone e Hans Vorländer. Obrigado também a Giulia Albanese, Melissa Amezcua, Nick Fox, José Alves Freitas Neto, Étienne Balibar, Michele Battini, Martin Baumeister, Luis Fernando Beneduzi, Richard Bernstein, Chris Bickerton, Ernesto Bohoslavsky,

Judit Bokser Liwerant, Chiara Bottici, Jonathan Brown, Amy Chazkel, Manuela Consonni, Faisal Devji, Patrizia Dogliani, Hugo Drochon, Tanya Filer, Carlos Forment, Alessio Gagliardi, Roberto García Ferreira, Carol Gluck, Amos Goldberg, Rebekka Habermas, Tanya Harmer, Ágnes Heller, Daniel Kressel, Dominick LaCapra, Simon Levis Sullam, Daniel Lvovich, Tracie Matysyk, Andrea Mammone, Will Milberg, Dirk Moses, Jose Moya, Tim Muller, Nara Milanich, Xosé Núñez Seixas, Julia Ott, Elias Palti, Matteo Pasetti, Enrique Peruzzotti, Caterina Pizzigoni, Sven Reichardt, Gema Santamaria, Leonardo Senkman, David Sheinin, Héctor Raúl Solís Gadea, Michael Steinberg, Ann Laura Stoler, Dan Stone e Kurt Weyland.

Como todos os meus outros livros, este está ligado ao meu trabalho de docente. Os acontecimentos recentes precipitaram a sua escrita, mas, apesar disso, a minha perspetiva não é a de um novato obrigado a escrever sobre o assunto do momento mas a de um estudante, professor e investigador que, ao longo de duas décadas, se tornou um especialista num tópico que, infelizmente, é ainda mais urgente do que antes. Na verdade, já ensino os principais argumentos deste livro há vários anos, inicialmente na Brown University e depois na New School for Social Research e no Eugene Lang College. Quero agradecer a todos os estudantes que frequentaram os meus cursos sobre o fascismo e o populismo. Mais recentemente, em 2016, lecionei num seminário sobre o fascismo e o populismo na Technische Universität Dresden e apresentei estes tópicos na Columbia University, na University of Texas em Austin, na Northwestern University e na Brown University nos Estados Unidos; na Universidade Hebraica de Jerusalém e na Universidade de Telavive; na Universidade de Macerata e na Università Ca' Foscari em Veneza; nas Universidade de Pádua e Bolonha; na Universidade de Guadalajara no México; na Trent University no Canadá; na Universidade de Cambridge; na Universidade de Lisboa; e na Universidad de la República em Montevideu, entre outras. Os meus agradecimentos aos que frequentaram essas aulas e participaram em várias conversas.

Algumas partes dos capítulos 1 e 2 foram publicadas numa forma muito diferente em 2008 e 2014 na revista *Constellations*. Os argumentos no Capítulo 3 foram desenvolvidos inicialmente para a minha contribuição para o *Palgrave Handbook of Mass Dictatorship* (2016), organizado por Paul Corner e Jie-Hyun Lim.

Ficarei eternamente grato à minha revisora ideal, Kate Marshall, por sugerir que este livro era possível; os seus conselhos e trabalho editorial tornaram-no muito melhor. Quero também agradecer a Bradley Depew na UC Press pelo seu excecional trabalho editorial, mas também a Dore Brown, Ann Donahue, Alex Dahne e Tom Sullivan. Agradeço a Luis Herrán Ávila por ter preparado o índice remissivo.

Quero recordar os meus professores argentinos José Sazbón e Tulio Halperín Donghi. A sua influência e ideias continuam a ser importantíssimas para mim. Quero também recordar a minha *abuela*, Luisa Guelman, que faleceu em finais de 2016 com 106 anos de idade. A sua vida longa e memorável coincidiu com todas as transformações políticas e ideológicas analisadas neste livro. Ela nasceu em 1910, e desde os meus tempos de estudante na Universidad de Buenos Aires ouvi as suas histórias dos anos entre as duas guerras mundiais, uma época que há alguns anos parecia muito diferente da nossa. Agora que já não é assim, é importante para mim lembrar que ela viveu o tempo suficiente para constatar a semelhança inquietante do novo século com as primeiras décadas do último. Ela gostava de contar a história do dia em que foi expulsa da Universidade de Buenos Aires durante o golpe de estado de 1930, quando as forças fascistas quiseram abandonar as tradições seculares e democráticas da Argentina. Como seria de esperar, uma das suas primeiras medidas foi interromper a vida das universidades. A minha *abuela*, portanto, passou por todas as metamorfoses do fascismo e do populismo na história tal como elas ocorreram na Argentina e no mundo, incluindo as suas mais recentes repercussões em 2016.

Como no caso dos meus livros anteriores, a minha família deu-me todo o seu apoio, e este livro não podia ter sido escrito sem ela. Quero agradecer aos meus pais, Norma e Jaime, e aos meus irmãos, Diego e Inés. A minha mulher, Laura, e as minhas filhas, Gabriela e Lucia, estiveram sempre comigo, e a minha gratidão não tem limites.

NOTAS

Prefácio à edição portuguesa

1 Sobre este tópico, ver também Mabel Berezin, «Fascism and Populism: Are They Useful Categories for Comparative Sociological Analysis?», *Annual Review of Sociology*, Volume 45, 2019.

2 Ver os meus livros: *Transatlantic Fascism. Ideology, Violence and the Sacred in Argentina and Italy, 1919-1945* (Durham & Londres: Duke University Press, 2010) e *The Ideological Origins of the Dirty War. Fascism, Populism, and Dictatorship in Twentieth-Century Argentina* (Nova Iorque & Oxford: Oxford University Press, 2014).

3 https://dailycaller.com/2018/11/14/trump-antifa-opposition-mobilize/. Sobre a história do Antifa, ver Marc Bray, *Antifa: The Anti-fascist Handbook* (Nova Iorque: Melville House Publishing, 2017).

4 Bernard Harcourt, «How Trump Fuels the Fascist Right», *The New York Review of Books*, 29 de novembro de 2018. https://www.nybooks.com/daily/2018/11/29/how-trump-fuels-the-fascist-right/. Ver também Federico Finchelstein, «Trumpism is spreading in Latin America», *Washington Post*, 18 de setembro de 2018, e «Jair Bolsonaro's Model Isn't Berlusconi. It's Goebbels», *Foreign Policy*, 5 de outubro de 2018.

5 Sobre este tópico, ver Andrea Mammone, «A daily revision of the past: Fascism, anti-Fascism, and memory in contemporary Italy», *Modern Italy*, 11, 2 (2016), pp. 211-226.

6 Ishaan Tharoor, «Trump deploys the fascist playbook for the midterms», *The Washington Post*, 2 de novembro de 2018.

7 Ver David Leonhardt e Ian Prasad Philbrick, «Trump's Corruption: The Definitive List», *The New York Times*, 28 de outubro de 2018.

8 Por exemplo, para Moshik Temkin, historiador de Harvard, os historiadores não deviam preocupar-se com as ligações do trumpismo a «ditadores estrangeiros do passado» porque «as coisas raramente se repetem». Ver Moshik Temkin, «Historians Shouldn't Be Pundits», *The New York Times*, 26 de junho de 2017. Num tom semelhante, Corey Robin argumenta: «apesar do discurso sobre o aumento do autoritarismo e da hegemonia republicana, existem sinais de que os Estados Unidos estão mais abertos e livres hoje — e os republicanos menos hegemónicos — do que há já algum tempo». Ver Corey Robin, «If authoritarianism is looming in the US, how come Donald Trump looks so weak?», *The Guardian*, 13 de janeiro de 2018.

9 Na última proposta populista para a esquerda, Chantal Mouffe, misteriosamente, não fala do passado do populismo de esquerda latino-americano. Na verdade, ela coloca-o especificamente à parte na página 10 do seu novo livro. Ver Chantal Mouffe, *For a Left Populism* (Nova Iorque: Verso, 2018). Mouffe e Ernesto Laclau têm apresentado o chavismo e o kirchnerismo argentino como dignos de imitação na Europa. Para uma crítica deste argumento para a Europa, ver Eric Fassin, *Populisme: le grand ressentiment* (Paris: Textuel, 2017) e Nadia Urbinati, *Me The People: How Populism Transforms Democracy* (Cambridge: Harvard University Press, 2019), e para a América Latina, ver Carlos de la Torre, *Populismos* (Barcelona: Tibidabo, 2017).

Prólogo

1 Ver Federico Finchelstein, «An Argentine Dictator's Legacy», *New York Times*, 28 de maio de 2013. Agradeço ao professor Hans Vorländer, o maior especialista no PEGIDA, e um ilustre estudioso da democracia e do populismo, por me ter convidado a lecionar sobre populismo e fascismo na prestigiosa Technische Universität Dresden e pelas suas explicações sobre o PEGIDA, que ocorreram pouco depois deste encontro invulgar.

2 Sobre o centro e as margens, ver Étienne Balibar, *We, the People of Europe? Reflections on Transnational Citizenship* (Princeton, NJ: Princeton University Press, 2004), p. 2.

3 Ver, por exemplo, Giovanni Gentile, *Che cos'è il fascismo* (Florença: Vallecchi, 1925); Leon Trotsky, *Fascism: What It Is, How to Fight It* (Nova Iorque: Pioneer, 1944), e o protopopulista T. C. Jory, *What Is Populism? An Exposition of the Principles of the Omaha Platform Adopted by the People's Party in National Convention Assembled July 4, 1892* (Salem, OR: R. E. Moores, 1895).

4 Sobre o anti-Iluminismo, ver Zeev Sternhell, *The Anti-Enlightenment Tradition* (New Haven, CT: Yale University Press, 2010).

5 Andrew Arato, *Post Sovereign Constitution Making: Learning and Legitimacy* (Oxford: Oxford University Press, 2016), pp. 283, 295.

6 Sobre noções fascistas da verdade como dissociada da observação empírica, ver Federico Finchelstein, «Truth, Mythology, and the Fascist Unconscious», *Constellations* 23, n.º 2 (2016): pp. 223–35.

7 Ver Jorge Luis Borges, «Palabras pronunciadas por Jorge Luis Borges en la comida que le ofrecieron los escritores», Sur 142 (1946): pp. 114–15; «L'illusion comique», *Sur* 237 (1955): pp. 9–10; «Leyenda y realidad», in *Textos Recobrados III*, 1956–1986 (México: Debolsillo, 2015), pp. 287–89.

Introdução : Compreender o Fascismo e o Populismo em Termos de Passado

8 Ver Eric Hobsbwam, *The Age of Extremes: The Short Twentieth Century 1914–91* (Londres: Michael Joseph, 1994), p. 133.

9 Para um exemplo paradigmático da tendência para encarar o populismo como um fenómeno político de direita completamente novo e europeu, ver Tzvetan Todorov, *The Inner Enemies of Democracy* (Cambridge: Polity, 2014), pp. 139, 142.

10 Ver Cristiano Lima, «CIA Chief Calls Trump Nazi Germany Comparison "Outrageous"», Politico, 15 de janeiro de 2017, www.politico.com/story/2017/01/cia-brennan-trump-nazi-germany-233636.

11 Andrea Mammone, «Don't Be Fooled by "Moderate" Marine Le Pen: Front National's More Toxic Than Ever», *Guardian*, 10 de abril de 2015. Sobre o PEGIDA e a direita alemã, ver Hans Vorländer, Maik Herold e Steven Schäller, *PEGIDA: Entwicklung, Zusammensetzung und Deutung einer Empörungsbewegung* (Wiesbaden: Springer, 2016). Sobre a AfD (Alternativa para a Alemanha), ver Nicole Berbuir, Marcel Lewandowsky e Jasmin Siri, «The AfD and Its Sympathisers: Finally

a Right-Wing Populist Movement in Germany?», *German Politics* 24, n.º 2 (2015): pp. 154–78.

12 Como este livro foi concluído antes da tomada de posse de Trump, a análise do trumpismo limita-se sobretudo à sua campanha populista. Algumas dimensões iniciais do trumpismo como regime são abordadas em A. Dirk Moses, Federico Finchelstein e Pablo Piccato, «Juan Perón Shows How Trump Could Destroy Our Democracy without Tearing It Down», *Washington Post*, 22 de março de 2017; Federico Finchelstein e Pablo Piccato, «Trump y sus ideas sobre la ciencia», *Clarín* (Argentina), 17 de março de 2017; Pablo Piccato e Federico Finchelstein, «La ofensiva de Trump contra la sociedad civil ¿Qué sigue?», *Nexos* (México), 1 de março de 2017; Federico Finchelstein, «Com Trump, Washington se torna a capital mundial do populismo», *Folha de S. Paulo* (Brasil), 7 de fevereiro de 2017.

13 James P. Pinkerton, «A Manifesto for the 60 Percent: The Center-Right Populist-Nationalist Coalition», *Breitbart*, 16 de setembro de 2016, www.breitbart.com/big-government/2016/09/11/manifesto-60-percent-center-right-populist-nationalist-coalition/; Scott Morefield, «Why Populism Is Replacing Conservatism, and Why It Is Winning», *Breitbart*, 17 de junho de 2016, www.breitbart.com/2016-presidential-race/2016/06/17/populism-replacing-conservatism-winning/; John Hayward, «"Trump Could Be the Next Hitler!" Says the Increasingly Fascist Left», *Breitbart*, 3 de junho de 2016, www.breitbart.com/big-government/2016/06/03/six-years-obamacare-liberals-suddenly-worried-fascism/.

14 Carl Hulse, «Donald Trump's Advice to Panicked Republicans: Man Up», *New York Times*, 9 de junho de 2016, p. 14.

15 Ashley Parker, «Trump Pledges to "Heal Divisions" (and Sue His Accusers)», *New York Times*, 23 de outubro de 2016, p. 23; «Trump Calls Himself a Victim of "Smears" as Allegations Grow», *New York Times*, 14 de outubro de 2016, p. 15; Patrick Healy e Maggie Haberman May, «Donald Trump, Bucking Calls to Unite, Claims "Mandate" to Be Provocative», *New York Times*, 11 de maio de 2016, www.nytimes.com/2016/05/12/us/politics/donald-trump-campaign.html.

16 Ver Robert Paxton, entrevista de Isaac Chotiner, «Is Donald Trump a Fascist? Yes and No», *Slate*, 10 de fevereiro de 2016, www.slate.com/articles/news_and_politics/interrogation/2016/02/is_donald_trump_a_fascist_an_expert_on_fascism_weighs_in.html; e Robert Paxton, entrevista de Amy Goodman, «Father of Fascism Studies: Donald Trump

Shows Alarming Willingness to Use Fascist Terms & Styles», *Democracy Now!*, 15 de março de 2016, www.democracynow.org/2016/3/15/father_of_fascism_studies_donald_trump; Robert O. Paxton, entrevista de Marc Bassets, «Con Trump tenemos una especie de cuasifascismo populista, no un fascismo plenamente desarrollado», *El País*, 6 de junho de 2016, internacional.elpais.com/internacional/2016/06/05/estados_unidos/1465162717_340531.html.

17 Dylan Matthew, «I Asked 5 Fascism Experts Whether Donald Trump Is a Fascist. Here's What They Said», *Vox*, 19 de maio de 2016, www.vox.com/policy-and-politics/2015/12/10/9886152/donald-trump-fascism; Peter Baker, «Rise of Donald Trump Tracks Growing Debate over Global Fascism», *New York Times*, 18 de maio de 2016, www.nytimes.com/2016/05/29/world/europe/rise-of-donald-trump-tracks-growing-debate-over-global-fascism.html; Jan Werner Müller, «Trump Is a Far Right Populist, Not a Fascist», *Al Jazeera America*, 26 de dezembro de 2015, http://america.aljazeera.com/opinions/2015/12/trump-is-a-far-right-populist-not-a-fascist.html. Objeções semelhantes foram feitas por historiadores do fascismo europeu, como Serge Bernstein em França. Ver o seu «Non, Donald Trump n'est pas fasciste mais...», *Le Obs*, 1 de março de 2016, http://tempsreel.nouvelobs.com/monde/elections-americaines/20160301.OBS5614/non-donald-trump-n-est-pas-fasciste-mais.html.

18 Para a opinião contrária, ver Federico Finchelstein e Pablo Piccato, «A Belief System That Once Laid the Groundwork for Fascism», *New York Times*, 9 de dezembro de 2015, www.nytimes.com/roomfordebate/2015/12/09/donald-trumps-america/a-belief-system-that-once-laid-the-groundwork-for-fascism?smid = tw-share; e Federico Finchelstein e Fabián Bosoer, «Is Fascism Returning to Europe?», *New York Times*, 18 de dezembro de 2013. Ver também as intervenções perspicazes de Ruth Ben-Ghiat, «An American Authoritarian», *Atlantic*, 10 de agosto de 2015, www.theatlantic.com/politics/archive/2016/08/american-authoritarianism-under-donald-trump/495263/; e Carlos De la Torre, «¿Sobrevivirá la democracia americana a Trump?», *El País*, 11 de outubro de 2016.

19 Federico Finchelstein, *Transatlantic Fascism* (Durham, NC: Duke University Press, 2010).

20 Ver Zeev Sternhell, *The Birth of Fascist Ideology: From Cultural Rebellion to Political Revolution*, com Mario Sznajder e Maia Asheri (Princeton, NJ: Princeton University Press, 1994); Emilio Gentile,

Fascismo: Storia e interpretazione (Roma-Bari: Laterza, 2002); Robert Paxton, *The Anatomy of Fascism* (Nova Iorque: Knopf, 2004); Geoff Eley, *Nazism as Fascism: Violence, Ideology, and the Ground of Consent in Germany 1930–1945* (Nova Iorque: Routledge, 2013); e Finchelstein, *Transatlantic Fascism*.

21 Ver Miguel Reale, «Nós e os fascistas da Europa», in *Obras Políticas* (Brasília: UnB, 1983), vol. 3, pp. 223–33.

22 Ver Reto Hofmann, *The Fascist Effect: Japan and Italy, 1915–1952* (Ithaca, NY: Cornell University Press, 2015), p. 64.

23 Sobre o pós-fascismo e o peronismo, ver Finchelstein, *Transatlantic Fascism*, pp. 168, 170. Para uma análise do pós-fascismo noutros casos latino-americanos, ver Sandra McGee Deutsch, «Fascismo, Neo-Fascismo, ou Post-Fascismo?», *Dialogos* 12, n.º 3 (2009), pp. 19–44. Para a Europa, ver, entre outros, Nicola Tranfaglia, *Un passato scomodo: Fascismo e postfascismo* (Bari: Laterza, 1999); Roger Griffin, «The "Post-Fascism" of the Alleanza Nazionale: A Case Study in Ideological Morphology», *Journal of Political Ideologies* 1, n.º 2 (1996): pp. 123–45; Tamir Bar-On, *Where Have All the Fascists Gone?* (Aldershot: Ashgate, 2007), p. 137; e Enzo Traverso, *Les nouveaux visages du fascisme* (Paris: Textuel, 2017).

24 Ver Zeev Sternhell, *Neither Right nor Left: Fascist Ideology in France* (Berkeley: University of California Press, 1986); e Zeev Sternhell, «Le fascisme en France: Entre refoulement et oubli», *Lignes* 50, n.º 2 (2016).

25 Para alguns estudos fundamentais do populismo, ver Nadia Urbinati, *Democracy Disfigured: Opinion, Truth, and the People* (Cambridge: Harvard University Press, 2014); Carlos de la Torre, *Populist Seduction in Latin America* (Athens: Ohio University Press, 2010); Ernesto Laclau, *On Populist Reason* (Londres: Verso, 2005); Raanan Rein, «From Juan Perón to Hugo Chávez and Back: Populism Reconsidered», in *Shifting Frontiers of Citizenship*, org. Mario Sznajder, Luis Roniger e Carlos Forment (Boston: Brill, 2012), pp. 289–311; e Andrew Arato, *Post Sovereign Constitution Making: Learning and Legitimacy* (Oxford: Oxford University Press, 2016).

26 Juan Domingo Perón, *Memorial de Puerta de Hierro* (Buenos Aires: Honorable Congreso de la Nación, 2001), p. 65.

27 Sobre este tópico, ver Roger Griffin, «Interregnum or Endgame? The Radical Right in the "Post-Fascist" Era», in *The Populist Radical Right*, org. Cas Mudde (Londres: Routledge, 2017), p. 15.

28 «Fini in Israele "Il fascismo fu parte del male assoluto"», *La Repubblica*, 24 de novembro de 2003.

29 Sobre a grande recessão, ver Carles Manera, *The Great Recession* (Brighton: Sussex Academic Press, 2013); e Anwar Shaikh, *Capitalism: Competition, Conflict, Crises* (Nova Iorque: Oxford University Press, 2016).

30 Urbinati, *Democracy Disfigured.*

1. O que é o Fascismo na História?

31 Ver Zeev Sternhell, *The Anti-enlightenment Tradition*, trad. David Meisel (New Haven, CT: Yale University Press, 2009).

32 Ver Angelo Ventrone, *Grande guerra e Novecento* (Roma: Donzelli, 2015), pp. 222–25.

33 Mike Cronin, «The Blueshirt Movement, 1932–5: Ireland's Fascists?» *Journal of Contemporary History* 30, n.º 2 (1995): p. 319.

34 João Ameal, *A Revolução da Ordem* (Lisboa: S. L., 1932), citado in «Lecturas», *Acción Española* (16 de dezembro de 1932): p. 109; «Reglamentos de los camisas azules», *Bandera Argentina* (22 de fevereiro de 1933). Ver também Felipe Yofre, *El fascismo y nosotros* (Buenos Aires: Liga Republicana, 1933), pp. 18, 40; Carlos Ibarguren, *La inquietud de esta hora: Liberalismo, corporativismo, nacionalismo* (Buenos Aires: Libreria y Editorial La Facultad, 1934); Folleto Luis F. Gallardo, *La Mística del Adunismo* (Buenos Aires: 1933), p. 15, in *Archivo General de la Nación* (AGN); Archivo Uriburu, Legajo 26; e também o discurso do líder fascista argentino Juan P. Ramos in AGN, Archivo Agustín P. Justo, Caja 45, doc. 146.

35 Ver Miguel Reale, «Nós e os fascistas da Europa», in *Obras Políticas* (Brasília: UnB, 1983), 3: pp. 222–33; Jorge Vigón, «Actualidad internacional», *Acción Española* (1 de maio de 1933): p. 423; Jorge Vigón «El éxito del Congreso Antifascista», *Acción Española* (16 de junho de 1933), p. 84.

36 Ver as seguintes obras de George L. Mosse: *Masses and Man: Nationalist and Fascist Perceptions of Reality* (Nova Iorque: H. Fertig, 1980); e *The Nationalization of the Masses: Political Symbolism and Mass Movements in Germany from the Napoleonic Wars through the Third Reich* (Ithaca, NY: Cornell University Press, 1991).

37 Richard J. Evans, *The Coming of the Third Reich* (Londres: Allen Lane, 2003), pp. 184–86 [Trad. port., *A Ascensão do Terceiro Reich* (Lisboa: Edições 70, 2019)]. Ver também Wolfgang Schieder, «Fatal Attraction: The German Right and Italian Fascism», in *The Third Reich between Vision and Reality: New Perspectives on German History 1918–1945*, org. Hans Momsen (Oxford: Berg, 2001); Alexander De Grand, *Fascist Italy and Nazi Germany* (Nova Iorque: Routledge, 1995); Philippe Burrin, *Fascisme, nazisme, autoritarisme* (Paris: Seuil, 2000).

38 Ver Max Horkheimer e Theodor W. Adorno, *Dialectic of Enlightenment* (Stanford, CA: Stanford University Press, 2002). Sobre Freud, ver Federico Finchelstein, *El Mito del fascismo: De Freud a Borges* (Buenos Aires: Capital Intelectual, 2015).

39 Benito Mussolini, «La significazione», *Il Popolo d'Italia*, 25 de outubro de 1919; Benito Mussolini, «Un programma», *Il Popolo d'Italia*, 26 de fevereiro de 1920. Ver também Dino Grandi, *Le origini e la missione del fascismo* (Bolonha: Capelli, 1922), pp. 1, 52–57, 58–62, 66–71; e as declarações de Mussolini sobre o povo e a democracia in «Lo spirito e il compito del fascismo», *L'Idea Nazionale*, 24 de maio de 1924.

40 Emilio Gentile, *Le origini dell'ideologia fascista* (1918–1925) (Bolonha: Il Mulino, 1996), pp. 4–6. Ver também o interessante estudo de Augusto Simonini, *Il linguaggio di Mussolini* (Milão: Bompiani, 2004).

41 Para o melhor exemplo desta tendência, ver Denis Mack Smith, *Mussolini's Roman Empire* (Nova Iorque: Penguin, 1977). Para uma crítica deste argumento, ver Zeev Sternhell, «How to Think about Fascism and Its Ideology», *Constellations* 15, n.º 3 (2008): pp. 280–90.

42 Antonio Gramsci, *Socialismo e fascismo: L'Ordine Nuovo 1921–1922* (Turim: Einaudi, 1978).

43 Benito Mussolini, «Dopo l'adunata fascista: Verso l'azione», *Il Popolo d'Italia*, 13 de outubro de 1919; Benito Mussolini, «Logica e demagogia», *Il Popolo d'Italia*, 26 de outubro de 1919; Benito Mussolini, «I volti e le maschere», *Il Popolo d'Italia*, 3 de março de 1920; Benito Mussolini, «Dopo un anno. Il fascismo», *Il Popolo d'Italia*, 26 de março de 1920; Benito Mussolini, «Fatti, non parole!», *Il Popolo d'Italia*, 30 de março de 1920; Benito Mussolini, «Nella foresta degli "ismi"», *Il Popolo d'Italia*, 31 de março de 1920; Benito Mussolini, «Panglossismo», *Il Popolo d'Italia*, 11 de abril de 1920; Benito Mussolini, «Verso la reazione!», *Il Popolo d'Italia*, 29 de abril de 1920. Ver também Tabelloni murali, Mostra della Rivoluzione Fascista (MRF), B 91, F 154, Sala dotrinna SF 2, Archivio Centrale dello Stato. Itália.

44 Ver Ruth Ben Ghiat, *Fascist Modernities: Italy, 1922–1945* (Berkeley: University of California Press, 2001). Para o conceito de modernismo reacionário, ver Jeffrey Herf, *Reactionary Modernism: Technology, Culture, and Politics in Weimar and the Third Reich* (Cambridge: Cambridge University Press, 1984).

45 Ver Walter Benjamin, «The Work of Art in the Age of Mechanical Reproduction», in *Illuminations*, org. Hannah Arendt, trad. Harry Zohn (Nova Iorque: Schocken, 1969), p. 241. Sobre as perceções do fascismo de Benjamin, ver também Walter Benjamin, «Theories of German Fascism», *New German Critique* 17 (1979): pp. 120–28. Para argumentos contemporâneos que estetizam e descontextualizam o fascismo e a vitimização de formas que Benjamin nunca teria imaginado, ver Slavoj Žižek, *Did Somebody Say Totalitarianism? Five Interventions in the (Mis)use of a Notion* (Nova Iorque: Verso, 2002); Giorgio Agamben, *Remnants of Auschwitz: The Witness and the Archive* (Nova Iorque: Zone Books, 1999).

46 Paxton explica-as como «a alegria de pertencer a uma raça hoje plenamente consciente da sua identidade, destino histórico e poder; o entusiasmo de participar num enorme empreendimento coletivo; a satisfação de imergirmos numa vaga de sentimentos partilhados e de sacrificar os nossos interesses mesquinhos pelo bem do grupo; e a excitação do domínio». Robert Paxton, *The Anatomy of Fascism* (Nova Iorque: Knopf, 2004), p. 17.

47 Simonetta Falasca-Zamponi, *Fascist Spectacle: The Aesthetics of Power in Mussolini's Italy* (Berkeley: University of California Press, 1997). Ver também o ensaio perspicaz de Falasca-Zamponi, «Fascism and Aesthetics», *Constellations* 15, n.º 3 (2008); Mabel Berezin, *Making the Fascist Self: The Political Culture of Inter-war Italy* (Ithaca, NY: Cornell University Press, 1997).

48 Ver, por exemplo, Volt [Vincenzo Fani Ciotti], *Programma della destra fascista* (Florença: La Voce, 1924), pp. 49–51.

49 «Ma fuse e confuse nella sostanza». Ver Benito Mussolini, «Blocco fascista anticagoiesco delle "teste di ferro"!», *Il Popolo d'Italia*, 24 de outubro de 1919.

50 Ver Benito Mussolini, «Sintesi della lotta politica», in *Opera omnia di Benito Mussolini*, vol. 21 (1924; repr., Florença: La Fenice, 1956), p. 46.

51 Ver Antonio Gramsci, «La guerra è la guerra», in *Socialismo e fascismo: L'Ordine Nuovo 1921–1922* (Turim: Einaudi, 1978), p. 55.

52 Ver Federico Finchelstein, *Fascismo, Liturgia e Imaginario: El mito del general Uriburu y la Argentina nacionalista* (Buenos Aires: Fondo de Cultura Económica, 2002), p. 144. Sobre o fascismo latino-americano, ver as obras pioneiras de Sandra McGee Deutsch, *Las Derechas: The Extreme Right in Argentina, Brazil, and Chile 1890–1939* (Stanford, CA: Stanford University Press, 1999); Alberto Spektorowski, *Argentina's Revolution of the Right* (Notre Dame, IN: University of Notre Dame Press, 2003); Franco Savarino, «Juego de ilusiones: Brasil, México y los "fascismos" latinoamericanos frente al fascismo italiano», *Historia Crítica* 37 (2009): pp. 120–47; João Fábio Bertonha, *Sobre a Direita: Estudos Sobre o Fascismo, o Nazismo e o Integralismo* (Maringá, Brasil: Editora da Universidade Estadual de Maringá, 2008); Hélgio Trindade, *O nazi-fascismo na América Latina: Mito e realidade* (Porto Alegre, Brasil: UfrGs, 2004).

53 Yitzhak Arad, Israel Gutman e Abraham Margaliot, org., *Documents on the Holocaust* (Lincoln: University of Nebraska Press, 1999), p. 134.

54 Sobre o antissemitismo fascista, ver Michele Sarfatti, *Gliebrei nell'Italia fascista: Vicende, identità, persecuzione* (Turim: Einaudi, 2000); Renzo De Felice, *Storia degli ebrei italiani sotto il fascismo* (Turim: Einaudi, 1993); Marie-Anne Matard-Bonucci, *L'Italie Fasciste et La Persécution des Juifs* (Paris: Perrin, 2007); Valeria Galimi, «Politica della razza, antisemitismo, Shoah», *Studi Storici* 1 (2014): pp. 169–182; Simon Levis Sullam, *I Carnefici Italiani: Scene dal Genocidio Degli Ebrei, 1943–1945* (Milão: Feltrinelli, 2015).

55 Ver Emilio Gentile, *Le religioni della politica: Fra democrazie e totalitarismi* (Roma-Bari: Laterza, 2001). Além disso, às vezes o fascismo estabelecia fortes relações com religiões institucionais e, no caso argentino, apresentava-se como o representante político de Deus. Sobre o clérico-fascismo argentino, ver Loris Zanatta, *Del estado liberal a la nación católica: Iglesia y Ejército en los orígenes del peronismo* (Bernal, Argentina: Universidad Nacional de Quilmes, 1996); e Finchelstein, *Transatlantic Fascism* (Durham, NC: Duke University Press, 2010). Sobre o conceito de clérico-fascismo, ver também Enzo Collotti, *Fascismo, Fascismi* (Milão: Sansoni Editore, 1994).

56 Ver Richard J. Evans, *The Coming of the Third Reich*, pp. 184–86 [Trad. port., *op. cit.*]. Sobre a centralidade da visão fascista do género e da masculinidade, ver George L. Mosse, *Nationalism and Sexuality: Respectability and Abnormal Sexuality in Modern Europe* (Nova Iorque: H. Fertig, 1985); George L. Mosse, *The Image of Man: The Creation of*

Modern Masculinity (Nova Iorque: Oxford University Press, 1996). Ver também Victoria De Grazia, *How Fascism Ruled Women: Italy 1922–1945* (Berkeley: University of California Press, 1992).

57 Sobre a história concetual do totalitarismo, ver Enzo Traverso, *El Totalitarismo: Historia de Un Debate* (Buenos Aires: Eudeba, 2001); Anson Rabinbach, «Moments of Totalitarianism», *History and Theory* 45 (2006): pp. 72–100; Ruth Ben-Ghiat, «A Lesser Evil? Italian Fascism in/ /and the Totalitarian Equation», in *The Lesser Evil: Moral Approaches to Genocide Practices in a Comparative Perspective*, org. Helmut Dubiel e Gabriel Motzkin (Nova Iorque: Routledge, 2004); Emilio Gentile, «Fascism and the Italian Road to Totalitarianism», *Constellations* 15, n.º 3 (2008): pp. 291–302.

58 Benito Mussolini, «La dottrina del fascismo», in *Opera omnia di Benito Mussolini*, vol. 34 (1932; repr., Florença: La Fenice, 1967), pp. 119–21. Em inglês, ver também Benito Mussolini, *Fascism: Doctrine and Institutions* (Roma: Ardita, 1935).

59 Sobre este tópico, ver Hannah Arendt, «Ideology and Terror: A Novel Form of Government», *Review of Politics* 15, n.º 3 (1953): pp. 303–27.

60 Ver, por exemplo, Segreteria Particolare del Duce, Carteggio riservato, B 50 251/RF «Avanti!» Pietro Nenni (1931), Archivi Fascisti, Archivio Centrale dello Stato, Itália; Dossier France, Daniel Guerin, F Delta 721, 51/1, Vingt Ans d'Histoire Allemande, Bibliothèque de documentation internationale contemporaine, Nanterre, França; Piero Gobetti, *On Liberal Revolution* (New Haven, CT: Yale University Press, 2000), p. 226; G. L. «1935», *Cuaderno di "Giustizia e libertá"* 12 (1935): pp. 4–5.

61 Paxton, *Anatomy of Fascism*, 104.

62 Ver Matteo Pasetti, *L'Europa Corporativa: Una Storia Transnazionale tra Le Due Guerre Mondiali* (Bolonha: Bononia University Press, 2016); António Costa Pinto e Francisco Palomanes Martinho, org., *A Onda Corporativa: Corporativismo e Ditaduras na Europa e América Latina* (Rio de Janeiro: Editora da Fundação Getulio Vargas, 2016).

63 A este respeito, Slavoj Žižek parece passar do argumento para a hipérbole. Para ele, a base racionalista do comunismo explica o «potencial emancipador» do estalinismo. Slavoj Žižek, *Did Somebody Say Totalitarianism? Five Interventions in the (Mis)use of a Notion* (Nova Iorque: Verso, 2001), p. 131.

64 Sobre a ideia de escutar a razão, ver Michael Steinberg, *Listening to Reason: Culture, Subjectivity, and 19th-Century Music* (Princeton, NJ:

Princeton University Press, 2004). Sobre a apropriação nazi de Beethoven, ver David B. Dennis, *Beethoven in German Politics, 1870–1989* (New Haven, CT: Yale University Press, 1996). Quero agradecer a Eli Zaretsky por ter partilhado comigo as suas opiniões sobre *As Vidas dos Outros*.

65 Podemos encontrar uma apresentação semelhante nos terríveis assassínios da personagem de Gary Oldman enquanto escutava Beethoven no filme de Luc Besson, *O Profissional* (1994). O assassino de *Psicopata Americano* (2000), de Mary Harron, que ouve Phil Collins enquanto mata as suas vítimas, pode ser visto como uma minimização irónica deste movimento estético.

66 Uma tendência diferente, desenvolvida por cientistas sociais marxistas, deu continuidade ao método de análise mais estrutural sem explorar suficientemente os seus processos históricos interligados. O melhor exemplo desta abordagem é Nicos Poulantzas, *Fascism and Dictatorship: The Third International and the Problem of Fascism* (Londres: NLB, 1974).

67 Renzo De Felice, *Mussolini il Revoluzionario 1883–1920*, vol. 22 (1965; repr., Turim: Einaudi, 1995); Renzo De Felice, «Il fenomeno fascista», *Storia Contemporanea* 10 (1979); Emilio Gentile, «Fascism in Italian Historiography: In Search of an Individual Historical Identity», *Journal of Contemporary History* 1, n.º 2 (1986): p. 183.

68 Esta posição foi no entanto cada vez mais realçada, tornando-se o que Norberto Bobbio definiu como uma «forte paixão anticomunista» incorporada na narrativa histórica de De Felice. Ver Norberto Bobbio, «Revisionismo nella storia d'Italia», in *Italiani, amici, nemici*, org. Norberto Bobbio, Renzo De Felice, e Gian Enrico Rusconi (Milão: Reset, 1996), p. 57. No que diz respeito a investigar o fascismo a nível mundial, De Felice, como outros historiadores como ele, nunca considerara esse exercício essencial nem indispensável, e tem o cuidado de afirmar, com crescente ênfase ao longo da sua extensa obra, a especificidade italiana do fenómeno fascista comparativamente ao nazismo alemão ou a outros movimentos extremistas. Outros historiadores na altura apresentavam uma visão mais comparativa. Ver, por exemplo, Eugen Weber, *Varieties of Fascism: Doctrines of Revolution in the Twentieth Century* (Nova Iorque, 1964); Walter Laqueur e George Mosse, org., *International Fascism*, 1920–1945 (Nova Iorque: Harper and Row, 1966); S. J. Woolf, org., *European Fascism* (Nova Iorque: Vintage Books, 1969); Walter Laqueur, org., *Fascism: A Reader's Guide* (Berkeley: University

of California Press, 1976). Para um apanhado da historiografia, ver Wolfgang Wippermann, *Faschismustheorien: Die Entwicklung der Diskussion von den Anfängen bis heute* (Darmstadt, Alemanha: Primus, 1997); Emilio Gentile, *Fascismo: Storia e interpretazione* (Roma: Laterza, 2002).

69 Sobre este tópico, ver Enzo Traverso, *El Totalitarismo*.

70 Zeev Sternhell, «Fascism: Reflections on the Fate of Ideas in Twentieth Century History», *Journal of Political Ideologies* 5, n.º 2 (2000). É possível observar esta continuidade específica da Guerra Fria na obra de De Felice. Em 1969, De Felice argumentava que a teoria do totalitarismo, «com respeito ao nosso problema, apresenta sem dúvida aspetos sugestivos que suscitam muitas perguntas; mas — ao mesmo tempo — oferece importantes elementos para o estudo da interpretação histórica do fascismo como um fenómeno, elementos que não deviam ser subestimados». De Felice sugere que para compreender a realidade histórica do fascismo devíamos analisar as suas formas totalitárias. Ver Renzo De Felice, *El Fascismo: Sus interpretaciones* (Buenos Aires: Paidós, 1976), p. 120; Renzo De Felice, *Il Fascismo: Le interpretazioni dei contemporanei e degli storici* (Roma-Bari: Laterza, 1998), p. 36. Ver também Emilo Gentile, «Renzo De Felice: A Tribute», *Journal of Contemporary History* 32, n.º 2 (1997), p. 149; Emilo Gentile, *La via Italiana al totalitarismo* (Roma: La Nuova Italia Scientifica, 1995), pp. 114–17.

71 Ver, por exemplo, Roger Griffin, «The Primacy of Culture: The Current Growth (or Manufacture) of Consensus within Fascist Studies», *Journal of Contemporary History* 37, n.º 1 (2002): pp. 21–43; Stanley G. Payne, «Historical Fascism and the Radical Right», *Journal of Contemporary History* 35, n.º 1 (2000): p. 111; Roger Griffin, org., *International Fascism: Theories, Causes and the New Consensus* (Londres, 1998); Roger Eatwell, «Towards a New Model of Generic Fascism», *Journal of Theoretical Politics* 4, n.º 2 (1992).

72 Stanley G. Payne, *A History of Fascism 1914–1945* (Madison: University of Wisconsin Press, 1995), p. 461.

73 Gilbert Allardyce, «What Fascism Is Not: Thoughts on the Deflation of a Concept», *American Historical Review* 84, n.º 2 (1979): p. 369.

74 Gentile, *Fascismo*, pp. 9–10.

75 Paxton, *Anatomy of Fascism*, pp. 23, 218.

76 Ver Ernst Nolte, *La guerra civil europea, 1917–1945: Nacionalsocialismo y bolchevismo* (México: FCE, 1994, publicado inicialmente como

Der europäische Bürgerkrieg 1917–1945: Nationalsozialismus und Bolschewismus, Berlim: Propyläen, 1987). Ver François Furet e Ernst Nolte, *Fascism and Communism* (Lincoln: University of Nebraska Press, 2001). Para Nolte e o *Historikerstreit*, ver *Forever in the Shadow of Hitler? Original Documents of the Historikerstreit, the Controversy Concerning the Singularity of the Holocaust*, org. e trad. Truett Cates e James Knowlton (Atlantic Highlands, NJ: Humanities Press, 1993). Para análises deste debate, ver Dominick LaCapra, *Representing the Holocaust: History, Theory, Trauma* (Ithaca, NY: Cornell University Press, 1994), pp. 49–50, 53, 106, 190; Dominick LaCapra, *History and Memory after Auschwitz* (Ithaca, NY: Cornell University Press, 1998), pp. 55–59, 64–65; María Pía Lara, *Narrating Evil: A Postmetaphysical Theory of Reflective Judgment* (Nova Iorque: Columbia University Press, 2007); Matthew G. Specter, *Habermas: An Intellectual Biography* (Cambridge: Cambridge University Press, 2010).

77 Sobre Nolte como um pioneiro para historiadores genéricos, ver Aristotle Kallis, «Fascism — A "Generic" Concept?», in *The Fascism Reader*, org. Aristotle Kallis (Londres: Routledge, 2003), p. 46.

78 Ernst Nolte, *Three Faces of Fascism: Action Française, Italian fascism, National Socialism* (Nova Iorque: Mentor, 1969), pp. 51, 81.

79 Nolte, *Three Faces of Fascism*, pp. 529, 540.

80 Zeev Sternhell, «How to Think about Fascism and Its Ideology», *Constellations* 15, n.º 3 (2008): p. 282.

81 Zeev Sternhell, *La Droite révolutionnaire (1885–1914): Les origines françaises du fascisme* (Paris: Gallimard, 1997), p. x.

82 Sternhell, *La Droite révolutionnaire*, p. xxxii.

83 Zeev Sternhell «Fascism: Reflections on the Fate of Ideas in Twentieth Century History», *Journal of Political Ideologies* 5, n.º 2 (2000): p. 139.

84 Sternhell, *La Droite révolutionnaire*, p. x.

85 Ver Zeev Sternhell, *The Birth of Fascist Ideology: From Cultural Rebellion to Political Revolution*, com Mario Sznajder e Maia Asheri (Princeton, NJ: Princeton University Press, 1994), pp. 9, 12; Zeev Sternhell, *Neither Right nor Left: Fascist Ideology in France* (Berkeley: University of California Press, 1986), p. 27; Sternhell, *La Droite révolutionnaire*, pp. ix-lxxvi; Zeev Sternhell, «Fascist Ideology» in *Fascism: A Reader's Guide. Analyses, Interpretations, Bibliography*, org. Walter Laqueur (Berkeley: University of California Press, 1976), pp. 315–71.

86 Zeev Sternhell, «How to Think about Fascism and Its Ideology», *Constellations* 15, n.º 3 (2008): pp. 281, 282.

87 George L. Mosse, *The Nationalization of the Masses: Political Symbolism and Mass Movements in Germany from the Napoleonic Wars through the Third Reich* (1975; reimpr., Ithaca, NY: Cornell University Press, 1996), p. 214. Os números das páginas referem-se à edição de 1996.

88 É importante notar que muitas opiniões sobre as práticas intelectuais, culturais e mitológicas que aparecem de uma forma ou outra nos textos de Mosse podem ser identificadas com a orientação historiográfica de De Felice. O caso mais notável neste contexto é o do importante livro de Emilio Gentile, *Il culto del littorio* (Roma: Laterza, 1993). Gentile também reconheceu, sem ter de abandonar a ideia da especificidade do fascismo italiano, a inovadora importância historiográfica de Mosse e De Felice no seu livro sobre as origens da ideologia fascista (*Origini dell' ideologia fascista*), p. 2; George Mosse, *Intervista sul Nazismo: A cura di Michael Ledeen* (Roma: Laterza, 1977), pp. 89–90.

89 George Mosse, *The Fascist Revolution: Toward a General Theory of Fascism* (Nova Iorque: Howard Fertig, 1998), pp. x-xvii, 42.

90 Enzo Traverso, «Interpreting Fascism: Mosse, Sternhell and Gentile in Comparative Perspective», *Constellations* 15, n.º 3 (2008): p. 310.

91 Por exemplo, Stanley Payne apresenta sete razões para a falta de autenticidade do fascismo na América Latina: 1) mobilização política mínima, 2) nacionalismo sem ambições territoriais, 3) predominância militar, 4) impossibilidade de autarcia de países dependentes e subdesenvolvidos, 5) relações cliente/patrono elitistas, 6) natureza multirracial da sociedade e 7) fragilidade da esquerda antes de 1960. Enquanto os pontos 1, 2, 5, e 7 não se aplicam a países sul-americanos como a Argentina, Bolívia, Chile ou Brasil, seria possível atribuir o ponto 3 ao fascismo espanhol ou os pontos 4 e 5 ao fascismo italiano, sobretudo na metade sul da península italiana. Além disso, se substituirmos «raça» por «etnia» no ponto 6, poderíamos facilmente apresentar a Alemanha nazi antes do Holocausto como uma sociedade multiétnica. Ver Payne, *History of Fascism*, p. 340; e o seu anterior *Fascism: Comparison and Definition* (Madison: University of Wisconsin Press, 1980), pp. 167–76. Ver também Alistair Hennessy, «Fascism and Populism in Latin America», in *Fascism: A Reader's Guide. Analyses, Interpretations, Bibliography*, org. Walter Laqueur (Berkeley: University of California Press, 1976), pp. 255–94; Finchelstein, *Transatlantic Fascism*, p. 183.

92 Por exemplo, Roger Griffin, um ilustre estudioso do fascismo, entende o fascismo como um «tipo ideal de fascismo construído conscientemente que se apresenta mais heuristicamente útil para a investigação académica do que outros tipos existentes». Ver Roger Griffin, *The Nature of Fascism* (Nova Iorque: Routledge, 1991), p. 12; e Stanley Payne, *A History of Fascism 1914–1945* (Madison: University of Wisconsin Press, 1995), p. 4. Para uma crítica a Griffin a este respeito, ver Daniel Woodley, *Fascism and Political Theory: Critical Perspectives on Fascist Ideology* (Londres, 2010), pp. 8–13.

93 Payne, *History of Fascism*, p. 14; Roger Griffin, *Modernism and Fascism: The Sense of a Beginning under Mussolini and Hitler* (Londres, 2007), pp. xv, 332; Griffin, *Nature of Fascism.*

94 Ver Griffin, *Nature of Fascism; Griffin, Fascist Century* (Nova Iorque: Palgrave Macmillan, 2008). Ver também Payne, *History of Fascism*; e o seu anterior *Fascism: Comparison and Definition* (Madison: University of Wisconsin Press, 1980), pp. 167–76; Paxton, *Anatomy of Fascism*; Roger Eatwell, «On Defining the "Fascist Minimum": The Centrality of Ideology», *Journal of Political Ideologies* 1 (1996): pp. 303–19.

95 Benjamin Zachariah, «A Voluntary Gleichschaltung? Indian Perspectives Towards a Non-Eurocentric Understanding of Fascism», *Transcultural Studies* 2 (2014): pp. 66–67.

96 O mais recente exemplo sintomático dessa resistência a abordagens mundiais ao fascismo fora da Europa encontra-se nas digressões teleológicas e extremamente repetitivas enunciadas in David Roberts, *Fascist Interactions: Proposals for a New Approach to Fascism and Its Era, 1919–1945* (Nova Iorque: Berghahn Books, 2016). Para as minhas críticas a outros exemplos historiográficos fora da Europa, ver Finchelstein, *Fascismo, liturgia e imaginario*, pp. 9–27.

97 Ver Constantin Iordachi, «Comparative Fascist Studies; An introduction», in *Comparative Fascist Studies: New Perspectives*, org. Constantin Iordachi (Londres: Routledge, 2010), p. 41; Zachariah, «Voluntary Gleichschaltung?», pp. 63–100. Ver também Benjamin Zachariah, «Rethinking (the Absence) of Fascism in India, c. 1922–45», in *Cosmopolitan Thought Zones: South Asia and the Global Circulation of Ideas*, org. Sugata Bose e Kris Manjapra (Houndmills, Basingstoke, Reino Unido: Palgrave Macmillan, 2010), pp. 178–209.

98 Benjamin Zachariah, «At the Fuzzy Edges of Fascism: Framing the Volk in India», *South Asia: Journal of South Asian Studies* 38, n.º 4 (2015): p. 641.

99 Federico Finchelstein, *Transatlantic Fascism* (Durham, NC: Duke University Press, 2010), pp. 4, 39.

100 Ver Sebastian Conrad, *What Is Global History?* (Princeton, NJ: Princeton University Press, 2016), pp. 3, 44–45, 78–79. Sobre a história transnacional e comparativa, ver, por exemplo, Daniel Rodgers, Frederick Cooper, Pierre-Yves Saunier, Michael Werner e Bénédicte Zimmerman, «Penser l'histoire croisée: Entre empirie et réflexivité», *Annales. Histoire, sciences sociales* 58 (2003): pp. 7–36; e Gunilla Budde, Sebastian Conrad e Oliver Janz, org., *Transnationale Geschichte: Themen, Theorien, Tendenzen* (Göttingen: Vandenhoeck e Ruprecht, 2006).

101 Rebekka Habermas, «Lost in Translation: Transfer and Nontransfer in the Atakpame Colonial Scandal», *Journal of Modern History* 86 (março de 2014): pp. 48, 49.

102 Ver Reto Hofmann, *The Fascist Effect: Japan and Italy, 1915–1952* (Ithaca, NY: Cornell University Press, 2015), p. 7. Sobre o fascismo japonês, ver também Rikki Kersten, «Japan», in *The Oxford Handbook of Fascism*, org. R. J. B. Bosworth (Oxford: Oxford University Press, 2009), pp. 526–44.

103 Silvio Villegas, *No hay enemigos a la derecha* (Manizales: Arturo Zapata, 1937), pp. 80, 86, 144, 145. Quero agradecer a Luis Herrán Ávila por ter partilhado comigo esta fonte.

104 Ver José Vasconcelos, «El Fulgor en la tiniebla», *Timón*, 23 de março de 1940; «En Defensa propia: Los protocolos de los sabios de Sión», *Timón*, 25 de maio de 1940; e «Otro fantasma: El nazismo en la América española», *Timón*, 4 de maio de 1940. Estes artigos foram publicados em Itzhak M. Bar-Lewaw, org., *La Revista «Timón»* y José Vasconcelos (México: Edimex, 1971), pp. 77–79, 138–40, 146–49.

105 Ver Jean Meyer, *El Sinarquismo: ¿Un Fascismo Mexicano? 1937–1947* (México: Joaquín Mortiz, 1979).

106 Ver Tirso Molinari Morales, *El fascismo en el Perú* (Lima: Fondo Editorial de la Facultad de Ciencias Sociales, 2006), pp. 300–3.

107 Ver Giulia Albanese, *Dittature Mediterranee: Sovversioni fasciste e colpi di stato in Italia, Spagna e Portogallo* (Roma: Laterza, 2016), pp. 210, 211; Sven Reichardt, «Violence, Body, Politics: Paradoxes in Interwar Germany» in *Political Violence and Democracy in Western Europe, 1918–1940*, org. Chris Millington e Kevin Passmore (Houndmills: Palgrave, 2015), pp. 62–96.

108 Ver Albanese, *Dittature Mediterranee*, pp. xxi, xxii; Finchelstein, *Transatlantic Fascism*; Miguel Ángel Perfecto, «La derecha radical Argentina y España: Relaciones culturales e interdependencias», *Studia Historica Historia Contemporánea* 33 (2015); Constantin Iordachi, *The Comparative History of Fascism in Eastern Europe: Sources and Commentaries* (Londres: Bloomsbury, 2017). Sobre o fascismo mundial, ver Stein Ugelvik Larsen, org., *Fascism outside Europe: The European Impulse against Domestic Conditions in the Diffusion of Global Fascism* (Boulder, CO: Social Science Monographs, 2001).

109 Como sustentam Kiran Klaus Patel e Sven Reichardt, «Os processos transnacionais de intercâmbio e adaptação que começaram ou conduziram à Alemanha nazi têm sido na sua maioria negligenciados. O transnacionalismo e o nazismo parecem incompatíveis, e a história transnacional continua a concentrar-se em formas pacíficas de intercâmbio entre sociedades com estruturas semelhantes». («The Dark Side of Transnationalism Social Engineering and Nazism, 1930s–40s», *Journal of Contemporary History* 51, n.º 1 [2016]: p. 6). Christian Goeschel também propõe, com perspicácia, ir além da noção homogeneizadora da transferência: «Está na altura de clarificar a nossa terminologia e pensar de forma mais concreta em termos de uma história de interligações fascistas, uma história que examine não só influências mútuas entre regimes fascistas mas também a sua interligação e não apenas as simples transferências. A perspetiva da «interligação fascista» também examina a importância das transferências e não presume que todos os cruzamentos foram necessária e igualmente importantes para os intervenientes, prestando especial atenção às fricções entre os intervenientes» («Italia Docet? The Relationship between Italian Fascism and Nazism Revisited», *European History Quarterly* 42, n.º 3 [2012], p. 490). Ver também o importante ensaio anterior de Ruth Ben-Ghiat, «Fascist Italy and Nazi Germany: The Dynamics of an Uneasy Relationship», in *Art, Culture, and the Media in the Third Reich*, org. Richard Etlin (Chicago: University of Chicago Press, 2002), pp. 257–86; e Benjamin Martin, *The Nazi-Fascist New Order for European Culture* (Cambridge: Harvard University Press, 2016).

110 Zachariah, «Voluntary Gleichschaltung?», p. 63.

111 César Pico, *Carta a Jacques Maritain sobre la colaboración de los católicos con los movimientos de tipo fascista* (Buenos Aires: Francisco A. Colombo, 1937), pp. 78, 13–14, 20, 21, 36, 40–41, 43.

112 Ver José Maria Pemán, «Pasemos a la escucha», *Sol y Luna* 4 (1940): p. 91.

113 Faisal Devji, *The Impossible Indian: Gandhi and the Temptation of Violence* (Cambridge: Harvard University Press, 2012), p. 21; Markus Daechsel, «Scientism and Its Discontents: The Indo-Muslim "Fascism" of Inayatullah Khan al-Mashriqi», *Modern Intellectual History* 3, n.º 3 (2006): pp. 452–53; Hofmann, *Fascist Effect*, p. 46.

114 Federico Finchelstein, *The Ideological Origins of the Dirty War: Fascism, Populism, and Dictatorship in Twentieth Century Argentina* (Oxford: Oxford University Press, 2014).

115 Ver Reto Hofmann, *Fascist Effect*, pp. 136–42. Sobre a Guerra Fria na América Latina, ver Tanya Harmer, «The Cold War in Latin America», in *The Routledge Handbook of the Cold War*, org. Artemy M. Kalinovsky e Craig Daigle (Abingdon: Routledge, 2014); Tanya Harmer, *Allende's Chile and the Inter-American Cold War* (Chapel Hill: University of North Carolina Press, 2011). Ver também Gilbert M. Joseph, «Latin America's Long Cold War», in *A Century of Revolution: Insurgent and Counterinsurgent Violence during Latin America's Long Cold War*, org. Greg Grandin e Gilbert M. Joseph (Durham, NC: Duke University Press, 2010); Virginia Garrard-Burnett, Mark Atwood Lawrence e Julio E. Moreno, org., *Beyond the Eagle's Shadow: New Histories of Latin America's Cold War* (Albuquerque: University of New Mexico Press, 2013).

116 Andrea Mammone, *Transnational Neofascism in France and Italy* (Cambridge: Cambridge University Press, 2015), p. xix.

117 Ver Luis Herrán Ávila, «Anticommunism, the Extreme Right, and the Politics of Enmity in Argentina, Colombia, and Mexico, 1946–1972» (tese de doutoramento, The New School for Social Research, 2016); e o seu artigo «Las guerrillas blancas, anticomunismo transnacional e imaginarios de derechas en Argentina y México, 1954–1972», Quinto Sol 19, n.º 1 (2015); Daniel Gunnar Kressel, «The Hispanic Community of Nations: The Spanish-Argentine Nexus and the Imagining of a Hispanic Cold War Bloc», *Cahiers des Amériques latines* 79, n.º 2 (2015): pp. 115–33. Ver também Leandro Pereira Gonçalves, «Plínio Salgado e a Guerra Fria: Uma análise entre Brasil e Portugal no âmbito das Guerras Coloniais», *Cahiers des Amériques latines* 79, n.º 2 (2015): pp. 31–54; Odilon Caldeira Neto, *Sob o signo do sigma: Integralismo, neointegralismo e antissemitismo* (Maringá: EDUEM, 2014); Ernesto Bohoslavsky e Stéphane Boisard, «Les droites latino-américaines pendant la guerre

froide (1959–1989)», *Cahiers des Amériques latines* 79, n.º 2 (2015): 17–30; os ensaios em Olivier Dard, org., *Organisations, Mouvements et partis des Droites Radicales au XXe siècle* (Bern: Peter Lang, 2016); Matteo Albanese e Pablo del Hierro, *Transnational Fascism in the Twentieth Century: Spain, Italy and the Global Neo-Fascist Network* (Londres: Bloomsbury, 2016).

118 Ver Jorge Luis Borges, «Deutsches Requiem», in *Obras Completas* (Buenos Aires: Emecé, 1996), 1: p. 581; Jorge Luis Borges, *Labyrinths: Selected Stories and Other Writings* (Nova Iorque: New Directions, 1964), p. 147. Sobre Borges e Zur Linde, ver Finchelstein, *El Mito del fascismo*.

119 Agradeço a Ben Brower por partilhar as suas reflexões sobre a relação entre a violência física e a «violência simbólica». Sobre este assunto, ver também Étienne Balibar, «Outlines of a Topography of Cruelty: Citizenship and Civility in the Era of Global Violence», *Constellations* 8, n.º 1 (2001); Étienne Balibar, Violence and Civility (Nova Iorque: Columbia University Press, 2015); Richard J. Bernstein, *Violence: Thinking without Banisters* (Cambridge: Polity, 2013); Martin Jay, *Refractions of Violence* (Nova Iorque: Routledge, 2003). Sobre o fascismo, ver também Angelo Ventrone, *La seduzione totalitaria* (Roma: Donzelli, 2003); Francisco Sevillano Calero, *Exterminar: El terror con Franco* (Madrid: Oberon, 2004); Sven Reichardt, «Fascismo e teoria delle pratiche sociali: Violenza e communità come elementi di un praxeologico di fascismo», *Storiografia* 12 (2008).

120 Ver Finchelstein, *El Mito del fascismo*.

121 Sobre o antifascismo e a sua visão do fascismo, ver Benedetto Croce, *Scritti e discorsi politici, 1943–1947*, 2 vols. (Bari: Laterza 1963), 1: pp. 7, 2: pp. 46, 357. Ver também Renzo De Felice, *Interpretations of Fascism* (Cambridge, MA: Harvard University Press, 1977), pp. 14–23; Enzo Collotti, org., *Fascismo e antifascismo* (Roma: Laterza, 2000); Leonardo Paggi, «Antifascism and the Reshaping of the Democratic Consensus in Post-1945 Italy», *New German Critique* 67 (1996); Manuela Consonni, *L'Eclisse dell'Antifascismo* (Roma: Laterza, 2015); Hugo García, «Transnational History: A New Paradigm for Anti-fascist Studies?» *Contemporary European History* 25, n.º 4 (2016): pp. 563–72; Hugo García, Mercedes Yusta, Xavier Tabet e Cristina Clímaco, org., *Rethinking Anti-fascism: History, Memory and Politics, 1922 to the Present* (Nova Iorque: Berghahn, 2016).

122 Jean Améry, *At the Mind's Limits* (Bloomington: Indiana University Press, 1980), p. x.

123 Chaim Kaplan, *Scroll of Agony: The Warsaw Diary of Chaim A. Kaplan* (Nova Iorque: Collier Books, 1973), pp. 280–81.

124 Primo Levi, *The Black Hole of Auschwitz* (Cambridge: Polity, 2005), pp. 8, 33, 72.

125 Ian Thomson, *Primo Levi* (Londres: Hutchinson, 2002), pp. 26–27.

126 Sobre conceitos do inimigo, ver Finchelstein, *Transatlantic Fascism*; Angelo Ventrone, *Il Nemico Interno: Immagini, parole e simboli della lotta politica nell'Italia del Novecento* (Roma: Donzelli, 2005).

127 Existem algumas importantes exceções entre os historiadores do fascismo que exploraram as ligações entre o fascismo, o nazismo e o Holocausto. Encaro este capítulo como um complemento elaborado para essas obras. Ver, por exemplo, Tim Mason, *Nazism, Fascism and the Working Class* (Cambridge: Cambridge University Press, 1995); Mosse, *Fascist Revolution*; Geoff Eley, *Nazism as Fascism: Violence, Ideology and the Ground of Consent in Germany 1930–1945* (Nova Iorque: Routledge, 2013).

128 Saul Friedländer, «Nazism: Fascism or Totalitarianism», in Charles S. Maier, Stanley Hoffmann e Andrew Gould, org., *The Rise of the Nazi Regime: Historical Reassessments* (Boulder: Westview Press, 1986), p. 30. Ver também Saul Friedländer, *Memory, History, and the Extermination of the Jews of Europe* (Bloomington: Indiana University Press, 1993), p. 26; Friedländer, «Mosse's Influence on the Historiography of the Holocaust», in *What History Tells: George L. Mosse and the Culture of Modern Europe*, org. Stanley G. Payne, David J. Sorkin e John S. Tortorice (Madison: University of Wisconsin Press, 2004), p. 142.

129 Friedländer insiste neste ponto o suficiente para limitar qualquer tipo de comparação. Na sua crítica da obra do historiador alemão Wolfgang Schieder, Friedlander argumenta: «E um ponto, que parece útil salientar, o antissemitismo nazi tem sido comparado ao "racismo" dos fascistas italianos em relação aos africanos, aos escravos e aos alemães do Tirol do sul» («Nazism», p. 27). Para uma abordagem mais moderada, ver Ian Kershaw, *Hitler, the Germans and the Final Solution* (New Haven, CT: Yale University Press, 2008), p. 345.

130 Para obras importantes sobre estas ligações, ver A. Dirk Moses, org., *Empire, Colony, Genocide: Conquest, Occupation, and Subaltern Resistance in World History* (Nova Iorque: Berghahn, 2008); Bashir e

Amos Goldberg, «Deliberating the Holocaust and the Nakba: Disruptive Empathy and Binationalism in Israel/Palestine», *Journal of Genocide Research* 16, n.º 1 (2014): pp. 77–99; Dan Stone, *History, Memory and Mass Atrocity: Essays on the Holocaust and Genocide* (Londres,: Vallentine Mitchell, 2006); Donald Bloxham, *The Final Solution: A Genocide* (Oxford: Oxford University Press, 2009).

131 Matthew P. Fitzpatrick, «The Pre-History of the Holocaust? The Sonderweg and Historikerstreit Debates and the Abject Colonial Past», *Central European History* 41, n.º 3 (2008); Edward Ross Dickinson, «The German Empire: An Empire?» *History Workshop Journal* 66 (2008); Olivier Le Cour Grandmaison, *Coloniser, exterminer: Sur la guerre et l'état colonial* (Paris: Fayard, 2005); Isabel Hull, *Absolute Destruction: Military Culture and the Practices of War in Imperial Germany* (Ithaca: Cornell University Press, 2005); Joël Kotek, «Sonderweg: Le génocide des Herero, symptôme d'un Sonderweg allemand?», *La Revue d'histoire de la Shoah* 189 (2008); Jürgen Zimmerer, «The First Genocide of the Twentieth Century: The German War of Destruction in Southwest Africa (1904–1908) and the Global History of Genocide», in *The Holocaust: Lessons and Legacies*, org., Doris L. Bergen (Chicago: 2008), pp. 34–64; Donald Bloxham, *The Final Solution: A Genocide* (Oxford: Oxford University Press, 2009); Benjamin Brower, «Genealogies of Modern Violence, Arendt and Imperialism in Africa 1830–1914», in *The Cambridge History of Violence*, org. Louise Edwards, Nigel Penn e Jay Winter, vol. 4 (Cambridge: Cambridge University Press, 2017).

132 Ver Hannah Arendt, *The Origins of Totalitarianism* (Nova Iorque: Meridian, 1959), pp. 158–84; Hannah Arendt, «The Seeds of a Fascist International», in *Essays in Understanding*, 1930–1954, org. Jerome Kohn (Nova Iorque: Harcourt Brace, 1994), p. 147.

133 Ver Raul Hilberg, *The Destruction of the European Jews* (Nova Iorque: Holmes and Meier, 1985), pp. 660–79; Susan Zuccotti, *The Italians and the Holocaust: Persecution, Rescue, and Survival* (Nova Iorque: Basic Books, 1987); Simon Levis Sullam, *I Carnefici Italiani: Scene dal Genocidio degliebrei*, 1943–1945 (Milão: Feltrinelli, 2015).

134 O conceito de «laboratórios de fascismo» é retirado da importante obra de Enzo Traverso, *The Origins of Nazi Violence*.

135 Ver Lloyd E. Eastman, «Fascism in Kuomintang China: The Blue Shirts», *China Quarterly* 49 (janeiro–março de 1972): p. 4.

136 António Costa Pinto, *Os Camisas Azuis e Salazar — Rolão Preto e o Fascismo em Portugal* (Porto Alegre: EDIPUCRS, 2016), p. 110. Sobre o fascismo português e as suas ligações internacionais a outros fascismos, ver também Nuno Simão Ferreira, «Alberto de Monsaraz e a vaga dos nacionalismos político-autoritários europeus do pós-I Guerra mundial: Um rumo até ao fascismo?», in *Lusíada História* 4 (2007): pp. 7–75.

137 Ver Federico Finchelstein, «Truth, Mythology and the Fascist Unconscious», *Constellations* 23, n.º 2 (2016), p. 227.

138 *Ibid.*, p. 225.

139 Ventrone, *La seduzione totalitaria*, pp. 138–139, 153, 185.

140 Ver Primo Levi, *The Drowned and the Saved* (Nova Iorque: Vintage, 1989), p. 105. Sobre a identificação por Levi do nazismo com o fascismo, ver Primo Levi, *Conversazioni e interviste 1964–1987* (Turim: Einaudi, 1997), pp. 245, 250.

141 Sobre o sublime negativo, ver as obras seguintes de Dominick LaCapra: *History and Memory after Auschwitz* (Ithaca, NY: Cornell University Press, 1998), pp. 27–30; *Representing the Holocaust: History, Theory, Trauma* (Ithaca, NY: Cornell University Press, 1994), pp. 100–110; *Writing History, Writing Trauma* (Baltimore: John Hopkins University Press, 2001), p. 94.

142 Para alguns exemplos, ver Sergio Panunzio, *Diritto, forza e violenza: Lineamenti di una teoria della violenza* (Bolonha: Capelli, 1921), p. 17; Curzio Suckert (Malaparte), *L'Europa Vivente: Teoria Storica del Sindicalismo Nazionale* (Florença: La Voce, 1923), pp. xlviii, 1–5, 22–25, 34, 111–19; Curzio Malaparte, *Italia barbara* (Turim: P. Gobetti, 1925). Para uma crítica antiga da apreciação fascista da violência «por si mesma», ver Rodolfo Mondolfo, *Per la comprensione storica del fascismo* (Bolonha: Capelli, 1922), pp. i–iii, xv, xxxiv–xxxv; Rodolfo Mondolfo, «Forza e violenza nella storia (Aprendo la discussione)», in *Diritto, forza e violenza: Lineamenti di una teoria della violenza*, org. Sergio Panunzio (Bolonha: Capelli, 1921), pp. viii, xi, xiii, xv, xvii, xvii, xviii, xix.

143 MRF B 93 F, 159 SF 1, Archivio Centrale dello Stato, Italy. Mussolini disse: «"Estou-me nas tintas" (*me ne frego*) — o lema orgulhoso dos esquadrões de combate rabiscado por um homem ferido nas suas ligaduras não é apenas um ato de estoicismo filosófico; resume uma doutrina que não é apenas política: é a prova de um espírito combativo que aceita todos os riscos. Significa um novo estilo de vida italiano. O Fascista aceita e ama a vida; ele rejeita e despreza o suicídio como algo cobarde.

A vida tal como ele a entende significa dever, elevação, conquista; a vida tem de ser nobre e plena; tem de ser vivida pela própria pessoa mas sobretudo pelos outros, longe e perto, no presente e no futuro» (Benito Mussolini, «La dottrina del fascismo», in *Opera omnia di Benito Mussolini*, vol. 34 [Florença: La Fenice, 1967], pp. 119–21).

144 MRF B 93 F, 159 SF 1, Archivio Centrale dello Stato, Itália.

145 Ver, por exemplo, MRF B 93 F 158; MRF B 91 F, 154 Sala Dotrinna SF 2, tabelloni murali, Archivio Centrale dello Stato, Itália.

146 Ver *Acción Española*, Antología, março de 1937, p. 366; Finchelstein, *Origins of Dirty War*, p. 45; James P. Jankowski, «The Egyptian Blue Shirts and the Egyptian Wafd, 1935–1938», *Middle Eastern Studies* 6 (1970): p. 82; Eastman, «Fascism in Kuomintang China», pp. 9–10.

147 Villegas, *No hay enemigos a la derecha*, p. 224; Constantin Iordachi, «God's Chosen Warriors», in *Comparative Fascist Studies*, org. Constantin Iordachi (Londres: Routledge, 2010), pp. 345–47.

148 Ver Benito Mussolini, «Vivere pericolosamente», in *Opera omnia di Benito Mussolini*, vol. 21 (1924; reimpr., Florença: La Fenice, 1960), p. 40.

149 Ver Benito Mussolini, «La dottrina del fascismo» in *Opera omnia di Benito Mussolini*, vol. 34 (Florença: La Fenice, 1967), 119–21. Para um entendimento fascista mais específico do Estado, tal como foi apresentado na exposição fascista «permanente» de 1942, ver MRF B, 91 F, 154 Sala Dotrinna SF 2, tabelloni murali, «Lo Stato Fascista»; «I Codici di Mussolini», Archivio Centrale dello Stato, Itália.

150 Ver Ann Laura Stoler, «On Degrees of Imperial Sovereignty», *Public Culture* 18, n.º 1 (2006): p. 135.

151 Bruno Biancini, *Dizionario Mussoliniano Mille Affermazioni e Definizioni Del Duce* (Milão: Hoepli, 1939), pp. 45, 88.

152 Para um estudo desta ideia noutras formas de imperialismo contemporâneo que abrange o conceito de uma «guerra sem fim», ver Ellen Meiksins Wood, *Empire of Capital* (Londres: Verso, 2005), pp. 143–51. Meiksins Wood não refere que o fascismo pode ter sido o primeiro imperialismo a adotar essa ideia de guerra, tornando-a assim um precedente para os seus seguidores contemporâneos.

153 MRF B, 93 F, 155 SF 1 Impero. Ver também Collez, Muss #92; #47, Archivio Centrale dello Stato, Itália.

154 Benito Mussolini, «La dottrina del fascismo», in *Opera omnia di Benito Mussolini*, vol. 34 (Florença: La Fenice, 1967), pp. 119–21.

155 Sobre a Internacional Fascista, ver Michael Ledeen, *Universal Fascism: The Theory and Practice of the Fascist International, 1928–1936* (Nova Iorque: H. Fertig, 1972); Davide Sabatini, *L'internazionale di Mussolini: la diffusione del fascismo in Europa nel progetto politico di Asvero Gravelli* (Roma: Edizioni Tusculum, 1997); Marco Cuzzi, *L'internazionale delle camicie nere: i CAUR, Comitati d'azione per l'universalità di Roma, 1933–1939* (Milão: Mursia, 2005).

156 Ver Hannah Arendt, «Ideology and Terror: A Novel Form of Government», *Review of Politics* 15, n.º 3 (1953), pp. 303–27; *The Origins of Totalitarianism*, pp. 158–84; Hannah Arendt, «The Seeds of a Fascist International», in *Essays in Understanding 1930–1954*, org. Jerome Kohn (Nova Iorque: Harcourt Brace, 1994), p. 147.

157 Ver Sternhell, *Birth of Fascist Ideology; Sternhell, Anti-enlightenment Tradition*. Ver também de Sternhell, *Histoire et Lumières: Changer le Monde par la Raison* (Paris: Albin Michel, 2014); «Fascism and Its Ideology», pp. 280–90.

158 Agradeço ao meu colega Andreas Kalyvas as suas sugestões e explicações sobre o nascimento da democracia ateniense.

159 Peter Fritzsche, «The Role of "the People" and the Rise of the Nazis», in *Transformations of Populism in Europe and the Americas: History and Recent Tendencies*, org. John Abromeit, Bridget Maria Chesterton, Gary Marotta e York Norman (Londres: Bloomsbury, 2016), p. 37; Geoff Eley, «Conservatives-Radical Nationalists-Fascists: Calling the People into Politics, 1890–1930», in *Transformations of Populism in Europe and the Americas: History and Recent Tendencies*, org. John Abromeit, Bridget Maria Chesterton, Gary Marotta e York Norman (Londres: Bloomsbury, 2016), p. 74; Ismael Saz, *España contra España: Los nacionalismos franquistas* (Madrid: Marcial Pons, 2010), p. 53; António Costa Pinto, *The Nature of Fascism Revisited, Social Science Monographs* (Nova Iorque: Columbia University Press, 2012), pp. 1–27. Ver também Peter Fritzsche, *Rehearsals for Fascism: Populism and Political Mobilization in Weimar Germany* (Nova Iorque: Oxford University Press, 1990); Eley, *Nazism as Fascism*; Sven Reichardt, «Fascist Movements» in *The Wiley-Blackwell Encyclopedia of Social and Political Movements*, org. David A. Snow, Donatella della Porta, Bert Klandermans e Doug McAdam (Nova Iorque: Wiley, 2013), pp. 2, 457; Pierre Milza, «Mussolini entre fascisme et populisme», *Vingtième Siècle* 56 (1997); Sandra McGee Deutsch, *Las Derechas*, pp. 315, 329–31, 339; Alberto Spektorowski, *The Origins*

of Argentina's Revolution of the Right (Notre Dame, IN: University of Notre Dame Press, 2003); Victor Lundberg, «Within the Fascist World of Work: Sven Olov Lindholm, Ernst Jünger and the Pursuit of Proletarian Fascism in Sweden», in *New Political Ideas in the Aftermath of the Great War*, org. Anders G. Kjøstvedt e Alessandro Salvador (Londres: Palgrave MacMillan, 2016), pp. 199–217; Daniel Knegt, «French Intellectual Fascism and the Third Way: The Case of Bertrand de Jouvenel and Alfred Fabre-Luce», in *New Political Ideas in the Aftermath of the Great War*, org. Anders G. Kjøstvedt e Alessandro Salvador (Londres: Palgrave MacMillan, 2016), pp. 41–65.

160 Pinto, *Nature of Fascism Revisited*, p. xix.

161 Matteo Pasetti, *L'Europa Corporativa: Una Storia Transnazionale tra Le Due Guerre Mondiali*; António Costa Pinto e Francisco Palomanes Martinho, org., *A Onda Corporativa: Corporativismo e Ditaduras na Europa e América Latina*.

162 «Il corporativismo è l'economia disciplinata, e quindi anche controllata, perché non si può pensare a una disciplina che non abbia un controllo. Il corporativismo supera il socialismo e supera il liberalismo, crea una nuova sintesi.» Ver Benito Mussolini, *Opera omnia di Benito Mussolini*, vol. 26 (Florença: La Fenice, 1958), p. 95.

163 Pinto, *Nature of Fascism Revisited*, p. xii.

164 Matteo Paetti, «Neither Bluff nor Revolution: The Corporations and the Consolidation of the Fascist Regime (1925–1926)», in *In the Society of Fascists: Acclamation, Acquiescence, and Agency in Mussolini's Italy*, org. Giulia Albanese e Roberta Pergher (Basingstoke: Palgrave Macmillan, 2012); Alessio Gagliardi, *Il corporativismo fascista* (Roma: Laterza, 2010). Sobre o corporativismo fascista, ver também Philip Morgan, «Corporatism and the Economic Order», in *The Oxford Handbook of Fascism*, org. R. J. B. Bosworth (Oxford: Oxford University Press, 2019), pp. 150–65.

165 António Costa Pinto, «Fascism, Corporatism and the Crafting of Authoritarian Institutions in Interwar European Dictatorships», in *Rethinking Fascism and Dictatorship in Europe*, org. António Costa Pinto e Aristotle Kallis (Basingstoke, Reino Unido: Palgrave Macmillan, 2014), p. 87.

166 Ver «En un mitin, en Cáceres, el señor Primo de Rivera afirma Falange Española quiere que haya justicia social y nación», *La Nación* (Madrid), 5 de fevereiro de 1934, p. 2; Carlo Costamagna, «Teoría general del Estado corporativo», *Acción Española*, 16 de maio de 1933, p. 468.

167 Ver *AGN*, Archivo Agustín P. Justo. Caja 49 doc. 166. Ver também as seguintes obras de Gustavo Barroso: «Capitalismo, Propriedade e Burguesia», in *O que o Integralista Deve Saber* (Rio de Janeiro: Civilização Brasileira, 1935); *O Espírito do Século XX* (Rio de Janeiro: Civilização Brasileira, 1936).

168 Leopoldo Lugones, *El Estado equitativo (Ensayo sobre la realidad Argentina)* (Buenos Aires: La Editora Argentina, 1932), p. 11.

169 Leopoldo Lugones, *Política revolucionaria* (Buenos Aires: Anaconda, 1931), pp. 52, 53, 65–66; Lugones, *El Estado equitativo*, pp. 9, 11.

170 J. Hurtado de Zaldivar, «El Décimo tercero aniversario de la fundación de los Fascios», *Acción Española*, 1 de abril de 1932, p. 177; Villegas, *No hay enemigos a la derecha*, pp. 97, 107, 109.

171 Israel Gershoni e James Jankowski, *Confronting Fascism in Egypt: Dictatorship versus Democracy in the 1930s* (Stanford, CA: Stanford University Press, 2009), p. 251.

172 José Vasconcelos, «Otro fantasma», *Timón*, 4 de maio de 1940; José Vasconcelos, «La inteligencia se impone», *Timón*, 8 de junho de 1940, ambos in Itzhak M. Bar-Lewaw, org., La Revista *«Timón»* y José Vasconcelos (México: Edimex, 1971), pp. 138, 152–54.

173 Matteo Pasetti, «Il progetto corporativo della società senza classi e le tendenze populiste dell'ideologia fascista» (dissertação apresentada na XIII Conferência da Asociacion de Historia Contemporanea, Universidade de Castilla-La Mancha, Albacete, setembro 2016); Griffin, *Nature of Fascism*, pp. 41, 42, 32, 124, 178.

174 Ver Peter Wien, «Arabs and Fascism: Empirical and Theoretical Perspectives», *Die Welt des Islams* 52 (2012): p. 345; Hofmann, *Fascist Effect*, pp. 39, 74.

175 Dan Stone, *Histories of the Holocaust* (Oxford: Oxford University Press, 2010), p. 264; Michael Wildt, *Hitler's Volksgemeinschaft and the Dynamics of Racial Exclusion* (Nova Iorque: Berghahn, 2012); Aristotle Kallis, *Genocide and Fascism: The Eliminationist Drive in Fascist Europe* (Londres: Routledge, 2008), p. 312.

176 Dylan Riley, *The Civic Foundations of Fascism in Europe: Italy, Spain, and Romania 1870–1945* (Baltimore: Johns Hopkins University Press, 2010), p. 5.

177 Ernesto Laclau, *Politics and Ideology in Marxist Theory: Capitalism Fascism—Populism* (1977; reimpr. Londres: Verso, 2011), pp. 111, 142, 153; Slavoj Žižek, «Against the Populist Temptation», *Critical Inquiry* 32, n.º 2 (2006): pp. 556–59, 567.

178 Steven Levitsky e Lucan Way, *Competitive Authoritarianism: Hybrid Regimes after the Cold War* (Nova Iorque: Cambridge University Press, 2010); Andreas Schedler, *The Politics of Uncertainty: Sustaining and Subverting Electoral Authoritarianism* (Oxford: Oxford University Press, 2013).

179 Ver Finchelstein, *Origins of the Dirty War*, p. 28. Sobre o fascismo e a ditadura, ver também Paul Corner, «Italian Fascism: Whatever Happened to Dictatorship?», *Journal of Modern History* 74, n.º 2 (2002): pp. 325–51.

180 Agradeço a Andrew Arato a partilha de ideias sobre este assunto.

181 Esta primeira forma de pós-fascismo latino-americano antecipa os casos europeus da Frente Nacional em França e do Movimento Social Italiano e Alleanza Nazionale na Itália, que mais tarde passaram de grupos neofascistas a formações pós-fascistas mais claramente populistas. Para os debates europeus sobre o pós-fascismo, ver Roger Griffin, «The "Post-fascism" of the Alleanza Nazionale: A Case Study in Ideological Morphology», *Journal of Political Ideologies* 1, n.º 2 (1996): pp. 123–45; Tamir Bar-On, *Where Have All the Fascists Gone?* (Aldershot: Ashgate, 2007), p. 137; Gian Enrico Rusconi, *Resistenza e postfascismo* (Bologna: Il Mulino, 1995); Michael Löwy e Francis Sitel, «Le Front national dans une perspective européenne», *Contretemps* (17 de outubro de 2016), www.contretemps.eu/fn-europe-fascisme/. Enzo Traverso, *Las nuevas caras de la derecha* (Buenos Aires: Siglo Veintiuno, 2018).

2. O que é o Populismo na História?

182 Pierre Rosanvallon, *La Contrademocracia. La política en la era de la Desconfianza* (Buenos Aires: Manantial, 2007), pp. 260–61.

183 Para uma análise destas questões, ver Raanan Rein, «From Juan Perón to Hugo Chávez and Back: Populism Reconsidered», in *Shifting Frontiers of Citizenship*, org. Mario Sznajder, Luis Roniger e Carlos Forment (Boston: Brill, 2012); Carlos de la Torre, *Populist Seduction in Latin America* (Athens: Ohio University Press, 2010); e os ensaios in Carlos de la Torre, org. *The Promise and Perils of Populism: Global Perspectives* (Lexington: University Press of Kentucky, 2015). Ver também os meus livros: *Transatlantic Fascism* (Durham, NC: Duke University Press, 2010); e *The Ideological Origins of the Dirty War: Fascism, Populism,*

and Dictatorship in Twentieth Century Argentina (Oxford: Oxford University Press, 2014).

184 Sobre este tópico ver Federico Finchelstein e Fabián Bosoer, «Is Fascism Returning to Europe?», *New York Times*, 18 de dezembro de 2013.

185 Ver Benjamin Moffitt, *The Global Rise of Populism: Performance, Political Style, and Representation* (Stanford, CA: Stanford University Press, 2016); Benjamin Moffitt, «Contemporary Populism and "The People" in the Asia-Pacific Region: Thaksin Shinawatra e Pauline Hanson», in de la Torre, *Promise and Perils of Populism*; Danielle Resnick, «Varieties of African Populism in Comparative Perspective», in de la Torre, *Promise and Perils of Populism*.

186 Este capítulo desenvolve a minha investigação histórica do populismo. Para a minha obra recente sobre o populismo, ver sobretudo o Capítulo 4 do meu livro *The Ideological Origins of the Dirty War*. Os historiadores que considero importantes exceções na sua abordagem ao populismo são Loris Zanatta, Raanan Rein, Alberto Spektorowski e Alan Knight. Ver Loris Zanatta, *El Populismo* (Buenos Aires: Katz Editores, 2014); Raanan Rein, «From Juan Perón to Hugo Chávez and Back: Populism Reconsidered», in *Shifting Frontiers of Citizenship*, org. Mario Sznajder, Luis Roniger e Carlos Forment; Alberto Spektorowski, *The Origins of Argentina's Revolution of the Right* (Notre Dame, IN: University of Notre Dame Press, 2003); Alan Knight, «Populism and Neo-Populism in Latin America, Especially Mexico», *Journal of Latin American Studies* 30, n.º 2 (1998): p. 240.

187 Ver o texto clássico de Isaiah Berlin, «Russian Populism», *Encounter* 15, n.º 1 (1960): pp. 13–28. Ver também Berlin, *The Power of Ideas* (Princeton, NJ: Princeton University Press, 2013), pp. 127–29. Sobre o populismo russo, ver também Franco Venturi, *Roots of Revolution: A History of the Populist and Socialist Movements in Nineteenth Century Russia* (Nova Iorque: Knopf, 1966). Para os Estados Unidos, ver Michael Kazin, *The Populist Persuasion* (Ithaca, NY: Cornell University Press, 1995); e Ritchie Savage, «A Comparison of "New Institutionalized" Populism in Venezuela and the USA», *Constellations* 21, n.º 4 (2014).

188 Isaiah Berlin, «To Define Populism», *Government and Opposition* 3, n.º 2 (1968): p. 175. Ver também Gino Germani, *Política y sociedad en una época de transición: De la sociedad tradicional a la sociedad de masas* (Buenos Aires: Paidós, 1962); Torcuato S. Di Tella, «Populismo y Reforma en América Latina», *Desarrollo Económico* 4, n.º 16 (1965):

pp. 391–425; Gino Germani, *Torcuato Di Tella e Octavio Ianni, Populismo y contradicciones de clase en Latinoamérica* (México: Ediciones Era, 1973).

189 Berlin, «To Define Populism», pp. 174, 177.

190 Ver Zeev Sternhell, *The Anti-enlightenment Tradition*, trad. David Meisel (New Haven, CT: Yale University Press, 2009); Sandra McGee Deutsch, *Las Derechas. The Extreme Right in Argentina, Brazil, and Chile 1890–1939* (Stanford, CA: Stanford University Press, 1999); Guy Hermet, *Les populismes dans le monde: Une histoire sociologique, XIXe-XXe siècle* (Paris: Fayard, 2001), pp. 167–204.

191 Sobre o peronismo e o fascismo, ver Paul H. Lewis, «Was Perón a Fascist? An Inquiry into the Nature of Fascism», *Journal of Politics* 42, n.º 1 (1980): pp. 242–56; Cristián Buchrucker, *Nacionalismo y Peronismo* (Buenos Aires: Sudamericana, 1987); Alberto Spektorowski, *Argentina's Revolution of the Right*.

192 Sobre Wast, ver David Rock, *Authoritarian Argentina: The Nationalist Movement, Its History and Its Impact* (Berkeley: University of California Press), p. 137; Loris Zanatta, *Perón y el mito de la nación católica: Iglesia y Ejército en los orígenes del peronismo, 1943–1946* (Buenos Aires: Sudamericana, 1999), pp. 104–15.

193 Ver James W. McGuire, *Peronism without Perón: Unions, Parties, and Democracy in Argentina* (Stanford, CA: Stanford University Press, 1997), p. 52.

194 Robert Potash, «Las fuerzas armadas y la era de Perón», in *Los años peronistas (1943–1955)*, org. Juan Carlos Torre (Buenos Aires: Sudamericana, 2002), pp. 92–94. Sobre este tópico, ver também Leonardo Senkman, «Etnicidad e inmigración durante el primer peronismo», *E.I.A.L.* 3, n.º 2 (1992).

195 Ver Juan Carlos Torre, introdução a *Los años peronistas (1943–1955)*, org. Juan Carlos Torre (Buenos Aires: Sudamericana, 2002).

196 Ver Raanan Rein, *In the Shadow of Perón* (Stanford, CA: Stanford University Press, 2008), p. 2. Sobre o peronismo, ver também Juan Carlos Torre, «Interpretando (una vez más) los orígenes del peronismo», *Desarrollo Económico* 28, n.º 112 (1989): pp. 525–48; Juan Carlos Torre, org., *Los años peronistas*; Miguel Murmis e Juan Carlos Portantiero, *Estudios sobre los orígenes del peronismo* (Buenos Aires: Siglo Veintiuno Editores, 1971); Tulio Halperín Donghi, *La larga agonía de la Argentina peronista* (Buenos Aires: Ariel, 1994); Matthew Karush e Oscar Chamosa,

org., *The New Cultural History of Peronism* (Durham, NC: Duke University Press, 2010); Loris Zanatta, *Breve historia del peronismo clásico* (Buenos Aires: Sudamericana, 2009).

197 Ver Eric Hobsbwam, *The Age of Extremes: The Short Twentieth Century 1914–91* (Londres: Michael Joseph, 1994).

198 Novas formas de populismo surgiram tardiamente no México nos princípios deste século desde o fim do regime de partido único. O exemplo mais importante é Andrés Manuel López Obrador. Ver Carlos Illades, «La izquierda populista mexicana», *Nexos*, 1 de setembro de 2016. www.nexos.com.mx/?p=29483#ftn5. López Obrador também tem sido atacado por um antipopulismo que opunha sintomaticamente o populismo ao *statu quo* liberal mexicano como as únicas duas opções disponíveis na política mexicana. Ver Enrique Krauze, «López Obrador, el mesías tropical», *Letras Libres*, 30 de junho de 2006.

199 Ver Steve Stein, «The Paths to Populism in Peru» in *Populism in Latin America*, org. Michael L. Conniff, 2.ª ed. (Tuscaloosa: University of Alabama Press, 1999), pp. 97–116; Carlos de la Torre, *Populist Seduction*, p. 15; Steve Stein, *Populism in Peru* (Madison: University of Wisconsin Press, 1980); Martin Bergel, «Populismo y cultura impresa: La clandestinidad literaria en los años de formación del Partido Aprista Peruano», *Ipotesi* I 17, n.º 2 (2013), pp. 135–46; Víctor Raúl Haya de la Torre, *Obras Escogidas* (Lima: Comisión del Centenario del Nacimiento de Víctor Raúl Haya de la Torre, 1995), 2: pp. 77, 92, 131.

200 Sobre o bonapartismo, ver, por exemplo, Domenico Losurdo, *Democrazia o bonapartismo: Trionfo e decadenza del suffragio universale* (Turim: Bollati Boringhieri, 1993). Sobre a relação entre o protopopulismo e o antissemitismo, ver a obra importante de Michele Battini, *Socialism of Fools: Capitalism and Modern Anti-Semitism* (Nova Iorque: Columbia University Press, 2016).

201 Ver Thomas Skidmore, «Las dimensiones económicas del populismo en Argentina y Brasil» in *La democratización fundamental. El populismo en América Latina*, org. Carlos M. Vilas (México: Consejo Nacional para la Cultura y las Artes, 1994), pp. 245, 257; Thomas Skidmore, *Politics in Brazil* (Nova Iorque: Oxford University Press, 1967), pp. 74, 75, 132, 133; Francisco Weffort, «El populismo en la política brasileña» in *Populismo y Neopopulismo en América Latina: El problema de la cenicienta*, org. Maria M. Mackinnon e Mario A. Petrone (Buenos Aires: Eudeba, 1998), pp. 136–43.

202 Paradoxalmente, a ditadura do general Gustavo Rojas Pinilla (1953–57) inspirou-se profundamente na ascensão ao poder do próprio Perón a partir de origens ditatoriais para candidato eleito em eleições livres. Rojas queria criar o seu próprio partido de «terceira via» mobilizando trabalhadores, burocratas e até antigos seguidores de Gaitán, mas deparou-se com a oposição de dois partidos tradicionais (Liberal e Conservador) e de um crescente movimento estudantil, que ele antagonizou através da repressão. Depois de não conseguir realizar os seus planos de transformar a sua ditadura numa democracia populista, Rojas regressou à política, então talvez de um modo mais varguista e brasileiro, com o partido ANAPO, tentando novamente atrair cidadãos que não se sentiam representados pelos dois partidos tradicionais. Ele candidatou-se à presidência em 1962. Candidatou-se novamente em 1970, perdendo numas eleições muito contestadas. Ver César Augusto Ayala Diago, *Resistencia y oposición al establecimiento del Frente Nacional: los orígenes de la Alianza Nacional Popular, ANAPO: Colombia, 1953–1964* (Bogotá: Universidad Nacional de Colombia, 1996); Herbert Braun, *The Assassination of Gaitán: Public Life and Urban Violence in Colombia* (Madison: University of Wisconsin Press, 1985), pp. 37, 57, 92, 108–9, 121; Daniel Pécaut, «El populismo Gaitanista», in *La Democratización Fundamental: El populismo en América Latina*, org. Carlos M. Vilas (México: Consejo Nacional para la Cultura y las Artes, 1995), pp. 501, 505, 515; John W. Green, *Gaitanismo, Left Liberalism, and Popular Mobilization in Colombia* (Gainesville: University Press of Florida, 2003); Enrique Peruzzotti, «Populismo y representación democrática», in *El retorno del pueblo: El populismo y nuevas democracias en América Latina*, org. Carlos de la Torre e Enrique Peruzzotti (Quito: Flacso, 2008), pp. 97–125.

203 Ver De la Torre, *Populist Seduction*, 28–79. Sobre o peronismo e Ibarra, ver Loris Zanatta, *La internacional justicialista: Auge y ocaso de los sueños imperiales de Perón* (Buenos Aires: Editorial Sudamericana, 2013), pp. 44, 295, 346. Sobre Gaitán e o peronismo, ver Zanatta, *La internacional justicialista*, pp. 156, 161.

204 Tulio Halperin Donghi, *Historia contemporánea de América Latina* (Buenos Aires: Alianza, 1994), p. 485.

205 Ver Laura Gotkowitz, *Revolution for Our Rights: Indigenous Struggles for Land and Justice in Bolivia, 1880–1952* (Durham, NC: Duke University Press, 2007), p. 287, mas também pp. 15, 164–66, 172–73, 289; Víctor Paz Estenssoro, *Pensamiento Político de Paz Estenssoro:*

Compilación, org. Ramiro Antelo León (La Paz, Bolívia: Plural Editores, 2003), p. 107. Ver também Loris Zanatta, «The Rise and Fall of the Third Position: Bolivia, Perón and the Cold War, 1943–1954», *Desarrollo Económico* 1 (2006): pp. 76–84; Zanatta, *La internacional justicialista*, pp. 30–32; Donghi, *Historia contemporánea de América Latina*, pp. 440–44; 502–6, Herbert Klein, *Bolivia: The Evolution of a Multi-ethnic Society* (Nova Iorque: Oxford University Press, 1982), pp. 219–20, 225–26, 244–45; Christopher Mitchell, *The Legacy of Populism in Bolivia, From the MNR to Military Rule* (Nova Iorque: Praeger, I977).

206 Como o peronismo, a Acción Democrática também foi derrubada por uma ditadura militar antipopulista. Quando regressou ao poder em 1959–69, aproximou-se mais da direita, mas sempre de um modo antiditatorial. Na verdade, Rómulo Betancourt era um crítico feroz das ditaduras militares da região. Para Frédérique Langue, o populismo de Betancourt foi muito mais moderado do que outros exemplos clássicos, sobretudo o peronismo. Frédérique Langue, «Rómulo Betancourt: Liderazgo democrático versus personalismo en tiempos de celebraciones», *Araucaria: Revista Iberoamericana de Filosofía, Política y Humanidades* 21 (2009), pp. 226–38. Sobre Betancourt e a Acción Democrática, ver também Steven Ellner, «El Populismo em Venezuela, 1935–1948: Betancourt y Acción Democrática», in *La Democratización Fundamental*, org. Carlos M. Vilas, pp. 419–34; Manuel Caballero, *Rómulo Betancourt, político de nación* (Caracas: Alfadil-FCE, 2004).

207 Ver a minha extensa análise destes tópicos nos meus livros *Transatlantic Fascism* e *The Ideological Origins of the Dirty War*.

208 Ver Étienne Balibar, *We, the People of Europe? Reflections on Transnational Citizenship* (Princeton, NJ: Princeton University Press, 2004), p. 2.

209 Knight afirma que «Há também uma tendência tautológica para imputar o populismo (ou qualquer outra coisa) à "crise", como se a "crise" fosse uma causa discernível, quando, na verdade, é muitas vezes uma descrição abrangente de um conjunto de fenómenos que tem de ser desagregado. A desagregação às vezes acaba por revelar que não foi a "crise" que gerou o populismo (ou a mobilização, a revolta, etc.), mas sim o populismo (ou a mobilização, a revolta, etc.) que gerou a crise» («Populism and Neo-populism», p. 233). Para uma crítica das noções «historicistas» estáticas do populismo, ver também Francisco Panizza, introdução de *Populism and the Mirror of Democracy*, org. Francisco Panizza (Londres: Verso, 2005), p. 3.

210 Knight, «Populism and Neo-Populism», p. 233.

211 *Ibid.*, p. 237.

212 Em menor grau, alguns estudiosos do populismo latino-americano minimizam a importância do populismo europeu.

213 Comentários de Isaiah Berlin na conferência *To Define Populism* na London School of Economics, maio de 1967, Isaiah Berlin Virtual Library, pp. 5–6, acedida a 14 de outubro de 2014, http://berlin.wolf.ox.ac.uk/lists/bibliography/bib111bLSE.pdf. As comunicações da conferência foram publicadas no influente livro de Ghita Ionescu e Ernest Gellner, org., *Populism: Its Meaning and National Characteristics* (Londres: Weidenfeld and Nicolson, 1969). Sobre este debate, ver também Maria M. Mackinnon e Mario A. Petrone, org., *Populismo y Neopopulismo en América Latina* (Buenos Aires: Eudeba, 1998).

214 Ver Margaret Canovan, *The People* (Cambridge: Polity, 2005); Pierre Rosanvallon, *Democracy Past and Future* (Nova Iorque: Columbia University Press, 2006).

215 Ver Rosanvallon, *La Contrademocracia*, p. 257.

216 Ver Rosanvallon, *La Contrademocracia*, p. 257; Margaret Canovan, *Populism* (Londres: Junction, 1981), pp. 12, 13, 15, 148, 169, 229–30, 294, 298. Para Canovan, o peronismo foi uma «ditadura populista». Mais recentemente, ela comentou: «Fora da Europa, líderes populistas mais ou menos ditatoriais têm sido particularmente comuns na América Latina» (Canovan, *People*, p. 71). Ela refere Juan e Eva Perón e Hugo Chávez como exemplos. Ver também os seus ensaios «Trust the People! Populism and the Two Faces of Democracy», *Political Studies* 67, n.º 3 (1999): pp. 2–16; e «Populism for Political Theorists?», *Journal of Political Ideologies* 9, n.º 3 (2004): pp. 241–52.

217 Ver Rosanvallon, *La Contrademocracia*, pp. 262, 263, 264.

218 Para eles, «Devido à sua reduzida morfologia, o populismo aparece necessariamente ligado a outros conceitos ou famílias ideológicas, que normalmente são muito mais relevantes do que o populismo em si» (Cas Mudde e Cristóbal Rovira Kaltwasser, «Populism», in *The Oxford Handbook of Political Ideologies*, org. Michael Freeden e Marc Stears [Nova Iorque: Oxford University Press, 2013], pp. 508–9). Ver também Cas Mudde e Cristóbal Rovira Kaltwasser, *Populism: A Very Short Introduction* (Oxford: Oxford University Press, 2017), pp. 5–6; Cristóbal Rovira Kaltwasser, «The Ambivalence of Populism: Threat and Corrective for Democracy», *Democratization* 19, n.º 2 (2012); Cas Mudde,

On Extremism and Democracy in Europe (Londres: Routledge, 2016); Matthijs Rooduijn, «The Nucleus of Populism: In Search of the Lowest Common Denominator», *Government and Opposition* 49, n.º 4 (2014); Pierre-André Taguieff, «Le Populisme et la science politique du mirage conceptuel aux vrais problèmes», *Vingtième Siècle: Revue d'histoire* 56, n.º 1 (1997): pp. 4–33. Uma versão aumentada e atualizada do artigo de Taguieff encontra-se no seu livro *L'Illusion populiste: De l'archaïque au médiatique* (Paris: Berg, 2002).

219 De la Torre afirma: «Os populistas não veem os cidadãos como um conjunto com várias opiniões que delibera na esfera pública.» Mas também acrescenta: «No entanto, os populistas não são totalmente autoritários porque as suas políticas redistribuem recursos e podem dar mais poder aos pobres.» («The People, Democracy, and Authoritarianism in Rafael Correa's Ecuador», *Constellations* 21, n.º 4 [2014], p. 463).

220 Carlos de la Torre, «Populism and the Politics of the Extraordinary in Latin America», *Journal of Political Ideologies* 21, n.º 2 (2016): p. 131.

221 Ver Carlos de la Torre, «The Contested Meanings of Populist Revolutions in Latin America», in *Transformations of Populism in Europe and the Americas: History and Recent Tendencies*, org. John Abromeit, Bridget Maria Chesterton, Gary Marotta e York Norman (Londres: Bloomsbury, 2016), p. 332.

222 De la Torre explica:

> A emancipação dos povos indígenas manifesta-se em mudanças simbólicas na paisagem política boliviana. Os rituais indígenas são executados no palácio presidencial, anteriormente um centro do poder dos brancos. A inclusão cultural e simbólica dos povos indígenas é acompanhada de conceitos populistas dos rivais como inimigos. O espectro autoritário manifesta-se em pequenas comunidades e a nível nacional. Por exemplo, depois de conhecer os resultados das eleições presidenciais de 2005 na pequena aldeia de Quilacollo, um líder indígena afirmou: «na nossa comunidade houve um voto para Tuto Quiroga (o adversário de Morales nas eleições), nós vamos investigar quem foi porque não podemos tolerar traições dos nossos próprios camaradas». Esta visão não-democrática dos opositores como inimigos caracteriza os discursos e visões do mundo do presidente e do vice-presidente («Contested Meanings», p. 338).

Ver também Fernando Mayorga, «Movimientos Sociales y Participación Política en Bolivia», in *Ciudadanía y Legitimidad Democrática em América Latina*, org. Isidoro Cheresky (Buenos Aires: Prometeo, 2011).

223 Ver Jan-Werner Müller, «Getting a Grip on Populism», *Dissent*, 23 de setembro de 2011, acedido a 14 de outubro de 2014, www.dissentmagazine.org/blog/getting-a-grip-on-populism.

224 Ver Paul Taggart, *Populism* (Buckingham: Open University Press, 2000); Paul Taggart, «Populism and the Pathologies of Representative Politics», in *Democracies and the Populist Challenge*, org. Yves Meny e Yves Surel (Oxford: Palgrave, 2002); Benjamin Arditi, *La politica en los bordes del liberalismo: diferencia, populismo, revolución, emancipación*, 2.ª ed. aumentada. (Buenos Aires: Gedisa, 2014).

225 Jan-Werner Müller, «Populists and Technocrats in Europe's Fragmented Democracies», *World Politics Review*, 31 de março de 2016, www.worldpoliticsreview.com/articles/18928/populists-and-technocrats-in-europe-s-fragmented-democracies. Ver também Müller, *What Is Populism?* (Filadélfia: University of Pennsylvania Press, 2016), p. 102.

226 Ver Slavoj Žižek, «Against the Populist Temptation», Critical Inquiry 32, n.º 2 (2006): pp. 551–74. Ver também Žižek, «Una aclaración com respecto al populismo», *Público*, 27 de abril de 2015, http://blogs.publico.es/otrasmiradas/4501/una-aclaracion-con-respecto-al-populismo/. Para a história concetual do totalitarismo, ver Enzo Traverso, *El totalitarismo: Historia de un debate* (Buenos Aires: Eudeba, 2001); e Simona Forti, *Il totalitarismo* (Roma-Bari: Laterza, 2005).

227 Para exemplos dessa confusão, ver *La révanche du nationalisme: Néo-populistes et xénophobes à l'assaut de l'Europe* (Paris: PUF, 2015), do estudioso genérico Pierre-André Taguieff. Ver também Andreas Pantazopoulos, «The National-Populist Illusion as a "Pathology" of Politics: The Greek Case and Beyond», *Telos Scope*, 25 de março de 2016, www.telospress.com/the-national-populist-illusion-as-a-pathology-of-politics-the-greek-case-and-beyond/; Pierre-André Taguieff, «The Revolt against the Elites, or the New Populist Wave: An Interview», *Telos Scope*, 25 de junho de 2016, www.telospress.com/the-revolt-against-the-elites-or-the-new-populist-wave-an-interview/#notes.

228 Alexandros Kioupkiolis, «Podemos: The Ambiguous Promises of Left-Wing Populism in Contemporary Spain», *Journal of Political Ideologies* 21, n.º 2 (2016); Luis Ramiro e Raul Gómez, «Radical-Left Populism during the Great Recession: Podemos and Its Competition

with the Established Radical Left», *Political Studies* (junho 2016); Nicolás Damín, «Populismo entre Argentina y Europa: Sobre la transnacionalización de un concepto», *Revista Cuestiones de Sociología* 4, n.º 2 (2015): p. 61; Iñigo Errejón Galván, «También en Europa: posibilidades populistas en la política europea y Española», *Viento Sur* 115, n.º 3 (2011): pp. 105, 109, 111, 113; Pablo Iglesias, *Una nueva transición* (Madrid: Akal, 2015); Jesús Jaén «Un debate con el populismo», *Viento Sur*, 14 de julho (2015), http://vientosur.info/spip.php?article10293; Pablo Iglesias, «Guerra de trincheras y estrategia electoral», Público, 3 de maio de 2015, http://blogs.publico.es/pablo-iglesias/1025/guerra-de-trincheras-y-estrategia-electoral/.

229 Ver Giorgos Katsambekis, «Radical Left Populism in Contemporary Greece: Syriza's Trajectory from Minoritarian Opposition to Power», *Constellations* 23, n.º 3 (2016): pp. 391–403. Yannis Stavrakakis e Giorgos Katsambekis, «Left-Wing Populism in the European Periphery: The Case Of SYRIZA», *Journal of Political Ideologies* 19, n.º 2 (2014); pp. 119–42; Giorgos Katsambekis «"The People" and Political Opposition in Post-democracy: Reflections on the Hollowing of Democracy in Greece and Europe», in *The State We're In: Reflecting of Democracy's Troubles*, org. Joanna Cook, Nicholas J. Long e Henrietta L. Moore (Oxford: Berghahn, 2016): pp. 144–66.

230 Ver Antonio Gramsci, *Il Risorgimento* (Roma: Editori Riuniti, 1979): pp. 197–98.

231 Para uma análise do kirchnerismo, ver Beatriz Sarlo, *La audacia y el cálculo: Kirchner 2003–2010* (Buenos Aires: Sudamericana, 2011). Para o Movimento Cinco Estrelas, ver Roberto Biorcio e Paolo Natale, *Politica a 5 stelle: Idee, storia e strategie del movimento di Grillo* (Milão: Feltrinelli, 2013).

232 Para a ideia pró-populista da América, ver Javier Lorca, «"Hay que latinoamericanizar Europa": Entrevista a la politóloga Chantal Mouffe», *Página* 2, 21 de outubro de 2012.

233 Sobre Macri, ver Beatriz Sarlo, «Macri es un neopopulista de la felicidad», *La Nación*, 14 de outubro de 2016.

234 Ver Enzo Traverso, «La Fabrique de la haine xénophobie et racisme en Europe», *Contretemps* 9 (2011).

235 Ver Nadia Urbinati, «The Populist Phenomenon», *Raisons politiques* 51, n.º 3 (2013): pp. 137–54.

236 Urbinati alega que «Os fenómenos populistas e plebiscitários estão incluídos na diarquia democrática como um desejo de superar a distância

entre a vontade e a opinião e alcançar a unanimidade e homogeneidade, uma idealização que tem caracterizado as comunidades democráticas desde a Antiguidade» (*Democracy Disfigured: Opinion, Truth, and the People* [Cambridge: Harvard University Press, 2014], p. 27).

237 Ver Finchelstein, *Transatlantic Fascism*.

238 A história recente do populismo venezuelano é uma exceção evidente a esse padrão latino-americano.

239 Ernesto Laclau, *On Populist Reason* (Londres: Verso, 2005), sobretudo pp. 68–77, 110, 117–121, 154, 156, 224. Ver também Ernesto Laclau, «Populism: What's in a Name», in *Populism and the Mirror of Democracy*, org. Francisco Panizza (Londres: Verso, 2005), pp. 32–49.

240 Andrew Arato, *Post Sovereign Constitutional Making: Learning and Legitimacy* (Oxford: Oxford University Press, 2016), pp. 281–89; Urbinati, *Democracy Disfigured*.

241 Ver a excelente análise de Laclau por Nicolás Damín, in «Populismo entre Argentina y Europa», p. 56.

242 Ver Yannis Stavrakakis, «The Return of "the People"», *Constellations* 21, n.º 4 (2014).

243 Ver Jacques Rancière, «L'introuvable populisme», in *Qu'est-ce qu'un peuple?*, org. Alain Badiou, Pierre Bourdieu, Judith Butler, Georges Didi-Huberman, Sadri Khiari, Jacques Rancière (Paris: La Fabrique, 2013), p. 137. Ver também Marco D'Eramo, «Populism and the New Oligarchy», *New Left Review* 58 (2013): p. 8; Ezequiel Adamovsky, «¿De qué hablamos cuando hablamos de populismo?», *Revista Anfibia*, 19 de junho de 2015, www.revistaanfibia.com/ensayo/de-que-hablamos-cuando-hablamos-de-populismo-2/.

244 Ver Jacques Rancière, *Hatred of Democracy* (Londres: Verso, 2006), pp. 73, 79, 80.

245 Jean Comaroff, «Populism and Late Liberalism: A Special Affinity?», *Annals AAPSS*, 637 (2011): pp. 100, 101, 103.

246 Ver Étienne Balibar, «Our European Incapacity», *Open Democracy*, 16 de maio de 2011, www.opendemocracy.net/etienne-balibar/our-european-incapacity; Yannis Stavrakakis, «The Return of "the People"», pp. 512–14. Ver também, Étienne Balibar «Europe: l'impuissance des nations et la question "populiste"», *Actuel Marx* 2, n.º 54 (2013): pp. 2, 13–23. Para as reflexões de Balibar sobre Laclau, ver Étienne Balibar, *Equaliberty* (Durham: Duke University Press, 2014), pp. 187–95.

247 Cristóbal Rovira Kaltwasser, «The Ambivalence of Populism: Threat and Corrective for Democracy», *Democratization* 19, n.º 2 (2012): p. 185.

248 «Investigaciones empíricas revelan que la gran mayoría de los individuos tienen actitudes populistas que se encuentran en un estado de latencia, vale decir, están dormidas y solo son activadas frente a ciertas situaciones contextuales. En otras palabras, casi todos tenemos un "pequeño Hugo Chávez" al interior nuestro, pero éste se encuentra en un lugar oculto y, por lo tanto, no define nuestras preferencias políticas.» Ver Cristóbal Rovira Kaltwasser, «Explicando el populismo», *Agenda Pública*, 30 de maio de 2016, http://agendapublica.es/explicando-el-populismo/. Ver também Agnes Akkerman, Cas Mudde e Andrej Zaslove, «How Populist Are the People? Measuring Populist Attitudes in Voters», *Comparative Political Studies* 47, n.º 9 (2014). Sobre o populismo como patologia, ver Cas Mudde, «Populist Radical Right Parties in Europe Today», in *Transformations of Populism in Europe and the Americas: History and Recent Tendencies*, org. John Abromeit, Bridget Maria Chesterton, Gary Marotta e York Norman (Londres: Bloomsbury, 2016).

249 Cristóbal Rovira Kaltwasser sugere que os dados empíricos podiam ser usados juntamente com a «definição minimalista» do populismo de Cas Mudde, que ele considera «uma ideologia distinta que concebe a sociedade como separada em dois campos antagónicos: "o povo puro" contra "a elite corrupta"» («The Ambivalence of Populism: Threat and Corrective for Democracy», *Democratization* 19, n.º 2 [2012]: pp. 185, 192–96, 200). Ver também Kaltwasser, «Latin American Populism: Some Conceptual and Normative Lessons», *Constellations* 21, 4 (2014); e o seu «Explicando el populismo».

250 Para Mudde, como para muitos outros observadores, Trump era um fenómeno transitório da primeira fase das eleições primárias. Para ele, Trump estava mais em sintonia com o conservadorismo americano do que com o populismo. Embora achasse que o populismo estava a «sustentar algum do apoio» a Trump, Mudde insistia na necessidade de excluir Trump dos estudos do populismo. Ver Cas Mudde, «The Trump Phenomenon and the European Populist Radical Right», *Washington Post*, 26 de agosto de 2015, www.washingtonpost.com/blogs/monkey-cage/wp/2015/08/26/the-trump-phenomenon-and-the-european-populist-radical-right/; Cas Mudde, «The Power of Populism? Not really!», *Huffington Post*, 13 de fevereiro de 2016, www.huffingtonpost.com/entry/the-power-of-populism-not_b_9226736.

251 Ver Dominick LaCapra, *History in Transit: Experience, Identity, Critical Theory* (Ithaca, NY: Cornell University Press, 2004), p. 156.

252 Ver Carl Schmitt, *The Crisis of Parliamentary Democracy* (Cambridge, MA: MIT Press, 1994). Para uma crítica da leitura de Laclau e do seu uso de Schmitt, ver Arato, *Post Sovereign Constitution Making*, pp. 269–70, 281. Para um exemplo da recuperação por Laclau da teoria do mito político de Sorel em termos da construção da subjetividade política, ver Ernesto Laclau, *The Rhetorical Foundations of Society* (Nova Iorque: Verso, 2014).

253 Esta crítica não se aplica a muitos estudiosos que tratam da América Latina. Entre as mais sugestivas, gostaria de mencionar as importantes obras de Kurt Weyland, «Clarifying a Contested Concept: Populism in the Study of Latin American Politics», *Comparative Politics* 34, n.º 1 (2001): pp. 1–22; e Carlos de la Torre, *Populist Seduction in Latin America*.

254 Gino Germani, Authoritarianism, *Fascism and National Populism* (New Brunswick, NJ: Transaction Books, 1978).

255 *Ibid.*, p. vii.

256 Ver Tulio Halperín Donghi, *Testimonio de un observador participante: Medio siglo de estudios latinoamericanos en un mundo cambiante* (Buenos Aires: Prometeo, 2014), p. 23.

257 Tulio Halperín Donghi, «Del fascismo al peronismo», *Contorno* 7–8 (1958).

258 Finchelstein, *Origins of the Dirty War*, Capítulo 4.

259 Sobre o populismo e a delegação, ver Olivier Dabene, «Un pari néo-populiste au Vénézuéla», *Critique internationale* 4 (1999), p. 38. Sobre a democracia delegativa, ver o influente ensaio de Guillermo O'Donnell, «Delegative Democracy», *Journal of Democracy* 5, n.º 1 (1994): pp. 55–69.

260 Perón citado in Cristián Buchrucker, *Nacionalismo y Peronismo*, p. 325.

261 Finchelstein, *Origins of the Dirty War*, pp. 90–91.

262 Tulio Halperín Donghi, *Argentina en el callejón* (Buenos Aires: Ariel, 1995), p. 30.

263 *Ibid.*, p. 35.

264 Ver Ertug Tombus, «The Tragedy of the 2015 Turkish Elections», *Public Seminar*, 11 de novembro de 2015, www.publicseminar.org/2015/11/the-tragedy-of-the-2015-turkish-elections/#.V5oZqOgrLIU.

265 Benjamin Moffitt, *Global Rise of Populism*, pp. 63, 81–83, 148–149; Moffitt, «Contemporary Populism», pp. 293–311.

266 Hobsbwam, *Age of Extremes*, pp. 133, 135; Eric Hobsbwam, *How to Change the World: Marx and Marxism* (Londres: Little, 2011), pp. 270–71.

267 Como explica Michael Kazin em *The Populist Persuasion*, essa migração da retórica populista da esquerda para a direita ocorreu no contexto do início da Guerra Fria e do New Deal, mas também dos «sustos vermelhos» dos anos 50 e 60. Nesse contexto, a maioria dos brancos americanos «passou a ver-se como consumidores e contribuintes de classe média, contribuindo para o grande crescimento das igrejas evangélicas cujas tendências políticas eram tão conservadoras como a sua teologia» (p. 4). Kazin define o populismo como um «estilo de retórica política persistente mas mutável» (p. 5). Ele lembra que o populismo tinha raízes profundas no século XIX, quando era progressista, ao passo que na segunda metade do século XX tornou-se predominantemente conservadora. É evidente que a «definição» de populismo de Kazin é apresentada quase exclusivamente em termos da história americana. Mas existem muitas convergências no desenvolvimento histórico do populismo na América e noutros lugares. Ver também Kazin, «Trump and American Populism», *Foreign Affairs*, 6 de outubro de 2016, www.foreignaffairs.com/articles/united-states/2016-10-06/trump-and-american-populism; e as análises recentes e bastante perspicazes de Charles Postel, Gary Marotta e Ronald Formisano, in *Transformations of Populism in Europe and the Americas*, org. John Abromeit, Bridget Maria Chesterton, Gary Marotta e York Norman. Ver também Charles Postel, *The Populist Vision* (Nova Iorque: Oxford University Press, 2008), onde ele defende a tese do populismo como um fenómeno exclusivamente de esquerda.

268 Relativamente a Perot, Ronald Formisano escreve: «Embora Perot fosse um antigo conservador republicano cuja carreira beneficiara com as suas ligações políticas, ele atraiu sobretudo independentes ou pessoas mal identificadas com os partidos e motivadas pela frustração e indignação com os políticos profissionais e fartas da "política do costume". Perot atraiu muitos americanos de classe média e baixa que se sentiram excluídos da «sorte grande» que Reagan ofereceu aos milionários nos anos 80, e ameaçados pelas políticas (bipartidárias) de redução de empregos das grandes empresas e das elites, como as da NAFTA. Antes de catalogar Perot como um populista conservador e reacionário, os historiadores deviam olhar primeiro para a pluralidade dos seus apoios e para algumas das reformas progressistas defendidas por muitos dos seus apoiantes.»

(«Populist Movements in U.S. History: Progressive and Reactionary», in *Transformations of Populism in Europe and the Americas*, org. John Abromeit, Bridget Maria Chesterton, Gary Marotta e York Norman, p. 144).

269 Ronald Formisano, «Populist Movements», p. 145. Ver também o seu livro *The Tea Party: A Brief History* (Baltimore: Johns Hopkins University Press, 2012); e Vanessa Williamson, Theda Skocpol e John Coggin, «The Tea Party and the Remaking of Republican Conservatism», *Perspectives on Politics* 9, n.º 1 (2011): pp. 33, 34, 35.

270 Virginia Hale, «Le Pen: Trump's Win "Victory of the People Against the Elites"», *Breitbart*, 13 de novembro de 2016, www.breitbart.com/london/2016/1w1/13/le-pen-trumps-win-victory-people-elites/; Ver também Fernando Scolnik, «La particular visión de Cristina Kirchner sobre el triunfo de Donald Trump», *La Izquierda Diario*, 11 de novembro, 2016. «Far-Right Hopeful: French Election "Choice of Civilization"», *Breitbart*, 5 de fevereiro de 2017, www.breitbart.com/news/far-right-hopeful-french-election-choice-of-civilization/. Ver também Thomas D. Williams, «Italian Leftist Media in Meltdown Over Trump's Populist Victory», *Breitbart*, 9 de novembro de 2016, www.breitbart.com/london/2016/11/09/italian-leftist-media-meltdown-trumps-populist-victory/; Chris Tomlinson, «European Populist Candidates to Benefit from "Trump Effect"», *Breitbart*, 9 de novembro de 2016, www.breitbart.com/london/2016/11/09/european-populist-candidates-benefit-trump-effect/; Donna Rachel Edmunds, «Emboldened by Trump's Success, Italian Populist Parties Circle Prime Minister Renzi», *Breitbart*, 10 de novembro de 2016, www.breitbart.com/london/2016/11/10/emboldened-trumps-success-italian-populist-parties-circle-prime-minister-renzi/.

271 Ver António Costa Pinto, «Donald Trump, com e sem populismo», *Público*. 3 de setembro de 2016.

272 Andreas Kalyvas e Ira Katznelson, *Liberal Beginnings: Making a Republic for the Moderns* (Cambridge: Cambridge University Press, 2008), pp. 4–5, 14, 16, 93, 96, 98–99.

273 Andreas Kalyvas, «Popular Sovereignty, Democracy, and the Constituent Power», *Constellations* 12, n.º 2 (2005): p. 224. Como lembra Kalyvas, posições semelhantes sobre o potencial não-democrático da soberania foram adotadas por autores tão diversos como Hans Kelsen e Michel Foucault.

274 Jason Frank, *Constituent Moments: Enacting the People in Postrevolutionary America* (Durham, NC: Duke University Press, 2010), p. 5.

275 Pierre Bourdieu, «You said "popular"?», in *What Is a People?*, org. Alain Badiou, Pierre Bourdieu, Judith Butler, *et al.* (Nova Iorque: Columbia University Press, 2016), pp. 32–48.

276 Sobre este tópico, ver Alain Badiou, «Twenty-Four Notes on the Uses of the Word "People"», in *What Is a People?*, org. Alain Badiou, Pierre Bourdieu, Judith Butler, pp. 21–22.

277 Federico Finchelstein e Pablo Piccato, «Donald Trump May Be Showing Us the Future of Right-Wing Politics», *Washington Post*, 27 de fevereiro de 2016.

278 Ver «Desde los balcones de la Casa de gobierno despidiéndose de los trabajadores concentrados en la Plaza de Mayo: Octubre 17 de 1945», in Coronel Juan Perón, *El pueblo ya sabe de qué se trata: Discursos* (Buenos Aires: 1946), p. 186. Ver também Dirk Moses, Federico Finchelstein e Pablo Piccato, «Juan Perón Shows How Trump Could Destroy Our Democracy without Tearing It Down», *Washington Post*, 22 de março de 2017.

279 Ver Tomás Eloy Martínez, *Las vidas del General* (Buenos Aires: Aguilar, 2004), p. 2.

280 Hans Vorländer, «The Good, the Bad, and the Ugly: Über das Verhältnis von Populismus und Demokratie — Eine Skizze», *Totalitarismus und Demokratie* 8, n.º 2 (2011), pp. 187–194.

281 Ver Fabián Bosoer e Federico Finchelstein, «Populism and Neoliberalism: The Dark Sides of the Moon», *Queries* 3 (2014), acedido a 14 de outubro de 2014, www.queries-feps.eu/populism-and-neoliberalism-the--dark-sides-of-the-moon/. Ver também Fabián Bosoer e Federico Finchelstein, «Russia Today, Argentina Tomorrow», *New York Times*, 21 de outubro de 2014. Sobre o populismo e a tecnocracia, ver Christopher Bickerton e Carlo Invernizzi Accetti, «Populism and Technocracy: Opposites or Complements?», *Critical Review of International Social and Political Philosophy* 20, n.º 2 (2017): pp. 182–206; Müller, *What Is Populism?*, pp. 93–99. Para a América Latina, ver Carlos de la Torre, «Technocratic Populism in Ecuador», *Journal of Democracy* 24, n.º 3 (2013): pp. 33–46. Sobre o conceito de elites e o populismo atual, ver Hugo Drochon, «Between the Lions and the Foxes», *New Statesman*, 13–19 de janeiro de 2017.

282 Ver Nancy Postero, «El Pueblo Boliviano, de Composición Plural: A Look at Plurinationalism in Bolivia», in de la Torre, *Promise and Perils*

of Populism, pp. 398–423; Östen Wahlbeck, «True Finns and Non-True Finns: The Minority Rights Discourse of Populist Politics in Finland», *Journal of Intercultural Studies* 37, n.º 6 (2016): pp. 574–88.

283 Ver Étienne Balibar, «Brexit: A Dismantling Moment», *Open Democracy*, 14 de julho de 2016, www.opendemocracy.net/can-europe-make-it/etienne-balibar/brexit-anti-grexit. Sobre o populismo como movimento de protesto, ver Hans Vorländer, Maik Herold e Steven Schäller, *PEGIDA: Entwicklung, Zusammensetzung und Deutung einer Empörungsbewegung* (Wiesbaden: Springer, 2016).

284 Ver Jacques Rancière, *Hatred of Democracy*, pp. 96–97. Ver também de Rancière, «Non, le peuple n'est pas une masse brutale et ignorante», *Libération*, 3 de janeiro de 2011.

285 O neoliberalismo representa um «disciplinamento constante da política e da governação pela lógica do mercado e um realinhamento contínuo da estrutura social com os imperativos funcionais do capitalismo de mercado liberal». Ver as seguintes obras de Wolfgang Streeck: «Small-State Nostalgia? The Currency Union, Germany, and Europe: A Reply to Jürgen Habermas», *Constellations* 21, n.º 2 (2014): pp. 214, 218; «Markets and Peoples», *New Left Review* 73 (2012): pp. 64, 67; «L'egemonia tedesca che la Germania non vuole», *Il Mulino* 4 (2015): p. 608.

286 Finchelstein e Bosoer, «Is Fascism Returning?»; Andreas Kalyvas e Federico Finchelstein, «Fascism on Trial: Greece and Beyond», *Public Seminar*, 10 de outubro de 2014.

287 Ver Finchelstein e Bosoer, «Populism and Neoliberalism».

288 Ver, por exemplo, Cristóbal Rovira Kaltwasser, «Explaining the Emergence of Populism» in de la Torre, *Promise and Perils of Populism*, pp. 212–13.

289 Juan Domingo Perón, *El gobierno, el estado y las organizaciones libres del pueblo, La comunidad organizada: Trabajos, alocuciones y escritos del general Juan Domingo Perón que fundamentan la concepción justicialista de la comunidad* (Buenos Aires: Editorial de la Reconstrucción, 1975), p. 76; «La gira del arco iris», *La Nación*, 5 de abril de 1998.

3. O Populismo entre a Democracia e a Ditadura

290 Ver, por exemplo, Alain Rouquié, *A la sombra de las dictaduras: La democracia en América Latina* (Buenos Aires: Fondo de Cultura Económica, 2011), pp. 114–15, 119–34, 251–59. Maria Victoria Crespo analisa

o populismo e a ditadura em «Entre Escila y Caribdis: Las democracias constitucionales contemporáneas de América Latina» (dissertação proferida na Reunião Académica da Feria Internacional del Libro, Guadalajra, 4–5 de dezembro de 2014).

291 Para o conceito de ditadura moderna apresentado aqui, baseei-me na obra pioneira de Andrew Arato, «Conceptual History of Dictatorship (and Its Rivals)», in *Critical Theory and Democracy*, org. E. Peruzzotti e M. Plot (Londres: Routledge, 2013), pp. 208–81. Ver também Carl Schmitt, *Dictatorship* (Cambridge: Polity Press, 2013); Ernst Fraenkel, *The Dual State* (Oxford: Oxford University Press, 1941); Norberto Bobbio, *Democracy and Dictatorship* (Minneapolis: University of Minnesota Press, 1989).

292 Andrew Arato, «Dictatorship before and after Totalitarianism», *Social Research*, n.º 2 (2002), pp. 473–503; Thomas Vormbaum, *Diritto e nazional-socialismo: Due lezioni* (Macerata: EUM, 2013), pp. 44–45. Ver também Andrew Arato, «Good-bye to Dictatorship?», *Social Research* 67, n.º 4 (2000): pp. 926, 937. Ver também Andreas Kalyvas, «The Tyranny of Dictatorship: When the Greek Tyrant Met the Roman Dictator», *Political Theory* 35, n.º 4 (2007); Hannah Arendt, *The Origins of Totalitarianism* (Nova Iorque: Meridian, 1959).

293 Ver Federico Finchelstein, *The Ideological Origins of the Dirty War: Fascism, Populism, and Dictatorship in Twentieth Century Argentina* (Oxford: Oxford University Press, 2014), pp. 1–12.

294 Para uma análise do conceito de *dictablanda*, ver também Paul Gillingham e Benjamin Smith, org., *Dictablanda: Politics, Work, and Culture in Mexico, 1938–1968* (Durham, NC: Duke University Press, 2014).

295 Ver Paul Corner, *The Fascist Party and Popular Opinion in Mussolini's Italy* (Oxford: Oxford University Press, 2012). Ver também de Paul Corner, «Italian Fascism: Whatever Happened to Dictatorship?», *Journal of Modern History* 74 (2002): pp. 325–51.

296 Sobre Borges, ver Federico Finchelstein, *El Mito del Fascismo: De Freud a Borges* (Buenos Aires: Capital Intelectual, 2015). Ver também Gino Germani, *Authoritarianism, Fascism and National Populism* (New Brunswick, NJ: Transaction Books, 1978), p. vii. Sobre o contexto geral do antifascismo europeu, ver Enzo Traverso, *Fire and Blood: The European Civil War 1914–1945* (Nova Iorque: Verso, 2016).

297 Eva Perón, «Discurso pronunciado el 22 de agosto de 1951, en la asamblea popular, que se constituyó en el Cabildo Abierto del Justicialismo

en la Avenida 9 de Julio», in Eva Perón, *Mensajes y discursos* (Buenos Aires: Fundación pro Universidad de la Producción y del Trabajo: Fundación de Investigaciones Históricas Evita Perón, 1999), pp. 333: 254.

298 Ver Carl Schmitt, *Dictatorship*.

299 Sobre a reforma constitucional na América Latina, ver Gabriel Negretto, *Making Constitutions: Presidents, Parties, and Institutional Choice in Latin America* (Cambridge: Cambridge University Press, 2013); Nicolás Figueroa García-Herreros, «Counter-hegemonic Constitutionalism: The Case of Colombia», *Constellations* 19, n.º 2 (2012); Angélica M. Bernal, «The Meaning and Perils of Presidential Refounding in Latin America», *Constellations* 21, n.º 4 (2014). Ver também Andrew Arato, *Post Sovereign Constitutional Making: Learning and Legitimacy* (Oxford: Oxford University Press, 2016), pp. 289–98.

300 Fujimori acabou por apelar a uma reforma da Constituição e a um novo processo eleitoral para legitimar o seu governo, regressando a uma forma híbrida de governo populista depois do golpe. Em 1995 foi reeleito para um segundo mandato.

301 Ver Danielle Resnick, «Varieties of African Populism in Comparative Perspective», in *The Promise and Perils of Populism: Global Perspectives*, org. Carlos de la Torre (Lexington: University Press of Kentucky, 2015), pp. 317–48.

302 Nic Cheeseman e Miles Larmer, «Ethnopopulism in Africa: Opposition Mobilization in Diverse and Unequal Societies», *Democratization* 22, n.º 1 (2015): pp. 22–50.

303 Ver Danielle Resnick, «Varieties of African Populism», pp. 317–48.

304 David Roberts, *Fascist Interactions: Proposals for a New Approach to Fascism and Its Era, 1919–1945* (Nova Iorque: Berghahn Books, 2016), p. 6; António Costa Pinto e Aristotle Kallis, org., *Rethinking Fascism and Dictatorship in Europe* (Nova Iorque: Palgrave, 2014).

305 Dani Filc, *The Political Right in Israel: Different Faces of Jewish Populism* (Nova Iorque: Routledge, 2010), pp. 70–75; 103–23; Zeev Sternhell, «The Extreme Right Turned Israel into an Anachronism», Haaretz, 1 de abril de 2011; Gidi Weitz, «Signs of Fascism in Israel Reached New Peak during Gaza Op, Says Renowned Scholar», Haaretz, 13 de agosto de 2014; Ishaan Tharoor, «On Israeli Election Day, Netanyahu Warns of Arabs Voting "in Droves"», *Washington Post*, 17 de março de 2015; «Livni: Netanyahu Is Harmful to Israel, but He Isn't an Enemy of Israel», *Jerusalem Post*, 19 de março de 2015; «Israel Has Been Infected by the

Seeds of Fascism, Says Ex-prime Minister Ehud Barak», *Haaretz*, 20 de março de 2016; Zeev Sternhell, «The Leadership Must Stop Pandering», *Haaretz*, 17 de junho de 2016; Uri Ram, *The Globalization of Israel: McWorld in Tel-Aviv, Jihad in Jerusalem* (Nova Iorque: Routledge, 2008). Ao contrário do partido neoliberal Likud, que à maneira latino-americana combinava dimensões exclusivistas e participativas, o populismo de Lieberman era mais típico dos partidos populistas xenófobos europeus. Para Filc, o conceito extremista de Lieberman de uma comunidade étnica homogénea; o seu antiliberalismo e antipluralismo; e a ideia de um líder vertical do povo radicalmente oposto à «oligarquia», ao sistema judiciário e a minorias étnicas tornavam-no um «exemplo claro do populismo exclusivista» (*Political Right in Israel*, p. 103).

306 Filc, *Political Right in Israel*, p. 74.

307 Kurt Weyland, «Neopopulism and Neoliberalism in Latin America: How Much Affinity?», *Third World Quarterly* 24, n.º 6 (2003): p. 1102. Ver também, de Weyland: «A Paradox of Success? Determinants of Political Support for President Fujimori», *International Studies Quarterly* 44, n.º 3 (2000): pp. 481–502; Kenneth Roberts, «Neoliberalism and the Transformation of Populism in Latin America», *World Politics* 48 (1995): pp. 82–116. Sobre Menem, ver também Marcos Novaro, «Menemismo, pragmatismo y romanticismo», in *La Historia Reciente: Argentina en Democracia*, org. Marcos Novaro e Vicente Palermo (Buenos Aires: Edhasa, 2006), pp. 199–221.

308 Kurt Weyland, «Neoliberal Populism in Latin America and Eastern Europe», *Comparative Politics* 31, n.º 4 (1999): pp. 379–401.

309 Nadia Urbinati, *Democracy Disfigured: Opinion, Truth, and the People* (Cambridge: Harvard University Press, 2014), p. 14; Angelo Ventrone, *Il Nemico Interno: Immagini, parole e simboli della lotta politica nell'Italia del Novecento* (Roma: Donzelli, 2005), pp. 59, 312; Loris Zanatta, *El Populismo* (Buenos Aires: Katz Editores, 2014), pp. 36, 43, 110, 250; Enzo Traverso, «Après le spectacle, la débacle», *Regards* (2011): pp. 12, 43–47; Andrea Mammone, *Transnational Neofascism in France and Italy* (Cambridge: Cambridge University Press, 2015), p. 245; Paul Ginsborg e Enrica Asquer, org., *Berlusconismo: Analisi di un sistema di potere* (Roma: Laterza, 2011); Nicola Tranfaglia, *Populismo: Un carattere originale nella storia d'Italia* (Roma: Castelvecchi, 2014); Perry Anderson, *L'Italia dopo L'Italia* (Roma: Castelvecchi, 2014); «Il populismo continentale secondo Perry Anderson», *Il Manifesto*, 4 de março de 2015.

310 Quando num típico ciclo de populismo-tecnocracia uma coligação de centro-esquerda chamada «La Alianza» substituiu o menemismo em 1999, mas continuou a seguir a mesma ideologia económica neoliberal, os seus principais conselheiros ficaram conhecidos pelo epíteto mais elitista de «Grupo Sushi». Sem as metáforas culinárias na Itália, o berlusconismo acabou por ser substituído por um centro-esquerda que abandonou o populismo neoliberal para adotar simplesmente um neoliberalismo tecnocrata.

311 Carlos Saúl Menem, *Discurso del presidente Dr. Carlos Saúl Menem desde los balcones de la Casa de Gobierno* (Buenos Aires: Secretaría de Prensa y Difusión, Presidencia de la Nación, República Argentina, 1989), pp. 1–5.

312 Ver *Diario de sesiones de la Cámara de Diputados*, vol. 2 (Buenos Aires: Congreso Nacional, 1989), p. 1070.

313 «El día que Cristina reclamó votar a favor de la privatización de YPF», *Clarín*, 4 de abril de 2012; «Personajes», *Noticias*, 15 de junho de 1996; «Cristina criticó a la izquierda por una movilización», *La Nación*, 28 de março de 2013; «Menem va por su reelección de senador con apoyo kirchnerista», *La Razón*, 23 de março de 2011.

314 Juan Domingo Perón, *Obras Completas* (Buenos Aires: Docencia, 1998), vol. 17, 215.

315 Juan Perón, «En la ciudad de Santa Fe: 1 de Enero de 1946», in Juan Domingo Perón, *Obras Completas* (Buenos Aires: Docencia, 1998), 8: p. 18.

316 Como disse Péron muitas vezes: «O povo devia saber… que nasceu o seu guia. Ele não é feito, nem por decreto nem por eleições.»

317 Folleto, «Dijo el Coronel Perón», Archivo Cedinci.

318 Juan Domingo Perón, «Aspiramos a una sociedad sin divisiones de clase: En el Cine Park, 12 de agosto de 1944», in Juan Perón, *El pueblo quiere saber de qué se trata* (Buenos Aires: 1944), p. 149.

319 Jorge Eliécer Gaitán, *Discurso-Programa del Doctor Jorge Eliécer Gaitán en la proclamación de su candidatura a la presidencia de la República* (Bogotá: 1945), pp. 4–6, 8, 10, 12–13, 30–31.

320 Ver Rómulo Betancourt, *Selección de escritos políticos* (1929–1981) (Caracas: Fundación Rómulo Betancourt, 2006), pp. 121, 144, 147, 150, 153, 158–159, 162, 163, 169, 172, 175, 178, 191, 195, 214, 216.

321 Jorge Eliécer Gaitán, «Arenga a los venezolanos» (1946); e «Parte de Victoria» (1947), ambos in *Gaitán el orador*, org. Julio Roberto Galindo Hoyos (Bogotá: D.C Alvi Impresores 2008), pp. 151–53; 154–69.

322 Juan Domingo Perón, «Ante los ferroviarios», in *Obras Completas*, *op. cit.*, vol. 6, p. 406.

323 Juan Domingo Perón, *Los Vendepatria: Las pruebas de una traición* (Buenos Aires: Liberación, 1958), pp. 220, 228. Alguns anos depois, Perón afirmou que o movimento peronista tinha «inimigos internos e externos. Aquele que não luta contra o inimigo e pela causa do povo é um traidor. Aquele que luta contra o inimigo e pela causa do povo é um *compañero* [i.e., peronista]. E aquele que luta contra um *compañero* é um inimigo ou um traidor» (Juan Domingo Perón, *Obras Completas*, vol. 23: p. 461).

324 Juan Perón, *Latinoamerica, ahora o nunca* (Montevideu: Diálogo, 1968), p. 52.

325 «Chávez: "Yo soy peronista de verdad"», *La Nación*, 6 de março de 2008; «Mesa: La frase "quien no es chavista no es venezolano" incita al odio», *El Universal*, 27 de junho de 2012.

326 Ver Andreas Kalyvas, *Democracy and the Politics of the Extraordinary: Max Weber, Carl Schmitt, Hannah Arendt* (Cambridge: Cambridge University Press 2008). Esta interpretação da obra de Kalyvas com respeito ao populismo é apresentada por Carlos De la Torre in «Populism and the Politics of the Extraordinary in Latin America», *Journal of Political Ideologies* 21, n.º 2 (2016).

327 Ver Jorge Eliécer Gaitán, *Discurso-programa del doctor Jorge Eliécer Gaitán: En la proclamación de su candidatura a la presidencia de la república* (Bogotá: 1945), p. 5; Daniel Pécaut, *Orden y Violencia: Evolución socio-política de Colombia entre 1930 y 1953* (Bogotá: Norma, 2001), p. 441. Ver também o debate entre Herbert Braun, Rubén Darío Acevedo e Ricardo Arias, in «La oratoria de Jorge Eliécer Gaitán», *Revista de Estudios Sociales* 44 (2012): pp. 207–11.

328 Sobre a democracia delegativa, ver o influente ensaio de Guillermo O'Donnell, «Delegative Democracy», *Journal of Democracy* 5, n.º 1 (1994).

329 O discurso de Perón é citado in Raanan Rein, *In the Shadow of Perón* (Stanford, CA: Stanford University Press, 2008), p. 107.

330 Cas Mudde e Cristóbal Rovira Kaltwasser, *Populism: A Very Short Introduction* (Oxford: Oxford University Press, 2017), pp. 44, 64.

331 Jack, Montgomery, «France First», *Breitbart*, 7 de fevereiro de 2017, www.breitbart.com/london/2017/02/07/french-first-marine-le-pen-hits--islamism-financial-globalisation/; «Le Pen se présente en candidate du

"peuple"» *Le Figaro*, 4 de fevereiro de 2017, www.lefigaro.fr/elections/presidentielles/2017/02/04/35003–20170204LIVWWW00039-en-direct-le-fil-politique-du-week-end.php.

332 Agradeço a Natalia Mehlman Petrzela os seus comentários sobre este tópico. Ver também Rick Perlstein, *Before the Storm: Barry Goldwater and the Unmaking of the American Consensus* (Nova Iorque: Hill and Wang, 2001), pp. 433–34.

333 Durante a campanha de 2016, Trump sugeriu também que os ativistas pró-armas podiam usar as suas armas contra Hillary Clinton ou o nomeado desta para o Supremo Tribunal se ela fosse eleita presidente. Nick Corasaniti e Maggie Haberman, «Donald Trump Suggests "Second Amendment People" Could Act against Hillary Clinton», *New York Times*, 9 de agosto de 2016; Alexander Burns e Maggie Haberman, «Trailing Hillary Clinton, Donald Trump Turns to Political Gymnastics», *New York Times*, 1 de setembro de 2016; Patrick Healy e Jonathan Martin, «Personal Attacks in the Forefront at Caustic Debate», *New York Times*, 10 de outubro de 2016.

334 Juan Domingo Perón, *Obras Completas*, 22: p. 83.

335 Michael D. Shear, «Reading between the Lines of Trump's Interview with Times», *New York Times*, 24 de março de 2017; Rebecca Harrington, «TRUMP: "A Global Power Structure" Is Trying to Take Down My Campaign», *Business Insider*, 13 de outubro de 2016, www.businessinsider.com/donald-trump-global-power-structure-palm-beach-speech-2016–10.

336 Harrington, «TRUMP»; Juan Doming Perón, *Política y estrategia: (no ataco, critico)*, in Juan Domingo Perón, *Obras Completas*, 11: p. 100.

337 Ver Boris Fausto, *Getúlio Vargas: O poder e o sorriso* (São Paulo: Companhia das Letras, 2006), pp. 196–99. Ver também o argumento irónico e convincente de Tulio Halperin Donghi, *Historia contemporánea de América Latina* (Buenos Aires: Alianza, 1994), p. 470.

338 Eva Perón, *Mensajes y discursos*, 2: p. 62. Eva Perón morreu apenas seis meses depois da reeleição do marido e da cirurgia a que tinha sido submetida no Hospital Presidente Perón em Avellaneda. Segundo Perón, ela recusou-se a deixar de trabalhar para o povo até ao fim da vida. Sobre a morte de Eva Perón, ver Tulio Halperín Donghi, *Argentina en el callejón* (Buenos Aires: Ariel, 1995), p. 162; Marysa Navarro, *Evita* (Buenos Aires: Edhasa, 2005), p. 333; Loris Zanatta, *Eva Perón: Una biografia politica* (Soveria Mannelli: Rubbettino, 2009), p. 297.

339 Ernesto Laclau, «El legado de Néstor Kirchner», Página 12, 4 de novembro de 2010. Ver também «"Scioli no es Cristina", dijo el filósofo Laclau», *La Voz del Interior*, 21 de setembro de 2013.

340 Ignacio Ramonet, «Chávez en campaña», *Le Monde Diplomatique en Español*, agosto de 2012; «Sin Hugo Chávez, Venezuela enfrenta un futuro dividido», *La Nación*, 6 de março de 2013.

341 «Cristina Fernández crea la secretaría del Pensamiento Nacional», *El País*, 15 de junho de 2014; «Venezuela inaugura un ministerio de la Felicidad», *Clarín*, 24 de outubro de 2013.

342 Beatriz Sarlo, *La audacia y el cálculo: Kirchner 2003–2010* (Buenos Aires: Sudamericana, 2011), pp. 146, 153, 155. Sobre Laclau e a Argentina, ver Nicolás Damín, «Populismo entre Argentina y Europa: Sobre la transnacionalización de un concepto», *Revista Cuestiones de Sociologia* 4, n.º 2 (2015); Omar Acha, «Del populismo marxista al postmarxista: La trayectoria de Ernesto Laclau en la Izquierda Nacional (1963–2013)», *Archivos de historia del movimiento obrero y la izquierda* 2, n.º 3 (2013); Enrique Peruzzotti, «Conceptualizing Kirchnerismo», *Partecipazione e conflitto* 10, n.º 1 (2017): pp. 47–64.

343 Ricardo Forster, «El nombre del kirchnerismo», *Página 12*, 18 de maio de 2014.

344 Ernesto Laclau, «Populism: What's in a Name», in *Populism and the Mirror of Democracy*, org. Francisco Panizza (Londres: Verso, 2005), p. 40.

345 «La ultima entrevista de Ernesto Laclau», *La Nación*, 13 de abril de 2014; «Kirchner fue un populista a medias», *Clarín*, 29 de outubro de 2010; «Para Laclau, el Estado argentino es hoy más democrático que em 2003», *Perfil*, 7 de novembro de 2013.

346 «Fútbol gratis por diez años en TV abierta», *Página 12*, 21 de agosto de 2009.

347 Andrew Arato, *Post Sovereign Constitutional Making*, pp. 269–270.

348 «Vamos a una polarización institucional», *Página 12*, 17 de maio de 2010; «Hay que seguir su combate», *Página 12*, 7 de outubro de 2015. Como Laclau, Mouffe opusera os Kirchners a «uma série de interesses que são contra a democratização do país». Ver «Entrevista con la politóloga belga Chantal Mouffe», *Página 12*, 5 de setembro de 2010; «Claroscuros de la razón populista», *Clarín*, 4 de abril de 2014; Fabián Bosoer, «Los debates y los combates abiertos», *Clarín*, 4 de abril de 2014.

349 Ernesto Laclau, «El legado de Néstor Kirchner», *Página 12*, 4 de novembro de 2010.

350 Ver «Cristina rindió un homenaje a Laclau», *La Nación*, 15 de abril de 2014; Ernesto Laclau, *The Rhetorical Foundations of Society* (Nova Iorque: Verso, 2014).

351 «Hay que seguir su combate», *Página 12*, 7 de outubro de 2015. Como Laclau, Mouffe opusera os Kirchner a «uma série de interesses que são contra a democratização do país». Ver «Entrevista con la politóloga belga Chantal Mouffe»; «Claroscuros de la razon populista»; Bosoer, «Los debates y los combates abiertos».

352 «Plazas, puentes y calles reflejan el culto a Kirchner», *La Nación*, 6 de março de 2011; «Kirchner para todos: Se multiplican los lugares públicos con su nombre», *Clarín*, 2 de outubro de 2011.

353 «Woody Guthrie Wrote of His Contempt for His Landlord, Donald Trump's father», *New York Times*, 25 de janeiro de 2016.

354 Ver Michael Kazin, *The Populist Persuasion* (Ithaca, NY: Cornell University Press, 1995), pp. 232, 233. Sobre Wallace, ver também Joseph Lowndes, «From Founding Violence to Political Hegemony: The Conservative Populism of George Wallace», in *Panizza, Populism and the Mirror*, pp. 144–71.

355 Andrew Kaczynski e Jon Sarlin, «Trump in 1989 Central Park Five interview: "Maybe Hate Is What We Need"», CNN, 10 de outubro de 2016, www.cnn.com/2016/10/07/politics/trump-larry-king-central-park-five/; Roberto Gargarella, *Castigar al prójimo: Por una refundación democrática del derecho penal* (Buenos Aires: Siglo XXI, 2016).

356 «"Tutti con Silvio", il discorso integrale di Berlusconi», *Secolo d'Italia*, 23 de março de 2013, www.secoloditalia.it/2013/03/tutti-con-silvio-il-discorso-integrale-di-berlusconi/. «Siamo tutti Berlusconi»; «Il Pdl con le maschere di Silvio Galleria fotográfica», *Repubblica*, 14 de agosto de 2013, www.repubblica.it/politica/2013/08/04/foto/manifestazione_pdl_le_maschere_di_berlusconi-64280320/1/#7.

357 Juan Domingo Perón, *Obras Completas*, 18: p. 215.

358 «Marine Le Pen dénonce les "totalitarismes" qui "menacent" la France», *Mediapart*, 5 de fevereiro de 2017, www.mediapart.fr/journal/france/050217/marine-le-pen-denonce-les-totalitarismes-qui-menacent-la-france; Mark Landler, «Trump Under Fire for Invoking Nazis in Criticism of U.S. Intelligence», *New York Times*, 11 de janeiro de 2017; «The Turkish President Has Just Called the Netherlands "Nazi Remnants" and "Fascists"», *Quartz*, 11 de março de 2017, https://qz.com/930584/turkish-president-recep-tayyip-erdogan-lashed-out-at-the-netherlands-calling-them-nazi-remnants-and-fascists/.

359 George Wallace citado in John Judis, *The Populist Explosion* (Nova Iorque: Columbia Global Reports, 2016), p. 35; Juan Perón, «¿Por qué el gobierno argentino no es fascista?», in Juan Domingo Perón, *Obras Completas*, 6: p. 571.

360 Ver Hugo Chávez Frías, *La democracia poderosa y el liderazgo* (Caracas: Ministerio para el Poder Popular para la Comunicación y la Información, 2008), p. 14; «Chávez ganó la reforma y lanzó ya su candidatura para el 2012», Clarín, 16 de fevereiro de 2009; «Chávez diz que vitória em referendo consolida socialismo na Venezuela», *Folha de S. Paulo*, 16 de fevereiro de 2009; «Chávez: Si fuera gobernador de Miranda estaría todos los días en la calle», *El Universal*, 28 de julho de 2012.

361 Ver Juan Domingo Perón, *Política y estrategia*, p. 230. Ver também Finchelstein, *Origins of the Dirty War*, p. 82.

362 Ver Pablo Piccato, Fabián Bosoer e Federico Finchelstein, «In Trump's America, the Independent Press Would Become the Enemy», *Open Democracy*, 1 de novembro de 2016, www.opendemocracy.net/pablo-piccato-fabian-bosoer-federico-finchelstein/why-president-trump-will-target-independent-media.

363 Sobre a história dos média populistas de direita, ver Nicole Hemmer, *Messengers of the Right: Conservative Media and the Transformation of American Politics* (Filadélfia: University of Pennsylvania Press, 2016).

364 «Trump Uses Policy Speech to Attack Media, Promises to Sue Accusers», Reuters, 23 de outubro de 2016, www.reuters.com/article/us-usa-election-idUSKCN12M0QJ?feedType=RSS&feedName=topNews&utm_source=twitter&utm_medium=Social.

365 Sarlo, *La audacia y el cálculo*, p. 71.

366 Ver Silvio Waisbord, *Vox Populista: Medios, Periodismo, Democracia* (Buenos Aires: Gedisa, 2013), pp. 17, 28–29, 166, 187.

367 Jean Comaroff, «Populism and Late Liberalism: A Special Affinity?», *Annals of the American Academy of Political and Social Science* 637 (2011): p. 102.

368 Umberto Eco, «UR-Fascism», *New York Review of Books*, 22 de junho de 1995.

369 Para uma opinião diferente que apresenta o populismo como num processo significativo de mudança por causa do novo panorama mediático, ver Benjamin Moffit, *The Global Rise of Populism: Performance, Political Style, and Representation* (Stanford, CA: Stanford University Press, 2016), p. 3.

370 Ver Fondo Documental Secretaria Técnica, Legajo 484, Mensajes Presidenciales, Clase dictada por el EXCMO Señor Presidente de la Nación, General Juan Perón en la Escuela Superior Peronista, Julio 2, de 1953, 62/70, Archivo General de la Nación, Argentina (AGN); Fondo Documental Secretaria Técnica Legajo 484, Mensajes Presidenciales editados en libreto, Folleto, «No queremos hacer el proletariado campesino: Queremos hacer agricultores felices» dijo Perón a los hombres del campo (Buenos Aires: Presidencia de la Nación, 1953) (11 de junho de 1953), 11, AGN.

371 «La navidad de Perón», *La Vanguardia*, 24 de dezembro de 1946.

372 Ver Finchelstein, *Origins of the Dirty War*, pp. 78–82.

373 Ver José Pedro Zúquete, «"Free the People": The Search for "True Democracy" in Western Europe's Far-Right Political Culture», in De la Torre, *Promise and Perils of Populism*, p. 236; Daniel Pécaut, «El populismo Gaitanista», in *La Democratización Fundamental*, org. Carlos M. Vilas, p. 501.

374 Juan Domingo Perón, *Los Vendepatria*, p. 228.

375 Ver «Chávez agradeció estar vivo para sentir el rugir de las multitudes», *El Universal*, 14 de julho de 2012; «Chávez en campaña», *Le Monde diplomatique en español*, agosto de 2012; «Chávez lloró y le pidió a Dios: "No me lleves todavía"», *La Nación*, 6 de abril de 2012; «Chávez promete volver "con más vida" de Cuba», *El Mundo*, 25 de fevereiro de 2012.

376 De la Torre, «Politics of the Extraordinary».

377 «Chávez será velado siete días más», *Página 12*, 7 de março de 2013; «Maduro: Somos los apóstoles de Chávez», *El Universal*, 18 de março de 2013; «Maduro inscribió su candidatura rodeado de una multitud de chavistas», *Clarín*, 11 de março de 2013.

378 «Italy's Silvio Berlusconi Changes His Party's Tune — Literally», *Christian Science Monitor*, 30 de dezembro de 2009.

379 Comunicação privada de Ertug Tombus. Ver também «Sólo hay que tenerle miedo a Dios... y un poquito a mí», *Clarín*, 7 de setembro de 2012; Benjamin Moffitt, *Global Rise of Populism*, p. 63. Para o papel do clericalismo no populismo da Europa Central e de Leste, ver Andrea Pirro, «Populist Radical Right Parties in Central and Eastern Europe: The Different Context and Issues of the Prophets of the Patria», *Government and Opposition* 49, n.º 4 (2014), pp. 612, 613.

380 «Trump, as Nominee, Vows: "I Am Your Voice"», *New York Times*, 22 de julho de 2016.

381 À pergunta «Quem é Deus para si?», Trump respondeu: «Bem, eu diria que Deus é o supremo. Sabe, quando olhamos para isto? Aqui estamos no oceano Pacífico. Como é que eu vim a ser dono disto [um campo de golfe]? Comprei-o há quinze anos. Fiz um dos maiores negócios de sempre, dizem. Já não estou a pagar hipoteca por isto, como lhe provarei e mostrarei. E fui capaz de comprar isto e fazer um grande negócio. É o que quero fazer para o país. Fazer grandes negócios. Temos de o fazer, temos de o recuperar, mas Deus é o supremo. Quer dizer, Deus criou isto e aqui está o oceano Pacífico mesmo por trás de nós. Por isso ninguém, nada, não há nada como Deus.» (Denver Nicks, «Here's What Donald Trump Thinks about God». *Time*, setembro de 2015, http://time.com/4046620/donald-trump-god-ultimate/). Ver também «Trump on God: "Hopefully I Won't Have to Be Asking for Much Forgiveness"», *Washington Post*, 8 de junho de 2016, www.washingtonpost.com/news/acts-of-faith/wp/2016/06/08/trump-on-god-hopefully-i-wont-have-to--be-asking-for-much-forgiveness/; «Trump Predicts Winning the Presidency Will Get Him into Heaven», *Politico* 11 de agosto de 2016, www.politico.com/story/2016/08/trump-heaven-president-pastors-226923#ixzz4H89vfgFO. Para as relações entre o populismo e o capitalismo na história americana, ver Bethany Moreton, *To Serve God and WalMart: The Making of Christian Free Enterprise* (Cambridge, MA: Harvard University Press, 2009); e Julia Ott, *When Wall Street Met Main Street: The Quest for Investor Democracy* (Cambridge, MA: Harvard University Press, 2011).

382 Chiara Bottici, «The Mass Psychology of Trumpism: Old and New Myths», *Public Seminar*, 17 de novembro de 2016, www.publicseminar.org/2016/11/the-mass-psychology-of-trumpism/#.WH954hsrLIW. Para a importante obra de Bottici sobre o mito político, ver *Philosophy of Political Myth* (Cambridge: Cambridge University Press, 2007).

383 Judith Butler, «Reflections on Trump», Hot Spots, website de *Cultural Anthropology*, 18 de janeiro de 2017, https://culanth.org/fieldsights/1032-reflections-on-trump.

384 Agradeço a Aaron Jakes esta última conclusão.

385 Ver Lahouari Addi, «De la permanence du populisme algérien», *Peuples méditerranéens* (1990): pp. 37–46. Ver também o seu livro *L'impasse du populisme* (Argel: Entreprise nationale du livre, 1991); e mais recentemente «Sociologie politique d'un populisme autoritaire», *Confluences Méditerranée* 2, n.º 81 (2012): pp. 27–40. Ver também Olivier Roy, *The*

Failure of Political Islam (Cambridge, MA: Harvard University Press, 1994), pp. 10, 83; Kaveh L. Afrasiabi, «Islamic Populism», *Telos*, 20 de junho de 1995: pp. 97–125; Vedi R. Hadiz, *Islamic Populism in Indonesia and the Middle East* (Cambridge: Cambridge University Press, 2016).

386 Ver Fondo Documental Secretaria Técnica, Mensajes presidenciales Clase dictada por el EXCMO Señor Presidente de la Nación, General Juan Perón en la Escuela Superior Peronista, Julio 2, de 1953, pp. 61, 91, AGN; «La familia en el pensamiento vivo de Perón», *Mundo Peronista*, janeiro de 1952, p. 5. Ver também Silvia Sigal, «Intelectuales y peronismo», in *Los años peronistas, 1943–1955*, org. Juan Carlos Torre (Buenos Aires: Sudamericana, 2002), p. 518.

387 Ver Cas Mudde e Cristóbal Rovira Kaltwasser, «Vox populi or vox masculini? Populism and Gender in Northern Europe and South America», *Patterns of Prejudice* 49, n.ºs 1–2 (2015). Mudde e Rovira sugerem que «O típico homem fòrte populista tem mais probabilidades de atrair pessoas em sociedades com uma cultura de machismo e mais tradicional, enquanto os populistas-empresários serão provavelmente mais atraentes em sociedades mais capitalistas e materialistas». Ver Mudde e Kaltwasser, *Populism*, p. 77.

388 David Farehnthold, «Trump Recorded Having Extremely Lewd Conversation about Women in 2005», *Washington Post*, 8 de outubro de 2016; «Tape Reveals Trump Boast about Groping Women», *New York Times*, 8 de outubro de 2016; «Don't Just Listen to Donald Trump Boast about Sexual Assault: Listen to the Women Who've Accused Him», *Quartz*, 8 de outubro de 2016, http://qz.com/804486/the-women-whove-accused-donald-trump-of-sexual-assault/; «Biden Accuses Trump of "Sexual assault"», *Politico*, 8 de outubro de 2016.

389 Duterte disse: «Como sabem, estou a brigar com o embaixador [do secretário de Estado americano, John Kerry]. O embaixador *gay* dele, o filho da puta. Ele irritou-me.» («Philippines' Rodrigo Duterte Insults US Envoy with Homophobic Slur», *Guardian*, 10 de agosto de 2016, www.theguardian.com/world/2016/aug/10/philippines-leader-calls-us-ambassador-gay-son-of-a-whore-prompting-summons); «El Trump filipino: Duterte, el hombre fuerte que llega con recetas polémicas», *La Nación*, 5 de junho de 2016, www.lanacion.com.ar/1905827-el-trump-filipino-duterte-el-hombre-fuerte-que-llega-con-recetas-polemicas; «Silvio Berlusconi: "My Passion for Women Is Better Than Being Gay"», *Telegraph*,

2 de novembro de 2010; «Donald Trump Makes His Penis a Campaign Issue during Debate», 4 de março de 2016, NBC News, www.nbcnews.com/politics/2016-election/donald-trump-makes-his-penis-campaign-issue-during-debate-n531666; «Duterte Tells Obama Not to Question Him about Killings», Associated Press, 5 de setembro de 2016, http://bigstory.ap.org/article/cd9eda8d34814aedabb9579a31849474/duterte-tells-obama-not-question-him-about-killings; «Obama anula una reunión con Duterte porque le llamó "hijo de puta"», *El País*, 6 de setembro de 2016.

390 «Philippines' Duterte Likens Himself to Hitler, Wants to Kill Millions of Drug Users», Reuters, 1 de outubro de 2016, www.reuters.com/article/us-philippines-duterte-hitler-idUSKCN1200B9.

391 «¡Marisabel, prepárate, que esta noche te voy a dar lo tuyo!» Ver «Las mujeres y Chávez, un vínculo intenso», *La Nación*, 10 de março de 2013; «Chávez manda oposição venezuelana "tomar Viagra"», *Folha de S. Paulo*, 10 de dezembro de 2001; «"Vou descontaminar o Mercosul", afirma Chávez na chegada», *Folha de S. Paulo*, 19 de janeiro de 2007.

392 Ver Carlos de la Torre, *Populist Seduction in Latin America* (Athens: Ohio University Press, 2010), pp. 109, 105, 107. Sobre este tópico, ver também os ensaios in Karen Kampwirth (org.), *Gender and Populism in Latin America* (University Park: The Pennsylvania State University Press, 2010).

393 Federico Finchelstein e Pablo Piccato, «A Belief System That Once Laid the Groundwork for Fascism», *New York Times*, 10 de dezembro de 2015, www.nytimes.com/roomfordebate/2015/12/09/donald-trumps-america/a-belief-system-that-once-laid-the-groundwork-for-fascism.

Epílogo

394 «Le Pen: Trump's Win "Victory of the People against the Elites"», *Breitbart*, 13 de novembro de 2016, www.breitbart.com/london/2016/11/13/le-pen-trumps-win-victory-people-elites/.

395 Ver Eva Perón, «Palabras pronunciadas el 29 de Mayo de 1951, en el acto organizado por la colectividad japonesa residente en el país, en el Salón blanco de la Casa de Gobierno», in Eva Perón, *Mensajes y discursos* (Buenos Aires: Fundación pro Universidad de la Producción y del Trabajo: Fundación de Investigaciones Históricas Evita Perón, 1999), 3: p. 244.

396 Ver Dylan Riley, *The Civic Foundations of Fascism in Europe: Italy, Spain, and Romania 1870–1945* (Baltimore: John Hopkins University Press, 2010), para análises perspicazes e provocadoras do fascismo e da sociedade civil.

397 *Ibid.*, p. 212.

398 Legajo 20, Sala VII 2596, Carpeta recortes s/n, Archivo General de la Nación, Argentina, Archivo Uriburu.

399 Ver Juan Domingo Perón, «En la Bolsa de Comercio: 25 de agosto de 1944», in Coronel Juan Perón, *El pueblo quiere saber de qué se trata* (Buenos Aires: 1944).

ÍNDICE REMISSIVO

História Narrativa

Títulos publicados na coleção:

1 – *História dos Estados Unidos desde 1865*, Pierre Melandri
2 – *A Grande Guerra – 1914-1918*, Marc Ferro
3 – *História de Roma*, Indro Montanelli
4 – *História Narrativa da II Guerra Mundial*, John Ray
5 – *Hitler – Perfil de um Ditador*, David Welch
6 – *A Vida de Maomé*, Virgil Gheorghiu
7 – *Nicolau II*, Marc Ferro
8 – *História dos Gregos*, Indro Montanelli
9 – *O Império Otomano*, Donald Quataert
10 – *A Guerra Secreta*, Ladislas Farago
11 – *A Guerra de Secessão*, Farid Ameur
12 – *A Guerra Civil de Espanha*, Paul Preston
13 – *A Vida Quotidiana no Egipto no tempo das Pirâmides*, Guillemette Andreu
14 – *O Amor em Roma*, Pierre Grimal
15 – *Os Templários*, Barbara Frale
16 – *No Rasto dos Tesouros Nazis*, Jean-Paul Picaper
17 – *História do Japão*, Kenneth G. Henshall
18 – *Artur, Rei dos Bretões*, Daniel Mersey
19 – *O Islão e o Ocidente. Uma Harmonia Dissonante de Civilizações*, Christophe J. Walker
20 – *Pós-Guerra. História da Europa desde 1945*, Tony Judt
21 – *A Guerra Fria*, John Lewis Gaddis
22 – *História da União Soviética*, Peter Kenez
23 – *História do Tibete*, Thomas Laird
24 – *A Europa em Guerra*, Norman Davies
25 – *Santos e Pecadores. História dos Papas*, Eamon Duffy
26 – *A Grande Guerra pela Civilização. A Conquista do Médio Oriente*, Robert Fisk
27 – *O Sabor da Conquista*, Michael Krondl
28 – *Mundos em Guerra*, Anthony Pagden
29 – *História de Israel*, Martin Gilbert
30 – *O Parlamento do Homem. História das Nações Unidas*, Paul Kennedy
31 – *Os Celtas*, John Haywood
32 – *História da África*, J.D. Fage e William Tordoff
33 – *História da Polónia*, Adam Zamoyski
34 – *Fascistas*, Michael Mann
35 – *História de França*, Marc Ferro
36 – *História da América Latina*, Edwin Williamson
37 – *O Império de Hitler*, Mark Mazower
38 – *As Cruzadas vistas pelos Árabes*, Amin Maalouf

39 – *História Alemã*, Ulf Dirlmeier, Andreas Gestrich, Ulrich Herrmann, Ernst Hinrichs, Konrad H. Jarausch, Christoph Kleßmann, Jürgen Reulecke
40 – *O Continente das Trevas*, Mark Mazower
41 – *História de Espanha*, Julio Valdéon, Joseph Pérez, Santos Juliá
42 – *Ascensão e Queda dos Impérios Globais. 1400-2000*, John Darwin
43 – *A Águia e o Dragão*, Serge Gruzinski
44 – *Os Camisas Azuis e Salazar*, António Costa Pinto
45 – *Europa: A Luta pela Supremacia*, Brendan Simms
46 – *Reinos Desaparecidos*, Norman Davies
47 – *Antes de Auschwitz*, Kim Wünschmann
48 – *Governar o Mundo*, Mark Mazower
49 – *História da Rússia*, Gregory L. Freeze
50 – *História de Itália – desde 1796*, Christopher Duggan
51 – *Visões Imperiais. Cinco impérios que mudaram o mundo*, Krishan Kumar
52 – *A Luta pelo Poder – Europa (1815-1914)*, Richard J. Evans
53 – *História do Mundo em 12 Mapas*, Jerry Brotton
54 – *Do Fascismo ao Populismo na História*, Federico Finchelstein
55 – *Uma História do Presente, O Melhor e o Pior dos Mundos*. Michael Burleigh